바다 지킨 용(龍)의 도시
삼도수군통제영

통영 역사여행 길잡이

바다 지킨 용(龍)의 도시
삼도수군통제영

장한식 지음

三道水軍統制營

산수야

바다 지킨 용(龍)의 도시
삼도수군통제영

초판 인쇄   2018년 11월 1일
초판 발행   2018년 11월 6일

지은이   장한식
발행인   권윤삼
발행처   도서출판 산수야

등록번호   제1-1515호
주소   서울시 마포구 월드컵로 165-4
우편번호   03962
전화   02-332-9655
팩스   02-335-0674

ISBN 978-89-8097-437-5   03910

자료제공_전쟁기념관, 통영시청, 통영충렬사, 한산신문 등
이 책을 만드는 데 도움을 주신 모든 분들께 감사드립니다.

이 도서의 국립중앙도서관 출판시도서목록(CIP)은
서지정보유통지원시스템 홈페이지(http://seoji.nl.go.kr)와
국가자료공동목록시스템(http://www.nl.go.kr/kolisnet)에서 이용하실 수 있습니다.
(CIP제어번호: CIP2018025940)

용(龍)을 닮은 도시, 통영

모름지기 모든 땅에는 역사가 담겨 있다. 땅의 생김새를 새긴 지도 (地圖) 역시 그러하다. 지도를 그릴 시점엔 당대의 지세를 묘사할 뿐이 지만 세월의 더께가 쌓이면서 자연히 역사(歷史)를 품게 된다.

통영 고지도(統營 古地圖)

여기 동양화풍의 옛 지도가 있다. 지세는 용(龍)을 닮았다. 머리는 동쪽으로 향하고 있고 꼬리는 남서쪽으로 뻗어 있다. 앞뒤 다리 사이 에 오목한 내만(內灣)이 형성됐고, 불룩한 뱃속에는 성곽도시가 자리 잡았다. 용 치고는 날렵하지 못하고 뚱뚱한 것이 공룡을 연상시킨다. 규장각에서 소장 중인 '통영 고지도(統營 古地圖)'이다. 1872년에 제작 됐다.

규장각 소장 통영 고지도(統營 古地圖)　세병관이 선명하게 보이며, 강구안 앞쪽의 남망산과 동충 사이에 '동파수'와 '서파수'가 있어 수문을 열고 닫았다. 왼쪽에는 '착량교(굴량교)'가 있는데 현재는 충무교(미륵도를 건너는 다리)가 놓여 있다.

　　고려대 중앙도서관에도 이와 유사한 지도가 보관돼 있다. 가로 66센티미터, 세로 105센티미터로 세로가 더 긴 형태이다.

　　또 다른 통영 옛 지도가 수년 전 발견되었다. 1830년대에 제작된 것으로 추정되는 가로 61센티미터, 세로 94센티미터 크기의 이 지도는 무슨 연유인지 미국으로 건너갔다가 2015년 1월 그 모습을 드러냈다. 지오그래피쿠스(www.geographicus.com)라는 고지도 전문사이트에 매물로 나온 것이다. 이를 본 통영의 한 호텔주인이 통영지도를 외국에 넘겨서는 안 되겠다고 생각해 매입했다고 한다.

고려대 중앙도서관 소장 통영 고지도   미국에서 구입한 통영 고지도   통영에서 공개된 유일한 진품 통영지도로 1827년 건축된 '천척루(千尺樓)'를 기준으로 제작 연대를 추정하고 있다.

세 지도 모두 한 폭의 산수화처럼 아름다운데 공통점은 '동쪽을 향해 울부짖는 용'을 떠올리게 한다는 것이다. 참고로 통영의 동쪽에는 일본열도가 자리 잡고 있다.

두룡(頭龍, 우두머리 용)의 포구

사실 통영의 지형은 용을 닮았다. 그래서 옛 지명도 두룡포(頭龍浦)이다. '머리 두(頭)'에 '용 룡(龍)'…'우두머리 용'이라는 무거운 이름을 지녔던 탓일까? 두룡의 포구가 담당했던 역사적 책무는 결코 가볍지 않았다. 두룡포 시절의 통영 이야기를 풀어나가려면 먼저 용에 대해 상세히 알아둘 필요가 있다.

동아시아 세계에서 용은 거대한 뱀의 형상에 초능력을 지닌 영물(靈物)이다. 전통적으로 묘사한 용의 모습을 보면 몸에 비늘이 나 있고, 네 개의 발에는 날카로운 발톱이 달려 있다. 색깔은 푸른색(靑龍), 붉은색(赤龍), 누런색(黃龍), 흰색(白龍), 검은색(黑龍) 등 다양하다. 얼굴은 큰 눈과 긴 수염이 특징인데 코와 입으로는 불과 독을 내뿜어 적을 제압한다.

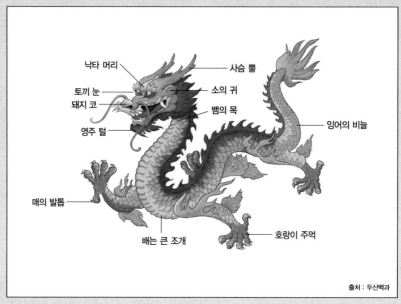

낙타 머리
토끼 눈
돼지 코
영주 털
사슴 뿔
소의 귀
뱀의 목
잉어의 비늘
매의 발톱
배는 큰 조개
호랑이 주먹

출처 : 두산백과

9개 동물의 특징을 지녔다는 용의 형상을 그린 상상화

용은 366가지 모든 동물의 왕으로서 여의주(如意珠)를 갖고 풍운(風雲)의 조화를 일으키며 비와 가뭄·홍수를 다스리는 존재였다. 일찍부터 국가와 왕실의 수호신이자 농경을 보호하는 비의 신, 풍파를 주재하는 바다의 신으로 풍년(豊年)과 풍어(豊漁)를 기원하는 사람들이 신성한 대상으로 숭배하였다.

용이 신성한 존재로 여겨지면서 현실사회에서는 제왕(帝王)을 상징하는 단어로 쓰였다. 황제나 왕과 관련된 일에는 용(龍)이란 글자를 붙였는데 왕의 얼굴은 용안(龍顔), 왕이 앉는 자리는 용상(龍床), 왕이 입는 옷은 용포(龍袍)라고 불렀다. 뛰어난 사람이나 큰 성취를 표현할 때도 용(龍)이 상징되었다. 하늘을 나는 날개 달린 말을 용마(龍馬)라고 불렀으며 입신출세의 관문을 등용문(登龍門)이라고 이름 붙였다. 어려운 환경을 극복하고 성공한 사람을 가리킬 때 '개천에서 용났다'고 하였다. 용이 복을 가져다주는 존재로 인식되어 용꿈을 꾸면 재수가 좋다는 믿음이 생겼다. 용이 품안에 다가오는 태몽을 꾸면 훌륭한 자식을 얻는다고 하여 몽룡(夢龍)이란 이름이 많이 쓰였으니 춘향의 낭군 '이도령'은 이몽룡(李夢龍)이었다. 민간에서 용은 물을 관장하는 수신(水神)이자 풍파와 물고기를 다스리는 '바다의 신(海神)'으로 추앙받았다. 우물이나 샘에 용신이 거주한다고 여기고 마을마다 용왕굿이나 용신제(龍神祭)를 지냈다. 물이 풍부한 연못은 용소(龍沼), 물이 많은 샘은 용정(龍井)이라고 불렀다. 농경사회에서 용은 생명과 풍요를 주재하는 자연신으로 숭배되었다. 용은 연못이나 호수, 강 등 육지의 물에서도 살지만 큰 용은 바다에서 살아야 제격이라고 믿었다. '아홉 용 승천'의 전설이 서려 있는 동해안 구룡포(九龍浦)와 통영의 두룡포(頭龍浦) 등은 바다에 살던 큰 용과 관련 있다. 특히 고기잡이 어민이나 항해를 하는 뱃사람들은 바다 밑의 용궁(龍宮)

에 사는 용왕(龍王)이 바다의 지배자로서 풍파를 다스린다고 여겼다. 그래서 어민들은 바다의 안전과 풍어를 기원하는 용왕제(龍王祭)나 용신제를 주기적으로 올렸다. 또 용왕이 사는 용궁에는 온갖 보물이 가득하다고 상상되어 많은 전설과 이야기가 만들어졌다. 바다에서 회오리바람이 일어나는 것을 용이 하늘로 오르는 것이라 하여 용오름이라고 불렀다(두산백과 '용 龍 dragon' 부분을 많이 참고하였다).

　용과 관련한 이야기는 한반도 전역에서 쉽게 찾을 수 있지만 통영은 특히 용과 친숙한 고장이다. 조선 후기 수백 년 간 통영 앞바다는 수많은 용으로 그득하였으니 바로 용양전선(龍驤戰船)이었다. 용양(龍驤)이란 '용처럼 머리를 쳐들고 달린다'는 의미인데 바다를 힘껏 질주하는 대형전선, 판옥선(板屋船)을 찬양하는 표현이다. 여러 전선 가운데서도 거북선은 판옥선체 위에 '철갑(鐵甲) 천장'을 설치한 선박인데 이물에 대포를 쏘는 용두(龍頭)를 장착한 것으로 유명하였다. 통제영의 거북선은 '통영귀선(統營龜船)'으로 불렸는데 여러 거북선 가운데 크기가 가장 장대하였다. 어쨌든 삼도수군통제영(三道水軍統制營)이 자리 잡은 두룡포 앞바다는 수백 척의 용양전선들로 북적대었다(1895년 통제영이 해체되고 옛 군영체제 대신 새로운 행정체계가 도입된 구한말, 군의 이름을 용남군 (龍南郡) 즉, '용이 사는 남쪽 고을'로 정한 사실 역시 통영지방과 용의 밀접한 관련성을 보여준 사례이다. 참고로 용남군은 1914년 거제군과 합병하며 통영군으로 이름을 바꿔 사라졌지만 그 일부 지역은 '용남면(龍南面)'이란 이름으로 남아 있다).

　용을 닮은 땅 두룡포(頭龍浦)… '우두머리 용의 포구'에 바다를 지키는 용들이 넘쳐났으니 통영은 '용의 도시'가 분명하였다. 중앙권력이 제대로 미치지 못하는 해변에서 왕처럼 군림하였던 '두룡포의 주

복원된 삼도수군통제영

인' 삼도수군통제사(三道水軍統制使)는 해왕(海王), 또는 용왕(龍王)에 비견
될 정도로 위세가 당당하였고 서울의 궁궐을 제외하고는 조선팔도
어떤 도시보다 웅장한 100여 동의 관아건물군을 자랑했던 삼도수군
통제영은 용궁(龍宮)에 비유할 만하였다.

　남해바닷가에 '용의 도시'가 출현한 계기는 조일전쟁(임진왜란)이었
다. 대전란을 경험한 이후 조선왕조는 생존본능에서 삼도수군통제영
이란 계획도시를 건설하였고, 일본의 재침 가능성을 차단하기 위해
강력한 군영체제를 오랫동안 유지하였다. 물산이 풍부한 해변에 많은
군력이 집중되면서 용의 도시는 정치·경제·사회·문화적으로 큰
비중을 갖게 되었고, 역으로 한양의 중앙정치에까지 실질적 파워를
투사할 수 있었다.

한국 해양사(海洋史)의 중심 삼도수군통제영

나는 이 책에서 조선 후기 3백년 간 삼도수군통제영과 삼도수군통제사가 지녔던 실제적 무게를 사실대로 기술할 생각이다. 통제영과 통제사는 강력한 존재였음에도 불구하고 지금껏 그 실상이 제대로 드러나지 않았다. 이는 해변이 역사의 공백지대만은 아니었다는 점, 역사에서 나름 중요한 무대였음을 증명하는 일이기도 하다. 조선 후기 통제영은 해변의 총독부, 통제사는 해상총독에 비견할 수 있겠는데 본문에서 충분히 입증해 볼 작정이다.

오늘날 세계적 해양국가로 자리매김한 대한민국이지만 해양사(海洋史)의 비중은 그리 무거워 보이지 않는다. 서울에서 일어난 사건이나, 중앙무대에 직접 영향을 미친 사안이 아니라면 무시하기 일쑤인 우리 지식사회의 풍조와 무관하지 않을 것이다. 삼도수군통제영 3백년사(史)는 전국적인 의미가 있는 중요한 역사의 한 페이지임이 분명하지만 중앙에서 천 리 밖 해변의 일이라는 점에서 그 무게만큼의 관심과 주목을 받지 못하였다. 이 책은 이런 풍토에 대한 작은 반발에서 시작됐다고 할 수 있다. 나는 이 글을 통해 조선왕조사의 주변부에 머물러 있는 해변의 역사적 중량(重量)을 더도 말고 덜도 말고 제 무게만큼 되찾아 주고자 희망한다.

이 책은 필자가 2009년에 발간한 『이순신 수국(水國) 프로젝트』의 후속편인 셈이다. 『이순신 수국(水國) 프로젝트』는 1592년 조일전쟁이 발발하고 이듬해 충무공이 삼도수군통제사가 된 이후 '한산도(정유재란 시기에는 고금도) 통제영'을 중심으로 서남해 일대의 많은 섬과 해변에 나라에 비견할 만한 수국(水國)체제를 구축해 일본군과 대결했다는 '분석적 사실(史實)'을 기록한 책이다. 위 책은 조일전쟁 시기 이순신의 활약상을 주로 다뤘던 만큼 이순신 사후(死後) 삼도수군통제영 체제의 형성과 발전의 역사는 부차적일 수밖에 없었다.

통제영 3백년사에 대한 기록이 미흡했다는 아쉬움이 적지 않던 차에, 9년의 세월이 지나 다시 꾸민 책이 『바다 지킨 용(龍)의 도시 삼도수군통제영』이다. 이 책은 통영을 방문하는 인문학적(人文學的) 여행객을 위한 맞춤형 역사서이다. '바다 지킨 용의 도시…'라는 다소 거창한 제목이 붙었지만 내용적으로는 통영의 근세사를 가벼운 마음으로 읽어 볼 수 있게 꾸민 대중도서이다. 그런 만큼 너무 엄격한 잣대로 평가할 필요는 없겠다. 다만 수백 년 전 조선왕조가 남해바닷가 외진 포구에 강력한 군진을 설치한 시대적 배경을 이해하고, 그렇게 생겨난 군영체제가 역으로 조선인의 삶과 조선왕조의 역사에 적잖은 영향을 미쳤다는 사실을 알아주기를 바라는 마음으로 글을 썼다.

조선 후기 3백여 년 동안 조선의 바다와 해변을 호령한 '무게중심'은 삼도수군통제영이었다. 서울의 연구자들은 별로 주목하지 않았지만 조선 후기, 통제영이 수행한 시대적 역할과 파급력은 크고도 깊었다. 그랬기에 지금은 한적한 관광도시, 수산도시에 불과한 통영이지만 세상에 알려지지 않았던 풍성한 사연들이 넘쳐나도록 담겨 있다.

사실 외양만 놓고 본다면 통영이라고 해서 특별한 감동이 있을 수 없다. 흔해 빠진 항구도시, 풍광을 조금 갖춘 해변소도시일 뿐이다. "기대하고 다녀왔는데 생각만큼 대단하지는 않더라."는 이야기도 많이 들었다. 그러나 통영은 두터운 역사를 깔고 앉은 도시이다. '통영(統營)'이란 지명 자체가 통제영(統制營), 즉 삼도수군통제영의 약칭에서 비롯하였다. 그러므로 '삼도수군통제영 역사'라는 내면의 실체를 살펴야 통영 땅과 바다의 진면목을 알고 그 가치를 제대로 즐길 수 있을 것이다(삼도수군통제영은 통영시의 본질이요 통영관광의 핵심이다. 통영의 관광명소 가운데 통제영 시대의 전통과 문화가 녹아 있지 않은 곳은 없다. 통영 땅의 본질과 핵심을 제대로 체험하는, 이른바 '인문학적 여행'을 희망하는 사람들이라면 통영시내 문화동에 위치한 삼도수군통제영 옛터를 먼저 둘러보고 그 역사부터 공부하기를 권유한다. 겉보기엔 평범한 고(古)건축물들이지만 조선후기 3백년 간 삼남해변을 다스린 '물 위의 궁성(宮城)'이다. 삼도수군통제영을 알지 못하고 통영시를 관광한다는 것은 수박의 속을 버려두고 겉만 핥는 것과 다르지 않다).

　'아름다운 바다의 땅' 통영에 묵직한 역사전통이 서려 있음을 이해하는 기회가 되길 바라며, 책을 집어든 독자들과 함께 과거로의 여행을 시작한다. 오랜 고도(古都)에서 느껴지는 옛 냄새… 흘러간 세월의 자취는 아득하기만 하다. 어느 땅 어느 곳에도 흥망성쇠의 향기가 남아 있기 마련인데, 통영의 역사에서는 갯내음이 물씬 풍긴다.

차례

프롤로그
용(龍)을 닮은 도시, 통영

제1장 │ 삼도수군통제사가 뭐길래?

통영 토성고개의 전설 _ 20

인조반정의 승자(勝者) 구인후 통제사 _ 24

인조반정의 패자(敗者) 원수신 통제사 _ 28

1623년 봄, 통제영의 유혈(流血) 군권교체 _ 31

무신들의 로망 삼도수군통제사 _ 35

제2장 │ 조일전쟁과 수군통제사

통제영 전사(前史)… '바다를 버린 나라' 조선 _ 41

해양포기가 초래한 일본의 기습(?)전쟁 _ 48

이순신과 한산대첩 _ 54

원균과의 갈등, 이순신 통제사에 오르다 _ 67

제3장   '전쟁의 선물' 삼도수군통제영

한산도 통제영 시대(1593.8~1597.7) _ 81

모항(母港) 없는 유랑시대(1597.7~1597.10) _ 85

보화도 시대(1597.10~1598.2) _ 87

고금도 통제영 시대(1598.2~1598.11) _ 88

종전 후 최대 논쟁, 해방본영(海防本營)의 위치 선정 _ 91

두룡포에 통제영을 건설하다 _ 99

제4장   통제사, 해상총독으로 군림하다

해변의 수도(首都)가 된 삼도수군통제영 _ 110

'36,009장졸-548함대' 병권(兵權)을 쥐다 _ 114

'해상총독' 통제사의 권력 _ 120

  – 통제사의 행정권

  – 통제사의 사법권

  – 통제사의 경제권

통제사에 대한 처우 _ 136

통제사 통제대책 _ 139

제5장   역대 삼도수군통제사

누가 통제사가 되었나? _ 145

무장가문(武將家門)의 통제사직 독과점 _ 149

실력보다 핏줄?…통제사 혈연도(血緣圖) _ 152

제6장	활동량 많았던 초창기 통제사(1593~1662)

'원조(元祖) 통제사' 이순신과 원균 _ 165

조일전쟁을 경험한 통제사들 _ 176

인조반정으로 운명 바뀐 통제사들 _ 195

후금 · 청(淸)과 관련 깊은 통제사들 _ 207

제7장	전성기 통제영, 의욕 넘친 통제사(1662~1751)

실력으로 입신(立身), 실수로 망신(亡身)한 통제사들 _ 225

통제사 역임 후 경영대장(京營大將)에 오르다 _ 229

잦은 환국(換局)…통제사 출신들 명암 교차 _ 238

명문가 후예, 잇따라 통제사에 오르다 _ 246

제8장	원숙기 통제영, 관료화된 통제사(1751~1849)

영조 시기 균역법 · 금주령으로 고생한 통제사들 _ 257

숨죽인 무장들…잦은 파직 · 복직에 '파리 목숨' _ 268

'홍경래의 난' 이후 문관형 통제사 시대 _ 281

제9장	통제영 말기시대, 작아진 통제사(1849~1895)

통제사 위상은 강화, 통제영 군력은 약화 _ 291

'부정부패 시대' …통제영의 근대화 실패 _ 305

'최악의 통제사' 등장…통제영의 소멸 _ 310

제10장 | 통제영 3백년 영광의 기록

통신사(通信使)와 통제사(統制使) _ 319

남벌론(南伐論)과 통제영 _ 328

안용복(安龍福)의 울릉도 · 독도 회복과 통제영 _ 338

제11장 | 통제영, 한국 해양문화의 요람이 되다

유럽의 해안 거성(巨城)과 조선의 해변 건축물 _ 351

통영문학에 담긴 해양지향성 _ 356

통영에서 꽃핀 고급 해양문화 _ 363

에필로그

통제영의 현재적 가치와 장철수의 꿈 _ 370

부록

한산도선생안(閑山島先生案) _ 375

참고문헌 _ 383

제1장

삼도수군통제사가
뭐길래?

三道水軍統制營

통영 토성고개의 전설

두루미 목(박경리의 소설 '김약국의 딸들'에 나오는 표현이다.)처럼 가느다란
지협(地峽)으로 가까스로 육지와 연결되면서 섬을 면한 통영시내를
북쪽 외곽에서 구도심 쪽으로 넘어가면 높지도 낮지도 않은 고개를
만난다. 고개를 넘자마자 오른쪽 언덕배기에 세병관을 중심으로 한
삼도수군통제영(三道水軍統制營)이 자리 잡고 있다. 현지에서는 이 고개
를 '토성고개'라고 부르는데 통영의 진산(鎭山)인 여황산(艅艎山)의 한
줄기가 바다 쪽으로 흘러내려 온 지맥인 셈이다. 1980년대까지만
해도 이 고갯길은 철학관이란 이름을 내걸고 신수(身數)를 보는 점집
들이 즐비한 낡은 시가지였지만 도로 확장과 함께 분위기가 크게
바뀌었다.

삼도수군통제영

토성고개

삼도수군통제영과 토성고개

유서 깊은 이 고개의 이름 '토성'은 일반적으로 '흙 토(土)', 토성(土城) 즉, '흙으로 만든 성'에서 유래된 것으로 알려져 있다. 고개 부근에 토성이 존재했던 것도 사실이다. 조선 숙종 4년(1678년) 윤천뢰(尹天賚) 통제사가 통영성(統營城)을 쌓기 시작해 약 3천 6백 미터(통영성의 규모에 대해서는 2천 8백 미터설과 5천 7백 미터설도 있다.)의 성곽을 건설하였다. 통영성에는 동서남북 4대문이 있었는데 북문 북쪽의 여황산 기슭에서 서문 북쪽의 산기슭까지 1천 미터는 흙더미로 쌓은 토성(土城)이었고 나머지는 돌로 쌓은 석성(石城)이었다. 즉, 고갯마루에서 산등성이 쪽으로 얼마 떨어지지 않은 곳에 토성이 축조됐으니 이 고개의 유래가 흙으로 만든 토성에서 유래됐다는 설명은 일견 타당해 보이기도 한다. 그러나 또 다른 풀이도 있다. '토할 토(吐)'에 '소리 성(聲)', 즉,

'토성(吐聲)고개'라는 설명이다. 통영지방에 전해오는 옛 이야기가 그것이다.

"임진왜란(조일전쟁) 때 통제영이 설치된 이후 통영지방은 경상전라충청도 삼도의 수군을 총지휘하던 삼도수군통제사가 다스렸다. 어느 해 조금 모자라는 통제사가 통영 앞바다에서 휘하의 삼도수군 장졸들을 불러 모아 수조(水操)를 벌였다(수조란 통제영 시대에 행해졌던 전통 수군조련 훈련을 말하는데 지금도 한산대첩기념제 등 큰 축제가 열릴 때마다 통영지방에서 재연되고 있다. 수조에 대해서는 뒤에서 상세히 다룰 예정인데, 삼도수군 합동조련 때는 수백 척의 전선과 수만의 장졸이 참가했던 것으로 알려져 있다). 수조가 한창 진행되 던 중 문제의 통제사가 수백 척 군선의 위용과 화려한 깃발군, 우렁찬 대포와 고동소리, 북소리에 흥분한 나머지 함대를 이끌고 서쪽의 훈련 한계선을 넘어 버렸다(당시 수군이 합동 군사훈련을 가질 때는 해상에 일정한 경계가 있어 그 서쪽으로는 연합함대를 이끌고 넘어가지 못하게 규정돼 있었다. 아마도 함대를 이끌고 서해를 돌아 한양을 노릴 지도 모르는 불순한 기도를 미연에 방지하기 위한 조치였다고 풀이된다). 통제사가 휘하의 함대를 이끌고 서방 한계선을 넘었으니 보통 문제가 아니었다. 그러자 이 상황을 지켜보던 누군가가 '통제사가 서해를 돌아 한양으로 북진하려는 반역의 뜻을 나타냈다'고 생각했다. 그는 삼도수군통제영 인근의 고갯마루로 달려가 "통제사가 반역을 시도하고 있다."고 고함을 쳐 사태의 심각성을 세상에 알렸다고 한다. 고함을 지르느라 피를 토할 지경이었다고 한다. 이 사람의 수고 덕분에 어리석은 통제사의 서진(西進)은 좌절되고 반역은 미리 예방되었다. 문제의 통제사는 역적으로 처단되었다. 그때부터 이 고갯길을 '고함을 지른 고개'란 뜻에서 '토할 토(吐)'에 '소리 성(聲)', 즉, '토성(吐聲)고개'로 부르기 시작했다."

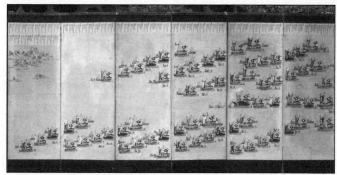

수조도 병풍

　대략 이런 내용인데 필자가 중학교 재학시절, 토성고개 인근에서
자란 어느 선생님으로부터 들은 이야기이다. 그런데 정사(正史)에서는
위에서 언급한 '어리석은 통제사의 전설'과 관련된 기록을 찾아볼
수 없다. 사실 통제사라면 조선의 무장 가운데 최고 엘리트코스를 걷
던 인물들이다. 장차 훈련대장, 어영대장 등 중앙군 수뇌부로 승진하
든지 정승·판서로 올라갈 인물들이 전방근무 경력관리 차원에서 선
호했던 자리인 만큼 어리석은 인사도 없었고 통제사 재임시절 조정
에 반역을 시도한 인물도 없었다고 알려져 있다. 그 때문에 이 전설
은 한낱 우스개로 간주돼 전해져 왔던 것이다.

　하지만 대체로 전설이 있을 때는 나름의 근거가 있게 마련이다. 토
성고개를 '흙으로 쌓은 성이 있던 고개'가 아니라 '크게 고함을 쳤던
고개'로 풀이하는 설명이 있다면 반드시 사연이 존재할 것이다. 이런
시각에서 나는 한 사건에 주목하고자 한다. 바로 1623년, 조선 인조
1년의 봄에 일어난 일이다.

인조반정의 승자(勝者) 구인후 통제사

1623년은 인조반정(仁祖反正)이 일어난 해이다. 인조반정이란 서인(西人)일파가 광해군(光海君)과 대북파(大北派) 정권을 몰아내고 능양군(綾陽君) 이종(李倧)을 새 임금으로 옹립한 사건을 말한다. 선조의 뒤를 이은 광해군은 내정과 외교에서 나름의 역량을 발휘했지만 이이첨(李爾瞻) 등 강경 대북파의 무고로 친형 임해군(臨海君)과 부왕의 늦둥이 아들 영창대군(永昌大君)을 살해하고 영창대군의 생모이자 광해군의 계모가 되는 인목대비(仁穆大妃)를 내쫓는 등 유교적 강상윤리에 반하는 실수를 저질렀다. 이에 명분을 얻은 서인 김류(金瑬)와 이귀(李貴), 이서(李曙), 이괄(李适), 김자점(金自點) 등이 정변을 모의하고 거사를 단행해 성공한 것이 인조반정이다. 그 결과 이이첨과 정인홍(鄭仁弘) 등 수십 명이 참수되고 대북파를 중심으로 한 관료 2백여 명이 유배됨으로써 정권은 북인에게서 서인으로 넘어갔다.

인조반정의 시초는 1615년 광해군 8년에 일어난 '신경희(申景禧)의 옥사(獄事)'에 있다. 신경희는 병조판서를 역임한 신잡(申礏)의 아들이자 조일전쟁 초기 충주 탄금대에서 전사한 신립(申砬)의 조카이다. 1611년 황해도 수안군수에 등용되었으나 1615년 광해군의 조카인 능창군(綾昌君) 이전(李佺)을 왕으로 추대하려 했다는 대북파의 무고를 받아 투옥됐다가 곤장을 맞고 죽었다. 당시 17살이던 능창군(광해군의 이복동생인 정원군(定遠君)의 셋째아들)도 강화도 옆 교동도로 유배됐다가 자살하였다.

억울한 죽음 뒤에는 반드시 반작용이 있는 법이다. 능창군의 친형

인 능양군 이종(정원군의 장남)의 주변에 사람들이 몰려들기 시작했다. 당시 21살로 혈기왕성했던 이종은 광해왕을 몰아내지 않는다면 자신도 언제든지 죽임을 당할 수 있다는 생각을 하게 됐다. 연산군 정권을 뒤엎은 중종반정이 중종의 의지와 무관하게 이뤄졌다면 인조반정은 훗날 왕이 되는 이종 자신이 정변과정에 깊숙이 개입하고 핵심 역할을 했다는데 차이가 있다.

이종 주변에는 능성구씨(綾城具氏)와 평산신씨(平山申氏) 무장가문이 포진해 있었고 이들이 정변 모의의 첫 상대가 되었다. 능성구씨는 이종의 외가였다. 능양군 · 능창군이란 군호의 능(綾)자는 외가의 본관인 능성에서 나온 말이다. 능양군 · 능창군의 외삼촌인 구굉(具宏)과 구굉의 조카 구인후(具仁垕, 능양군의 외사촌형님이 된다.)는 광해군 정권을 타도해야 한다며 반정의지를 공공연히 밝혔다. 훗날 인헌왕후로 추봉되는 능양군의 모친(정원군의 부인)이 구굉에게는 한 살이 적은 여동생이고 구인후에게는 나이가 같은 고모였으니, 세 사람은 어릴 적부터 함께 자라나 매우 각별한 사이였고 능창군의 죽음에 유감이 많았다.

평산신씨 가문의 무장인 신경진(申景禛)과 경유(景裕), 경인(景禋) 삼형제도 같은 뜻을 밝혔다. 신립 장군의 아들들인 삼형제는 신경희의 사촌동생이었다. 사촌형의 죽음에 불만이 없을 수가 없었다.

신경진 형제와 구굉-인헌왕후도 외사촌과 고종사촌으로 인척간이었다. 구굉-인헌왕후의 모친이 신립의 여동생이니 신경진 등에게는 고모가 된다. 그러므로 신경진 형제에게 구굉과 인헌왕후는 고종사촌이 되고 능양군 · 능창군 형제는 고종사촌 누이의 아들이 된다. 특히 능창군은 신경진 형제와 이중(二重)으로 얽혀 있었다. 신경진의 누이 신씨는 선조의 넷째아들 신성군(信城君)과 혼인을 했는데 슬하에 아들이 없어 정원군의 아들 능창군을 양자로 들였다. 그러므로 능창군은 신경진 형제에게는 고종사촌 누이의 아들이자 친누이의 양아들이기도 하였다. 결국 신경진 삼형제도 사촌형님(신경희)의 옥사와 능창군의 죽음에 원한이 작지 않았다는 말이다.

복잡한 가계도는 차치하고… 다만 능양군 이종과 구굉—구인후, 신경진 형제들이 서로 밀접한 인척이었음을 알아둬야 한다. 덕분에 이들은 어렵지 않게 '정변의 뜻'을 모을 수 있었기 때문이다(구굉, 구인후와 신경인은 훗날 삼도수군통제사를 역임한다. 왕의 인척이자 정권 최고실세들이 통제사를 지냈다는 데서 통제사가 지닌 정치적 비중을 파악할 수 있다).

여기서 구인후란 인물을 주목할 필요가 있다. 구인후는 1578년 생으로 26살이던 1603년 무과에 급제한 이후 '신경희의 옥사'가 일어난 1615년에는 38살의 중견무장으로 성장해 있었다. 할아버지는 좌찬성을 지낸 능안부원군(綾安府院君) 구사맹(具思孟)이요 부친은 대사성을 역임한 구성(具宬)으로 이름난 문장가 출신이었으나 막내숙부 구굉과 함께 무관으로 출사했다. 구인후는 숙부 구굉보다 불과 한 살이 적었기에 어려서부터 함께 자랐고 내밀한 사이였다.

앞서 언급했듯이 구굉은 훗날 인조가 되는 능양군 이종의 외삼촌이고 구인후는 외사촌형님이다 보니 광해군을 몰아내는 정변에 목숨을 걸고 앞장서게 된다. 무장인 이들은 실제무력을 동원하는 행동대장들로 역할하였다. 광해군이 무리한 정치를 펴던 1620년 구인후는 숙부 구굉, 신경진 형제 등과 함께 정변을 구체적으로 모의한다. 후임 왕으로는 당연히 능양군 이종을 추대하기로 의견이 모아졌다. 그러던 중 구인후는 1621년 전라도 진도군수로 발령났지만 서울의 반정세력과 소식을 주고받으며 거사 대책을 논의하였다. 반정세력은 당초 1623년 3월 21일을 거사 날짜로 정하고 모든 계획을 추진하였다. 그러던 중 배반자가 나와 탄로날 위기에 처하자 거사일을 3월 12일 밤으로 앞당겼고 결국 성공하였다.

남쪽 끝 진도에 머물던 구인후는 거사일이 앞당겨진 줄도 모른 채 3월 21일에 맞춰 군사를 이끌고 상경했다. 그러던 중 전주에 이르렀을 때 반갑기도 하고 섭섭하기도 한 소식을 접했다. 반정이 3월 13일에 이미 성공했으며 자신은 신임 삼도수군통제사로 임명됐다는 소식이었다. 정확한 기록은 없지만 구인후는 3월 15일~17일 경 전주에 도착했을 것으로 추정된다. 그는 인조반정 거사

구인후 초상화

에 직접 활약하지는 못했지만 처음부터 모의에 참여한 점이 인정돼 2등공신에 올랐다. 신왕(新王)의 외사촌이자 구굉, 신경진과 인척관계란 점이 유리하게 작용했을 것이다. 어쨌든 통제사 임명 소식을 들은 그는 재빨리 통제영으로 향하였다. 국조인물고(國朝人物考)에 나오는 구

인후 관련 기록을 살펴보자.

"통제사는 삼도의 수군을 실질적으로 관장하는 직책인데 남방 오랑캐
들을 상대하여 종사하기 때문에 안전이 위협받게 되는 것은 뻔한 일이
므로 공이 진도로부터 지름길을 이용하여 진(鎭, 통제영)에 부임하였다.
장수가 처결해야 할 일들을 처결하지 않은 상태로 승계받아 모든 일이
엉망으로 방치된 채 있었으나 누구도 감히 이를 문제 삼는 자가 없었는
데 공이 맨 먼저 군율을 밝혀 관부(官府)의 일을 맡은 한 아전을 목 베어
고질적인 병폐를 경계하였다. 이로부터 진수군(鎭戍軍)이 철저히 군율을
지켜 체통이 비로소 서게 되었다…"
                                              ─국조인물고 제1집

구인후가 새 조정으로부터 통제사를 제수받고 임지로 달려가면서
한양에서 일어난 반정의 여파는 남녘땅 삼도수군통제영에도 닥쳤다.

인조반정의 패자(敗者) 원수신 통제사

이즈음 반정파 구인후의 맞상대로 광해군파 인물인 원수신(元守身)
이 부각된다. 원수신은 구인후에 앞서 통제사에 오른 무장이다. 그는
광해군 후궁의 부친이었던 만큼 광해군에게는 장인격인 인물이었다.
친(親)광해군 계열이었으니 반정의 결과 제거될 운명에 있었다.

따라서 원수신과 구인후 사이에 인수인계 과정이 순탄했을 리가 없
다. 위에서 든 구인후의 기록에 '장수가 처결할 일들을 처결하지 않은
상태로' 통제사직을 승계받았고 '군율을 밝혀 아전의 목을 베었다'는
내용이 예사롭지 않다. 또 원수신의 통제사직 교체사유가 피체(被逮),

즉 죄를 지어 체포된 것으로 기록된 점도 심각한 후유증이 있었음을 암시해 주는 대목이다. 드러내지는 않았지만 실제로는 통제사 교체를 둘러싸고 '중대한 사정'이 있었다는 증거로 여겨지기 때문이다.

원수신 관련 기록은 소략하다. 언제 태어났고 언제 죽었는지도 분명하지 않다. 역사에서 패자의 기록이 짧고 부정적인 것은 흔히 있는 일이다. 기록을 보면 광해군 11년(1619년)에 좋은 배(船)를 만들어 왕에게 바친 내용이 나온다. 조금 길지만 인용해 보자.

"주사청(舟師廳, 수군과 조운 업무를 총괄하는 중앙부처)이 아뢰기를 전라우수사 원수신이 만든 용선(龍船, 왕이 타는 배)을 점검해 보았더니 배의 제작이 극히 정교하고 치밀할 뿐만 아니라 좌우 방사(房舍, 선실)와 각종 집기도 모두 정밀했습니다. 여타의 상선(上船, 대장선)보다 훨씬 뛰어나 어좌(御座, 왕의 전용선)에 아주 적합합니다… (중략) …왕이 전교하기를 원수신의 벼슬을 높여주고 이 배를 철저히 돌보아 불시의 쓰임에 대비하라고 하였다."

—조선왕조실록 광해군 11년(1619년) 1월 26일자

당시는 후금의 침공 가능성이 우려되는 시기였는데 용선(龍船)은 전란이 일어날 경우 왕을 강화도 등지로 대피시키기 위한 용도로 제작한 듯싶다. 어쨌든 원수신은 통제사 이전에 전라우수사를 역임했으니 바다에 밝은 무관이었음을 알 수 있다. 또 광해군에 대한 충성심이 가상했음을 짐작할 수 있다. 이런 인물이 인조반정의 결과에 고분고분 승복했을까? 그는 어차피 반정세력에 의해 제거당할 처지, 나

름의 저항을 했을 것으로 추정할 수 있다. 원수신은 인조반정과 동시에 삭직됐지만 한동안 통제영에 머물고 있었음이 확인된다. 인조 1년(1623년) 3월 20일자 실록에 "간원이 아뢰기를 전 통제사 원수신, 전 병사 권여경(權餘慶, 역시 광해군 후궁의 부친이었다.) 등이 이미 체직되었으나 미처 교대하지 못하여 아직까지 병권을 쥐고 있으니 몹시 부당합니다. 잡아다 국문하소서 하였다."는 기록이 나온다. 즉, 반정의 성공에도 불구하고 지방의 병권(兵權)은 한동안 광해군 계열의 인물들이 그대로 쥐고 있었던 것을 알 수 있다.

이즈음에서 토성고개의 전설을 상기해 볼 필요가 있다. 전설에 해상 경계선을 넘어가려다 제지되고 역적으로 처단됐다는 '어리석은 통제사'에 원수신을 대입하면 아귀가 딱 들어맞기 때문이다. 약간의 상상력을 발휘해 보자. 광해군은 정변 이후 이틀간 의관(醫官) 안국신의 집에 숨어 있다가 붙잡힌다. 광해군에게도 사람은 있었을 터, 정변을 뒤집기 위해 자기편의 무력결집에 나섰을 개연성이 농후하다. 그런 노력조차 기울이지 않았다면 광해군은 왕도 아니다.

서울의 정변 소식은 빠른 말을 타고 통제영에도 전해졌을 것이다. 원수신은 광해군 후궁의 부친, 가장 믿을 만한 무장이 아니던가? 원수신은 삼도의 수군을 이끌고 한양으로 상경해 '역적의 무리'를 토벌하고 왕을 구하라는 밀지를 받았을 개연성이 없지 않다. 정확한 진상이야 어떠하든… 정변 소식을 듣고 원수신이 나름의 대책을 강구했다고 보는 것이 합리적이다. 반정세력이 권력을 쥐게 된다면 후궁의 아비인 자신은 죽은 목숨이다. 원수신은 삼도수군의 총수인 자신의 역량을 점검해 보았을 것이다. 만약 500척의 함대와 3만 6천여 명의 장졸로 이뤄진 삼도수군이 서해안을 타고 북상해 한강으로 진입한다면 승패는 장담하기 쉽지 않을 것이다. 통영에서 한양까지의 뱃길은 바람이 좋을 경우 넉넉잡고 열흘이면 당도할 수 있다.

마침 때는 춘삼월 삼도수군 합동훈련인 춘조(春操)가 열릴 즈음이었다. 통제사 원수신이 휘하 장령들에게 삼도수군을 모두 통제영 앞바다로 불러 모았을(모으려고 시도했을) 개연성을 상정할 수 있다. 당시 한양의 정변 소식은 해변고을에도 널리 퍼져 있었을 것이다. 특히 진도군수로 있다가 신임 통제사에 임명된 구인후는 정변 성공을 기정사실화하며 원수신이 아니라 자신이 통제사란 점을 영호남 해변고을 수령과 장수들(이들은 통제사의 명령을 받는 부하들이다.)에게 통보했을 것이 틀림없다. 이런 상황에서 해변의 수령·장수들은 눈치를 보지 않을 수 없었을 것이다. 원수신과의 신의를 지켜 그의 명령을 받드는 쪽도 있었겠지만 재빨리 반정세력에 붙는 자도 있었을 것이다. 또는 인근 고을에 문의하며 눈치를 보는 축도 있었다고 봐야 한다. 권력 격변기라면 인간사회 어디에서나 확인되는 보편적인 현상이다. 이즈음 반정의 끝내기 수순을 밟으려던 신임 통제사 구인후와 기존의 해상병권을 활용해 반정을 뒤엎으려는 기존 통제사 원수신 간의 머리싸움, 힘겨루기가 남해바다에서 치열하게 전개됐을 가능성이 그려진다.

1623년 봄, 통제영의 유혈(流血) 군권교체

반정세력이 진도군수 구인후를 정변 성공과 동시에 삼도수군통제

사로 신속히 임명한 것은 '남쪽바다의 화근' 원수신을 하루빨리 제
거하기 위한 조치로 이해된다. 구인후가 통제영에서 가까운 전라도
에 머무르고 있다는 점도 충분히 감안했을 것이다. 이는 역으로 한양
의 반정세력이 기존 통제사(원수신)가 거느린 해상무력에 신경을 쓰고
있었다는 것을 확인해 주는 대목이다. 구인후는 전라도 해변을 단속
하는 한편 지름길로 통영으로 향하였다.

통제사직을 제수받은 시점 구인후가 어디에 있었는지는 불분명하
다. 반정에 참가하기 위해 전주에 도착했을 시점에 반정의 성공과 통
제사 제수소식을 들었다는 이야기도 있지만, 진도에서 지름길로 통
영으로 향했다는 또 다른 기록이 전해지기 때문이다.

어쨌든 신임 통제사가 사력을 다해 통제영으로 달려가는 동안 기
존 통제사 원수신은 서둘러 수군함대를 소집해서 서해로 북상할 준
비를 했을 가능성을 배제할 수 없다. '토성고개의 전설, 어리석은 통
제사 이야기'는 그 방증이다. 그러나 원수신이 이런 시도를 했다고
해도 성공하기는 쉽지 않았다고 하겠다. 이미 중앙에서 대세가 결판
났기 때문이다. 그를 따르는 휘하 장졸이 있다손 치더라도 숫자도 적
고 사기도 낮았을 것이다. 벼락처럼 통영으로 들이닥친 구인후는 삼
도수군통제영 건물군이 바라다 보이는 토성고개에 이르러 크게 고함
을 쳤을 것이다.

"반정은 이미 끝났다. 새 조정의 명령을 받은 통제사가 왔다. 통제영 휘
하 장령은 신임 통제사의 지시에 따르라. 폐주(廢主) 광해군은 이미 포

박돼 강화도에 안치돼 있다. 전 통제사 원수신은 왕을 잘못 받든 벌이 크니 그 죄를 물을 것이다. 원수신을 따라 엉뚱한 행동을 하는 자들은 역률로 참할 것이다…"

토성고개의 전설을 대입해 본다면 구인후가 '토성(吐聲)'의 주인공이 되는 셈이다. 전설의 실상이야 어찌됐든, 구인후의 대갈일성 이후 통제영의 권력지도는 크게 바뀐다. 원수신은 세불리를 인정하고 마침내 저항을 포기한다. 저항을 해도 성공 가능성이 낮은데다 그랬다가는 자신의 행위가 가족과 친족에게까지 크게 악영향을 미칠 것이기 때문이다. 연좌제가 시퍼렇게 살아 있던 시절의 이야기이다. 결국 군권의 상징 발병부(發兵符)를 건네주고 오랏줄에 묶여 죄수용 함거에 오르는 것으로 신구(新舊) 통제사 간의 인수인계는 끝이 났을 것이다. 1623년 3월 하순에서 4월 초 사이 통제영에서 일어난 역사적 사건이자 필자가 재구성해 본 토성고개의 전설이다.

구인후의 업적을 기록한 글에 "장수가 처결해야 할 일들을 처결하지 않은 상태로 승계받아 모든 일들이 엉망으로 방치된 채 있었다."는 구절이야말로 이때의 통제영 사정을 간접적으로 시사해 주는 대목이다. 또 "감히 이를 문제 삼는 자가 없었는데 공이 맨 먼저 군율을 밝혀 관부의 일을 맡은 한 아전을 목 베어 고질적인 병폐를 경계하였다. 이로부터 모든 진수군이 철저히 군율을 지켜 체통이 비로소 서게 되었다"는 대목은 무력으로 친(親)원수신 세력, 나아가 광해군에게 충성하는 세력을 제거했음을 암시하고 있다. 아무리 군영이라고 하지만 '모든 일이 엉망으로 방치됐다'고 해서 군관(아전)의 목을 벨 이유는 없다. 곤장을 치면 그만이다. 아전의 목을 벴다는 기록은 1623년 봄, 한양에서 인조반정이 일어난 직후 남녘 땅 통제영에서도 파장 큰 권력교체가 일어났고 그 과정에 피도 흘렸음을 시사해 주는 대목이다.

원수신은 포박된 몸으로 통제영을 떠났다가 2년 뒤에 죽는다. 이후 원수신에 대한 공식기록은 거의 없다. 원주원씨(原州元氏) 족보는 당시 사정을 약간 왜곡해 기술하고 있는데, 저간의 사정을 꼼꼼히 따져보면 통제영에서 체포된 원수신이 함경도 회령으로 귀양 갔음을 짐작할 수 있다. 먼저 족보에 나오는 원수신의 기록을 보자.

"선조 계유년(1573년) 출생. 품계가 자헌대부(資憲大夫, 정2품)에 이르렀고 삼도수군통제사, 훈련대장, 병조판서 겸 동지의금부사를 지냈다. 공은 일찍이 명곡(鳴谷) 이충간(李忠簡)의 문하에서 공부하다가 임진왜란이 일어나자 수군에 종사해 공을 세웠고 벼슬도 올랐다. 혼조(昏朝, 광해군) 병신년(1616년)에 참소를 입어 충청도 태안에 귀양을 갔는데 공은 본가(충남 보령)가 가까우므로 스스로 원지에 이배해 줄 것을 청해서 회령으로 배소를 옮겼다. 계해년(1623년) 인조반정 이후 영의정 구인후가 요청해 유배에서 풀려났다. 을축년(1625년)에 죽었다."

광해군 집권기이던 1616년에 귀양을 갔다가 광해군이 몰락한 1623년에 귀양에서 풀려났다는 족보의 기록은 사실이 아니다. 그동안에 있었던 원수신 행적을 모두 덮어버리고 있기 때문이다. 원수신은 1619년 전라우수사를 거쳐 1622년 통제사가 되었다가 1623년 3월에 체포됐다는 것이 실록의 공식기록이다. 따라서 1616년에 귀양 갔다가 1623년에 풀려난 것이 아니라 1623년에 유배를 떠났다가 2년쯤 뒤에 풀려나 사망했다고 보아야 옳다.

1625년쯤으로 추정되는 해배(解配, 유배에서 풀려남) 과정에 구인후가 도왔을 가능성은 있다. 사실 원수신이 통제영에서 소극적인 저항을 했을지 모르지만, 대세가 결정난 뒤에 적극적인 저항을 한 것 같지는 않다고 할 때 큰 죄는 없는 셈이다. 그런 만큼 구인후는 원수신을 체포해 귀양 보낸 일에 미안한 감정을 가졌을 수 있다. 조정의 공식기록과 족보의 행간을 종합해 볼 때, 원수신은 인조반정 이후 잠시 버티기를 시도하였지만 결국은 대세를 받아들여 귀양길에 올랐고 사망하기 직전에 권력실세 구인후의 배려로 풀려난 것으로 판단된다. 하지만 인조반정에 따른 정치적 몰락은 참기 어려운 심적 고통이었기에 2년 뒤인 1625년경 53살의 나이로 이승을 하직하였다고 사료된다.

무신들의 로망 삼도수군통제사

원수신 통제사의 운명이 어땠는지는 기록이 소략해 진상을 정확히 파악하기 어렵지만 인조반정 세력들이 구인후를 재빨리 통제사로 보낸 이유는 알 수 있다. 한양에서 천 리나 떨어진 통제영이지만 그곳에 막강한 무장력이 근거하고 있었기에 이를 어느 편이 장악하느냐는 정변의 성패를 가르는 중요한 변수였다는 말이다. 만약 원수신이 목숨을 걸고 용감하게 북상을 시도하였더라면 결말을 예측하기란 쉽지 않다. 설령 형세를 뒤엎지는 못했을지라도 쌍방 간에 적잖은 피를 흘려야 했을 것이다. 당시 삼도수군통제사는 휘하에 기동력 높은 3만 6천여 명의 정예군단을 거느리고 있었기에 현실 중앙정치 무대에 관여할 잠재력이 상당했던 것이다. 어쨌든 인조반정 당시 반정군측이 통제영을 신속하게 접수하면서 삼도수군이 내전에 동원될 가능성이 차단됐음을 기억할 필요가 있다.

필자가 구인후와 원수신 이야기를 언급한 것은 삼도수군통제영과 삼도수군통제사가 지닌 정치적 비중을 이해하는 좋은 사례이기 때문이다. 머나먼 남쪽 해변에 자리 잡고 있었지만 통제영은 조선 후기 3백여 년간 군권(軍權)의 핵이자 해상활동의 중심지로 기능하였다.

수군통제사를 지금의 해군참모총장으로 비유하고 통제영을 해군본부에 비정(比定)하는 풀이도 있는데 이는 적절한 평가가 아니다. 통제영은 해군본부와 비교할 수 없을 정도로 강한 권한과 높은 위상을 지녔고, 통제사도 현재의 해군참모총장보다 훨씬 강력한 존재였다. 통제사는 군령권과 군정권은 물론이고 행정권·사법권·경제권까지 지닌 해왕(海王)같은 존재였고 통제사가 관장한 통제영은 삼남해변 70개 고을의 생사를 좌우하는 해변 수도(首都)나 다름없었다. 그랬던 만큼 조선의 무관이라면 누구나 한번쯤 '두룡포(頭龍浦)의 주인' 즉, 수군통제사가 되어 삼남 해역을 호령하기를 희망하였다. 통제사야말로 해상의 두룡(頭龍), 즉 우두머리 용(龍)이었던 셈이니 '두룡의 포구'라는 뜻을 지닌 통영시의 옛 지명 자체가 예사롭지 않다. 통제사는 임기를 순조롭게 마칠 경우 중앙군영의 대장(大將)이나 판서, 정승으로 까지 도약할 수 있는 핵심보직이었기에 '무신들의 로망'이었다.

부정부패가 일상화되었던 조선 후기에서 문무관리들의 출세구도 는 경직(京職, 한양의 중앙직)에서 승진을 한 다음 외직(外職, 지방직)으로 나 가 재산을 모으고, 그 돈을 다시 승진자금으로 쓰는 구조였다. 문신 들은 전국 수백 개 고을의 수령이나 판관, 관찰사 등 맡을 수 있는 외 직이 많았던 반면 무신들은 북쪽 국경과 남해안의 몇몇 고을 수령, 그리고 각도의 병마절도사와 수군절도사 정도였다. 이런 상황에서 삼도수군통제사야말로 향후 정치적 입지를 굳힐 뿐만 아니라 경제적 실리도 충분했다는 점에서 무관들이 최고로 선망한 외직이었다. 삼 도수군통제사의 품계는 종2품 가선대부(嘉善大夫)로 관찰사나 육군의 병마절도사와 동급이었지만(각 도의 수군절도사는 정3품 절충장군으로 병마절도사 보다 품계가 낮았다.) 실제 '끗발'이나 위상은 이들을 능가하였다.

흥선대원군 집권기이던 1865년에는 통제사 직위를 훈련대장이나 어영대장, 총융사 등 중앙 5군영의 대장(大將)과 동등하게 높인 것은 통제사의 위상을 현실화해 준 사례이다. '서울 바깥의 유일한 대장' 이라 해서 수군통제사는 외등단(外登壇)으로 불렸다. 참고로 등단(登壇) 이란 한나라 창업주 유방(劉邦)이 '단(壇)'을 쌓아 한신(韓信)을 대장군으 로 모셨다는 고사에서 나온 말로 대장을 뜻한다.

장화홍련전(薔花紅蓮傳)이라는 고대소설이 있다. 17~8세기에 출간된 것으로 추정된다. 계모의 학대를 받고 죽은 뒤 귀신이 된 장화와 홍 련의 한을 풀어주는 사람은 철산부사 정동우(鄭東祐, 정동호라는 판본도 있음)이다. 정동우는 무관이다. 그런데 귀신의 도움으로 정동우의 벼슬이 훗날 삼도수군통제사에 이르는 것으로 돼 있다. 정승판서도 아니고 통제사이다(59대 통제사 전동흘이 장화홍련전 정동우의 모델이라는 풀이가 있다. '제7장 전성기 통제영, 의욕 넘친 통제사'에서 상술한다). 당시 통제사가 얼마나 물 좋은 자리로 통했는지 짐작할 수 있는 대목이다. 문신들이 북쪽의 평안감사를 선망했다면 무신들은 남쪽의 통제사를 갈망했던 것이다. 이처럼 삼도수군통제사는 조선 후기 3백년을 풍미한 중요한 직책이었지만 그 비중과 실상을 제대로 아는 사람은 많지 않다. 서울이 아닌 천 리 밖 변방에서 존재했던 직제 탓임은 재론할 나위가 없다.

제2장

조일전쟁과
삼도수군통제사

三道水軍統制營

삼도수군통제영(三道水軍統制營)은 '삼도수군통제사의 군영(軍營)'을 뜻하는 만큼 통제영의 역사를 제대로 알기 위해서는 통제사(統制使)란 직책이 설치된 경위부터 살펴야 한다. 경상전라충청, 삼도(三道)의 수군을 통할하는 관직인 통제사가 첫 등장하기는 조일전쟁(임진왜란) 와중인 1593년 음력 8월의 일이다. 1592년부터 7년간 지속된 조일전쟁의 시말(始末)은 수없이 다뤄져 식상할 정도지만 통제영이 출현하게된 시대배경이란 점에서, 수군의 활약상을 중심으로 새롭게 조망해볼 필요성이 있다.[1]

---

1) 제2장과 제3장은 필자의 책 『이순신 수국 프로젝트』(산수야, 2018)와 일정 부분 유사함을 미리 밝혀둔다. 상세한 내용은 위 책을 참고할 수 있겠다.

통제영 전사(前史)···'바다를 버린 나라' 조선

인간사 모든 일이 결과가 있으면 반드시 선행과정(先行過程)이 존재하게 마련이다. 그러므로 특정 사건의 시대적 의미를 정확히 이해하려면 그 이전의 역사를 파악하는 것이 옳다. 같은 맥락에서 삼도수군통제영이 등장한 시대적 의미를 제대로 포착하기 위해서는 통제영 전사(前史)부터 살펴보는 것이 올바른 순서이다.

수군통제영은 해상으로의 진출을 봉쇄한 체제였던 조선에서 돌출적으로 출현하고 존재했다는 사실이 중요하다. 조선왕조답지 않았다는 역설적 상황이 통제영의 가치를 더 높인다는 말이다. 통제영의 진정한 가치는 세계적 해양국가로 부상한 현재 대한민국의 시각이 아니라 바다를 홀시한 농본국가 조선왕조의 입장에서 판단할 때 더욱 잘 드러난다. 삼면이 바다로 둘러싸인 반도(半島)국가가 해상을 기피한 것은 극히 이례적이다. 이는 많은 부작용을 초래하였으니 이웃나라의 격변에 대한 정보부족을 불러왔고, 결국 준비 없이 조일전쟁이라는 대전란을 맞이하기에 이르렀다. 전란의 결과로 등장한 것이 수군통제영이라고 할 때 통제영에 대한 본격적인 소개에 앞서 통제영 이전사(以前史)를 알아둘 필요성은 다분하다.

아득한 상고시대부터 고려 말까지 한반도는 바다로의 진출이 활발한 해상국가(海上國家)였다. 삼면이 바다로 둘러싸인 반도지형(半島地形)이 만든 자연스런 귀결이었다. 많은 사람들이 바다주변에서 삶의 터전을 가꿔 왔고 바다의 부력(富力)에 기반을 둔 해상세력도 오랫동안 번성하였다. 해변은 인구밀도가 높은 지역이었고 경제와 문화의 중심지, 선진지역으로 기능하였다.

그러나 조선왕조가 개창되자마자 사정은 크게 달라진다. 조선은 바닷길을 스스로 닫아걸고 내륙국(內陸國)으로 자리매김하였다. 그 결과 해변민의 살길은 막막해졌고 해상세력도 거세되었다. 해변민의 목을 쥔 두 개의 올가미는 공도령(空島令)과 해금령(海禁令)이다.

먼저 공도령이란 말 그대로 '섬을 비우는 명령'이니 섬에 사람이 살지 못하게 만든 정책이다. 작은 목선(木船)으로는 심한 풍랑을 견디지 못하던 시절, 점점이 떠 있는 서남해의 섬들은 바다의 피난처였다. 섬 기슭에 배를 숨기면 폭풍에 안전할 수 있었고 섬 근처 얕은 바다는 물고기와 조개류, 해조류가 지천으로 깔려 있었다. '바다의 문전옥답'이었던 것이다. 덕분에 서남해 수천 개 섬마다 바다 산물(産物)에 기대어 사는 사람들이 수천 년간 삶을 이어왔다. 그러나 내륙에 중심을 둔 역대 왕조의 입장에서 볼 때 섬은 통치비용이 비싼 곳이었다. 왕화(王化)를 거부하고 통치권 바깥으로 뛰쳐나가려는, 원심력이 강한 불온지대로 간주되었다.

본격적인 공도령은 고려 말 왜구(倭寇)의 창궐이 계기였다. 1271년 경상도 거제도가 왜구의 습격을 받게 되자 고려 조정은 거제도민들을 거창과 진주 등 내륙 고을로 이주시켰다. 이때는 삼별초가 활동하던 시기여서 삼별초와의 연계도 끊을 목적에서 섬사람들을 내륙 깊숙이 몰아넣은 것으로 보인다. 거제도민의 후예들은 143년이 흘러 왕조마저 바뀐 조선 태종 14년(1414년)에야 귀향해서는 거제(巨濟)의 제(濟)와 거창(居昌)의 창(昌)을 합쳐 제창현(濟昌縣)을 세웠다가 그 이듬해 거제란 옛 지명을 회복하였다.

1350년 왜구가 전라도 진도를 노략질하자 고려 조정은 진도 주민을 영암으로 몰아냈다. 진도인들은 조선 세종 19년(1437)까지 87년 동안 섬을 비워두고 영암 땅에서 더부살이를 했다. 그나마 거제나 진도 등 큰 섬은 세월이 지나면서 후손들이 복귀할 수 있었지만 규모가 작은 섬들의 사정은 더욱 한심하였다. 전라도 신안의 압해도와 장산도, 흑산도 주민들은 나주 근처로 집단 이주됐다. 압해도 주민들은 나주 남쪽 40리, 장산도 사람들은 나주 남쪽 20리 지점에 모여 살았고 흑산도 사람들은 나주 인근 남포에서 불청객으로 살았다.

조선 태종 3년(1403년)에는 공도령이 전 해역으로 확장되었다. 고을을 이룰 정도의 큰 섬들을 제외하고 나머지 소소한 섬들은 사람이 살지 못할 곳으로 낙인찍혔다. 조일전쟁을 계기로 공도령은 사실상 사문화되었지만 공식적으로는 고종 19년(1882년)에야 폐기된다. 경남 통영의 욕지도(欲知島)는 신석기시대 유적이 발견될 정도로 거주역사가 오랜 섬이지만 조선시대엔 사슴 사냥터로 변모한 무인도였다. 그러다가 공도령이 폐기되고 6년이 지난 고종 25년(1888년)에 다시 섬을 개척해 유인도로 바뀌었으니 공도(空島)의 세월은 꽤나 길었다.

공도령은 백성들을 왜구로부터 보호한다는 명분에서 이뤄졌지만 실제로는 섬 주민을 탄압하는 악성 정책이었다. 특히 조정은 섬 주민이 왜구와 결탁할 가능성을 경계하였다. 그래서 빗으로 쓸 듯이 섬사람들을 육지로 몰아댔다. 가왜(假倭)가 횡행한 것이 조정의 근심을 키웠다. 가왜란 왜구복장을 하고 해변을 침탈하는 가짜왜구를 말하는

데 조선뿐만 아니라 명나라에서도 발견된다. 왜구만 보면 관군이건 민병이건 모두 달아나니 조선해적들이 왜구를 사칭한 것이었다. 가왜가 진짜 왜구보다 열배나 많다는 보고도 나왔다. 가왜의 출현은 조정이 해변 백성을 삐딱하게 바라본 근거가 되었다.

그러나 바람처럼 움직이는 왜구 대책으로 섬을 비우는 것은 어리석기 짝이 없다. 섬은 본토의 울타리 격인데, 섬을 버린다는 것은 울타리를 스스로 허무는 셈이었다. 실제로 공도정책이 실시된 이후 서남해 많은 섬이 왜구의 소굴로 변질돼 왜구의 육지 침탈을 촉진하였으니 공도령은 철저히 실패한 정책이었다. 공도령의 불똥은 육지에도 튀었다. 섬을 포기한 결과 육지의 연안이 왜구의 최일선에 놓이게 된다. 결국 공도령은 섬만 비운 것이 아니라 바다 가까운 육지까지 왜구의 침탈을 받는 몹쓸 땅으로 만들어버린 셈이었다.

백성을 울린 공도정책

섬사람들의 생존 터전을 빼앗는 공도령이 순조롭게 진행될 리 만무했다. 공도령과 관련한 실록의 기사에서 백성들의 생존대책에 관한 내용은 나오지 않는다. 생계를 걱정하기는커녕 파견된 관리·군사들이 섬 주민의 작은 세간마저 빼돌리기 일쑤였을 것이다. 다시는 섬에 들어가지 못하도록 집은 불태우고 배와 어장은 파괴했을 게 분명하다. 삶의 터전을 잃은 섬사람들이 육지로 간들 살아갈 도리가 있었을까? 농토가 없으니 유리걸식하거나 종살이와 머슴살이, 그도 아니면 도적이 되기 쉬웠을 것이다. 실제로 살길이 막막한 일부는 섬과 해변으로 숨어들어 어로와 해적질 등으로 생계를 이어갔다. '포작(鮑作)'으로 불린 이들은 호구제 바깥의 존재들이었다. 자기네 백성들을 사지(死地)로 내몰았으니, 조선은 참으로 희한한 나라였다.

물론 거제도와 남해도, 진도 등 큰 섬들은 공도화되지 않았고, 작은 섬들도 한 때 비워졌다가 훗날 소수의 주민들이 숨어살곤 했지만 공도령의 기조는 조일전쟁 때까지 유지됐다. 그 결과 해상교통의 요지이자 육지방비의 전초기지라 할 서남해 섬 대부분이 오랜 세월 빈 땅으로 버려져 있었다.

공도령과 짝을 이루는 해금령(海禁令)도 해변의 몰락을 재촉하였다. 전통시대 해변경제의 두 축은 해외무역과 어업이다. 그런데 조선왕조는 출범하자마자 고려조까지 활발했던 해외무역을 금지함으로써 한 축을 잘라버렸다. 해금령은 해변이 지닌 경제·지리적 우월성을 제거한 정책이다. 외국 무역선의 접근을 차단하고 국내 상인의 해외 진출을 막아버리니 해변경제는 급속히 위축되었다.

고려시대 개경의 벽란도(碧瀾渡)에는 중국과 일본은 물론이고 아라비아 상인까지 드나들며 각종 물화를 교환하였다. 일본과 가까운 합포(合浦, 마산)와 금주(金州, 김해)에서도 무역을 행하였다. 이들 거점 무역항과 연계해 물화를 수집하고 유통하는 작은 포구가 곳곳에서 자라났다. 예컨대 전라도 강진에서 생산한 청자를 토착상인이 수집해, 바닷길로 벽란도로 보내면 무역상이 사들여 중국 등지로 수출하는 구조였다. 벽란도와 합포 등지에는 무역거상(貿易巨商)이 자리 잡고 있었고 작은 포구에는 소소한 객주들이 터 잡고 있었기에 고려의 해변

경제는 꽤나 활기를 띄었다고 알려져 있다. 그런데 조선왕조 들어 해금령으로 거상들이 몰락하자 그들에 납품하던 소규모 상인들도 더불어 사라졌고 해변경제는 활력을 잃었다. 조선후기 실학자 박제가는 "고려 때는 매년 송나라 상선이 찾아왔으나 우리 왕조 4백년 동안 중국 배가 한 척도 오지 않았다."고 탄식하였다.

해외무역은 막혔지만 열심히 물고기를 잡아 팔면 해변민의 삶이 윤택해질 수도 있지 않을까? 그럴 수도 없었다. 조선의 건국이념은 농본주의이다. 이는 '기말이반본(棄末而反本)'이란 구호로 표현됐으니 말업(末業, 상공업)을 버리고 본업(本業, 농업)으로 돌아간다는 뜻이다. 기말이반본이란 유학자들이 이상(理想)으로 여긴 농경국가 주(周)나라의 '정전제(井田制) 시스템'을 조선에서 구현하겠다는 슬로건이다.

그러나 중국대륙 한복판에 위치했던 주나라와 삼면이 바다인 조선은 지리환경부터 다르다. 대륙 한복판의 국가경영시스템을 반도국가에 적용한 것 자체가 무리였다. 내륙 고을에선 기말이반본이 어느 정도 적용될 수도 있었지만 농경지가 적은 해변에선 애당초 통할 수 없었다. 그럼에도 기말이반본은 조선의 기본질서인 사농공상(士農工商)의 틀을 유지하기 위한 필수이론이 됐다. 조선의 양반지배층은 백성들이 농토에 뿌리박고 사는 것을 체제유지를 위한 최선의 방안으로 여긴 반면 '쉽게 돈을 버는' 상공업에 빠져드는 것을 사회 안녕을 해치는 병리현상으로 간주하였다.

농본주의와 기말이반본의 구호는 결과적으로 어업까지도 억압하였다. 어업도 먹을거리를 생산하는 만큼 농업과 유사하지만 조선의 지도부는 그렇게 인정하지 않았다. 정확히 말한다면 '어(漁)'는 고려의 대상조차 되지 못했다. 유학자들이 바이블로 삼았던 유교경전 어디에도 어업의 가치를 제대로 설명한 대목은 없다. 공자와 맹자, 주희 등 옛 선현(先賢, 대부분 어업을 잘 몰랐던 중국 내륙지방 인물이다.)의 말씀을 금과옥조로 삼던 시절, 해상의 고기잡이는 선현들이 전혀 언급한 바 없으니 사뭇 낯설고 불온하게 느껴졌을 것이다.

어업은 말업인 상공업과 밀접했기에 그 가치가 더욱 추락하였다. 고기잡이는 자급자족이 불가능하다. 물고기는 주식(主食)이 아니므로 곡식과 채소, 의류 등 육지산물과 바꿔야 한다. 어로행위란 교환을 전제로 한다는 점에서 '상(商)'과 밀접하고 고기잡이를 하려면 배와 어구들을 제작해야 하니 '공(工)'과도 친숙하게 마련이다. 상공업과 한통속이기에 어업은 본업으로 대접받을 수 없었다. 해외무역의 단절로 해변경제가 위축된 데다 기말이반본 차원에서 어업마저 홀대하니 해변민의 입지는 축소됐다. 여기에 왜구까지 창궐하자 조선의 해변은 버려진 땅으로 변해 버렸다.

조선에서 양반도 농사는 지을 수 있었지만 상공업에 종사할 수는 없었다. 마찬가지로 어업이나 해상무역은 사대부의 직업이 될 수 없었다. 심산유곡에 은거하며 책 읽는 선비를 산림처사(山林處士)로 칭송했듯이 양반사대부는 해변 근처보다는 산중에 살 것을 권장받았다. 조용한 은둔생활이 미덕이었으니 조선의 사대부라면 넓은 바다로 나아가 물고기를 잡거나 머나먼 외국과 무역할 생각은 꿈에도 갖지 말아야 했다. 대양으로의 진출을 독려해 포르투갈을 세계적인 패권국

가로 부상시켰던 엔리케 왕자 같은 인물은 조선에서 결코 출현할 수 없었다. 공도령과 해금령은 1592년 조일전쟁 때까지는 흔들림 없이 추진되었다. 바다로의 진출을 포기하고 섬과 해변을 금단의 땅으로 삼게 되면서 고려 이전까지 세계 최고수준을 이룩했던 한반도 해양 문화는 쇠락하였다. 조선은 '바다를 버린 나라'였다.

해양포기가 초래한 일본의 기습(?)전쟁

임진년(1592년) 음력 4월 13일(양력 5월 23일) 오후 5시쯤, 부산진첨절제사 정발(鄭撥) 장군은 바다를 가득 메운 대규모 선단을 발견했다. 이날 오전 8시경 대마도에서 출항한 7백여 척의 일본군 수송선단이었다. 동남풍을 받아 9시간을 항해한 끝에 부산포 앞바다에 당도한 것이었다. 고니시 유키나가(小西行長)가 이끄는 일본군 제1군 18,700명의 병사가 타고 있었다.

정발은 부산성(釜山城)의 문을 걸어 잠갔다. 정발보다 앞서 가덕도의 봉수대에서 함대를 발견하고는 봉화를 올렸다. 부산포 앞바다에서 하룻밤을 보낸 불청객들은 이튿날 아침 일제히 상륙해 부산성을 공격하였다. 7년전쟁의 시작이었다.

조일전쟁의 양상을 다시 묘사할 필요는 없지만 조선의 전쟁 인지(認知) 시점과 초기 대응에 대해서는 지적이 필요하다. 조선은 7백 척의 적선이 부산 앞바다에 출현했을 때에야 비로소 침공사실을 알았다. 또 상륙한 적군은 경부축을 무인지경처럼 달려 20일 만에 한양을 점령하였다. 적의 침공을 인지한 시점과 개전 초기의 무기력한

부산진순절도(釜山鎭殉節圖)   1592년 4월 13일과 14일 이틀에 걸쳐 부산진에서 조선군이 왜군과 벌인 치열한 공방전을 그린 그림으로, 육군사관학교 박물관이 소장하고 있는 보물 391호다.

대응으로 볼 때 조선은 기습을 당한 것과 마찬가지이다('해양포기가 초래한 일본의 기습전쟁' 부분은 필자의 책 『이순신 수국 프로젝트』, 산수야, 2018. pp20~27과 일정 부분 겹친다).

그렇다면 조일전쟁은 과연 기습이었는가? 그렇지 않다. 사전대비가 가능한 전쟁이었다. 도요토미 히데요시(豊臣秀吉)는 일본을 통일한 직후인 1587년 대마도주를 통해 조선에 침공의 뜻을 전했다. 전쟁 발발 1년 전에는 침략 의도를 더욱 분명히 알렸다. 1591년 3월, 일본에 갔던 황윤길과 김성일 등이 귀국하면서 가져온 외교문서에는 명나라를 침공할 것이라는 도요토미의 결심을 통보하는 한편 조선은 일본에 입조(入朝, 항복)하라는 협박이 들어 있었다. 중요한 부분을 인용해 본다.

"…사람의 한평생이 백년을 넘지 못하는데 어찌 답답하게 이곳(일본)에만 오래도록 있을 수 있겠습니까? 국가가 멀고 산하가 막혀 있음에 관계없이 한번 뛰어서 곧바로 대명국(大明國)에 들어가 우리나라(일본)의 풍속을 4백여 주에 바꾸어 놓고 제도(帝都)의 정화(政化)를 억만년 동안 시행하고자 하는 것이 나의 마음입니다. 귀국이 선구(先驅)가 되어 입조한다면 원려(遠慮)가 있음으로 해서 근우(近憂)가 없게 되는 것이 아니겠습니까? 먼 지방 작은 섬도 늦게 입조하는 무리는 허용하지 않을 것입니다. 내가 대명에 들어가는 날 사졸을 거느리고 군영(軍營)에 임한다면 이웃으로서의 맹약을 더욱 굳게 할 것입니다…"

도요토미 히데요시 초상화

명나라를 정복해 일본 땅으로 만들 생각이니 조선은 중국 침공의 선구(先驅, 길잡이)가 돼 달라, 그렇지 않으면 조선부터 치겠다는 통보였다. 선전포고에 다름 아니다. 조선은 국시가 사대(事大)인 나라, 일본에 굴복해서 중국 침공에 협조하는 것은 있을 수 없다. 그렇다면 조선은 당연히 전쟁에 대비해야 했다. 일본

나고야 성터 나고야 성터는 1591년 불과 5개월 만에 지어진 성으로 1598년 폐성돼 현재는 돌담과 성터가 약간 남아 있다.

나고야성도(名護屋城圖) 병풍

을 혼자 막기 힘든 만큼 명과 연합방위 태세를 구축해야 했다. 당장 일본 각지에 첩자를 보내 진짜로 전쟁준비를 하는 것인지, 무장력은 어느 정도인지 염탐하는 것이 국사(國事)의 최고 급선무였다. 그러나 조선은 현실에 눈을 감았다. 전쟁은 없을 것이라는 요행을 기대하며 1년을 허비하였다.

사실상의 선전포고에도 불구하고 조선의 반응이 미지근하자 도요토미는 전쟁을 결심하였다. 전국에 명령을 내려 병사를 수송할 전선 2천여 척을 만들 것을 명령했다. 또 쥐어짜듯 군사를 징집했다. 1591년 10월에는 규슈의 나고야(名護屋)에 대규모 성을 쌓기 시작했다. 나고야성은 조선 침공 본부로 건설한 신도시이다. 30만 명 이상이 동원된 나고야성 공사는 이듬해 4월, 침공 직전에 완성되었다. 48만 명이 1년 동안 먹을 군량미를 비롯해 각종 군수물자가 저장되었다고 한다.

1년이 흘러도 조선이 입조하지 않자 도요토미는 임진년(1592년) 4월 3일 휘하 장수들에게 출병을 명령하였다. 15만 8천여 명의 대군은 수백 척의 배에 나눠 타고 대마도로 건너가 순풍을 기다린 끝에 4월 13일부터 차례차례 부산포로 들이닥쳤다. 조선군의 대응은 미흡하였고 일본군은 한양을 향하여 거침없이 북상하였다.

조선이 기습이나 다름없이 전쟁을 맞이한 배경은 뭘까? 전쟁이 일어나기 1년 전부터 일본 전역이 전선 건조와 징집령으로 대소란이 일었다. 나고야에 침공기지를 건설하였고 부산에서 멀지 않은 대마도에서 15만 명의 군대와 수천 척의 병선이 수일동안 대기하였다. 그런데도 조선 땅에서는 아무도 이를 몰랐다. 어찌된 일일까?

반대로 조선군이 바다를 건너 일본 본토를 공격하려 했다면 어떻게 됐을까? 일본의 눈을 속이기 어려웠을 터였다. 일본은 당시 조선의 정세를 훤히 알고 있었기 때문이다. 이즈음 조선 땅에는 수천 명의 일본 거류민이 체류하고 있었고, 일본의 어선들은 수시로 조선의 바다로 몰려와 물고기를 잡고 있었다.

왜관(倭館)이 있었다. 조선시대 일본인의 입국과 교역을 위해 설치했던 장소로서 상관(商館)이자 영사관(領事館) 기능을 수행했다. 조선은 건국 직후부터 왜구를 '평화로운 이웃'으로 바꾸기 위해 여러 회유책을 썼으니 왜관의 설치가 대표적인 사례. 왜구의 침탈 원인이 경제적인 데 있다고 보아 교역을 허가해 줌으로써 그들의 요구를 채워주겠다는 의도였다. 부산포와 제포, 염포 등 삼포에 왜관을 설치하고는 상주를 허용했다. 이른바 항거왜인(恒居倭人)이다. 항거왜인은 조선인과 별 다름없이 장사나 어로에 종사했다. 불법으로 땅을 사들여 농사를 짓는 자도 생겨났다. 조선 땅에 상주하는 항거왜인의 숫자는 최대 5천 명에 이르렀다.

조선 땅에 왜관이 있는 반면 일본에는 조선 상관이 없었던 사실이 양국 간의 심각한 정보 불균형을 불러왔고 이는 조일전쟁 발발의 주요한 원인으로 작용하였다. 당나라의 신라방(新羅坊)처럼 일본 각지에 조선인들이 수백 명씩 거주하는 상관이 존재하고 있었더라면 1592년의 대규모 기습(?)은 일어나지 않았을 것이다. 조선의 많은 상선이 대한해협을 항해하고 있었다면 규슈의 북안에 침공기지가 건설되는 사실을 모를 리 없었을 것이다. 또 15만 대병을 실은 전함들이 아무런 제지 없이 부산포로 들어오기도 쉽지 않았을 것이다.

조선이 일본 본토까지는 아니어도 대마도라도 잘 챙겼더라면 일방적인 피습은 피할 수 있었을 것이다. 대마도는 조일전쟁 이전까지만 하더라도 자치권을 지닌 섬으로써 조선과 일본의 중립지대에 가까웠다. 대마도 사람들은 일본말도 했지만 조선말을 구사하는 사람도 많았다. 조선 조정으로부터 관직을 받은 사람이 상당수일 정도로 조선 정보에 밝았다. 만약 조선이 대마도에 주재관을 두고 있었더라면 대마도의 종씨(宗氏)측이 일본의 앞잡이가 돼 조선 땅을 침공하는 일은 막았을 가능성이 높다. 그러나 조선은 바다를 버린 나라였다. 바다 건너 사정에 눈귀를 막고 있었기에 일본열도에서 벌어진 대(大)소란에 대해 최소한의 정보도 가질 수 없었고, 결국 15만 대군의 침공을 기습당하듯 맞이하였다.

이순신과 한산대첩

1592년 5월 23일, 일본군에 쫓겨 국경도시 의주에서 우울하게 지내고 있던 조정에 멀리서 달려온 장계가 도착하였다. 전라좌수사 이순신이 보낸 승전보고서였다.

"삼가 적을 무찌른 일로 아뢰나이다… (5월) 7일 새벽에 일제히 출발하여 정오쯤에 (거제도) 옥포 앞바다에 이르니 척후장이 신기전을 쏘아 사변을 알리므로 적선이 있는 줄을 알고 여러 장수들에게 망령되이 움직이지 말고 산과 같이 정중하라고 전령한 뒤 그 포구 앞바다로 열을 지어 들어간즉 왜선 30여 척이 옥포 선창에 정박했는데… 동서로 에워싸고 대어들며 대포를 놓고 화살과 실탄을 쏘기를 바람과 우레같이 하자

옥포만 전경

적들도 탄환과 화살을 쏘다가 기운이 지쳐서는 배에 싣고 있던 물건을 바다에 내어 던지기에 정신이 없는데 화살에 맞은 자가 얼마인지 알 수 없고 헤엄치는 놈도 얼마인지 모르며 대번에 흩어져서 바위 언덕으로 기어오르며 서로 뒤떨어질까 겁내는 것이었습니다… 모두 합하여 왜선 26척을 총통으로 쏘아 맞춰 깨뜨리고 불태우니 온 바다에 불꽃과 연기가 하늘을 덮었습니다… 멀지 않은 바다에 또 왜의 큰 배 5척이 지나간다고 척후장이 보고하므로 여러 장수를 거느리고 쫓아서 웅천 땅 합포 앞바다에 이르니 왜적들이 배를 버리고 육지로 오르므로 남김없이 불태우고… 8일 이른 아침에 진해 땅에 머물러 있다는 기별을 듣고 곧 출발하여 섬들을 협공하고 수색하면서 고성 땅 적진포에 이르니 왜의 큰 배와 작은 배 13척이 바다 어귀에 정박했는데 왜인들이 포구 내의 집들을 분탕질한 뒤에 우리 군사의 위세를 바라보고 겁내어 산으로 올라가므로… 모두 총을 쏘아 맞추어 깨뜨려 불태우고…"

―옥포파왜병장(玉浦破倭兵狀) 1592년 5월 10일자

날마다 패전보고만 받다가 처음으로 받은 승전보였기에 왕과 대신들이 통곡을 하며 읽었다는 '옥포파왜병장(玉浦破倭兵狀, 옥포에서 왜병을 격파한 장계)'이다. 해전 장면과 승전 경위를 생생하게 서술한 이 장계를 시작으로 전라좌수사 이순신과 경상우수사 원균은 전국(戰局)의 주역으로 급부상하였다. 1592년 5월 6일 오전 8시쯤 당포(唐浦, 현재 통영시 산양읍 삼덕항) 앞바다에서 처음 만난 이순신과 원균의 연합함대는 다음 날인 5월 7일 거제도 옥포에서 적선 26척을 깨뜨리며 조선의 희망이 되었다.

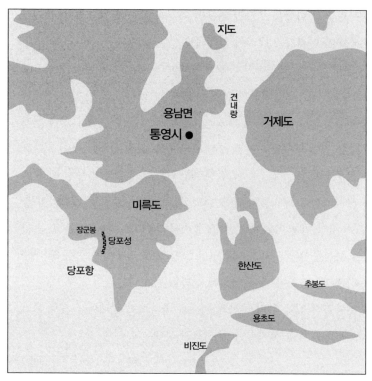

당포항의 지형

이들에 앞서 일본군과 부딪친 경상좌수영 수군은 전쟁 초기에 괴멸돼 버렸다. 일본군의 상륙과 동시에 수군의 육상 기지들이 점령됐기 때문이다. 부산진첨사 정발이 부산진성에서, 다대포첨사 윤흥신(尹興信)이 다대포에서 전사한 이후 경상좌수군은 대부분 무너졌고 경상좌수사 박홍은 북쪽으로 도주하였다.

그런 만큼 일본 해군을 방어할 조선 수군은 원균의 경상우수영과 이순신의 전라좌수영, 이억기의 전라우수영 수군이 사실상 전부였다. 전쟁이 없었다면 임기를 채우고 다른 임지로 떠나가는 평범한 삶을 살았을 세 사람이지만 대전쟁의 소용돌이 속에 모두 전장(戰場)에서 생을 마감하게 된다. 특히 이순신과 원균은 초대와 2대 삼도수군통제사가 되었으니, 통제영과는 불가분의 관련이 있다.

이순신이 중심이 된 조선 수군은 1592년 5월과 6월 사이 경상도 남해안 일대에서 일본 해군을 이 잡듯이 솎아낸 상태였다. 나아가 부산포를 압박해 일본군의 보급로를 끊고자 시도하였다. '바다를 버린 나라'의 해군력이 섬나라를 능가한 것은 역설적이다(조선의 수군이 일본 해군을 압도한 배경으로는 수차례 왜변을 겪는 와중에 대선(大船) 위주의 방어책이 성립되고 근대적 포격술이 도입된 사실 등을 들 수 있는데, 이 책의 주제가 아니므로 상술하지 않는다).

어쨌든 육지의 승리에 도취돼 바다에 방심했던 일본군은 눈엣가시 같은 조선 수군을 혼내주기로 결심하고 해군력을 보강해 반격에 나섰다. 내친 김에 평양까지 진출한 육군에게 군수물자를 보급하는 한편, 명나라 요동지방까지 압박할 수 있는 대군을 조선의 황해–평안도 해안으로 수송할 심산이었다. 이른바 수륙병진책이 본격화된 것이다. 서남해의 제해권을 놓고 조일 간에 일대 회전(會戰)이 불가피하였다.

당시 일본의 해군대장은 39살의 와키자카 야스하루(脇坂安治)였다. 용인전투에서 1천 6백 명의 군사로 조선 근왕군 5만 명을 물리쳐 이름을 얻었다. 육전의 승리와 달리 해상에서는 패전이 계속되자 도요토미는 해군 재건을 명하였다. 와키자카가 해군 제1군을 맡았고 쿠

제승당 내 한산대첩도

키 요시다카(九鬼嘉隆)가 제2군, 가토 요시아키(加藤嘉明)가 제3군을 지휘했다. 육전에 참가했던 장군들을 바다로 보내 조선 수군을 공격토록 한 것이다.

와키자카의 제1군은 대형전함 36척, 중형전함 34척, 소형함 12척 합계 82척의 배를 이끌고 웅천을 출발해 견내량 방면으로 돌진했다. 그 뒤를 쿠키의 제2군 40여 척과 가토의 제3군 병선이 따랐다. 본격 해전을 겨냥한 대형 함대였다. 거제도 북쪽 진해만은 각기 다른 색깔과 디자인으로 구분된 일본 병선들의 깃발로 뒤덮였고 병사들은 싸움을 하고 싶어 몸이 바짝 달아오른 상태였다.

한편 이순신은 전라우수사 이억기와 더불어 49척의 판옥전선을 거느리고 남해도 노량에 이르러 경상우수사 원균이 거느린 7척의 전선

한산대첩 격전지

과 합세하였다. 1592년 7월 7일 저녁 조선군 연합함대는 통영시 미륵도 당포에 정박했다. 저녁식사를 준비하고 있던 조선함대는 일본 함대가 견내량에 정박해 있다는 정보를 입수하였다. 귀중한 정보를 전한 사람은 당포의 목동(牧童) 김천손(金千孫)이었다. 당시 미륵도를 비롯한 섬들에는 말 목장들이 있었고 목동도 많았다.

김천손이 전한 정보는 "오늘 오후 미시(未時, 오후 1시에서 3시 사이)에 왜선 70여 척이 영등포와 거제를 거쳐서 지금 견내량에 도착해 있다"는 것이었다(견내량의 일본 전선은 다음날 73척으로 확인된다. 김천손의 정보는 정확하였다. 와키자카의 총 함선이 82척이었으므로 9척은 다른 곳에서 활동 중이었던 것으로 보인다).

오후 2시쯤 견내량에 일본 함대가 들어온 것을 목격한 김천손이 저녁 지을 무렵(오후 5~6시) 조선군에 전해준 것이다.

거제에서 통영 쪽으로 본 견내량과 구거제대교(左) 신거제대교(右)

견내량은 통영과 거제도 사이에 위치한 폭 4~5백미터, 길이 3킬로미터 가량의 좁은 해협이다. 지금 견내량에는 거제대교와 신거제대교 두 개의 다리가 연결돼 있지만 과거에는 육지에서 거제로 가는 나룻배가 다니던 물목이다. 부산에서 서남진(西南進)한 일본군은 견내량의 나루터인 '전하도(殿下渡)' 입구에 머물고 있었을 것이다. 좁은 해협을 통과하기 전에 상황을 소상히 파악할 필요가 있었기 때문이다.

육지인 통영에서 거제도로 건너가는 견내량(見乃梁) 해협의 나루터를 전하도(殿下渡)라고 한다. 고려시대 정중부 등 무신의 난으로 폐위된 의종(毅宗)이 거제로 귀양갈 때 건넜다 해서, 왕을 뜻하는 '전하(殿下)'를 나루[渡]의 이름으로 삼았다고 한다. 거제대교가 개통되기(1971년) 전에는 전하도에서 차량용 도선을 타고 견내량을 건너다녔다. 견내량이 내려다보이는 거제도 우두봉 산정에는 폐왕성(廢王城)이 있으니 역시 '폐위된 왕' 의종이 쌓았다는 전설이 있다.

폐왕성 폐왕성은 1530년에 편찬된 신증동국여지승람에 둔덕기성으로 기록된 것을 근거로 2010년 사적 509호로 지정하면서 둔덕기성으로 명칭이 변경되었다.

폐왕성지 내 연못

견내량을 건너 거제도로 상륙하면 오양리가 나오는데 이곳엔 오양성(烏良城)이 일부 남아 있다. 이 또한 의종이 백성들을 부려 세운 성이라 전한다. 폐위돼 섬으로 쫓겨 간 왕이었지만 섬 백성들을 동원해 성을 쌓고 진지를 구축할 정도의 권세는 누렸던 모양이다. 의종은 거제도에서 권토중래를 꿈꾸지만 경주 출신의 거인장군 이의민에게 허리뼈가 부러져 죽음을 맞는다. 안타까운 전설이 흐르는 견내량은 부산에서 마산, 통영을 거쳐 여수로 이어지는 항로의 중심지로 각광하기도 했다. 부산~여수를 잇는 이 항로에는 시속 40노트에 이르는 쾌속선 엔젤호가 운행하는 등 1970년대만 해도 전국에서 제일가는 황금해로였지만 차량 보급으로 육상교통이 원활해지면서 이젠 과거의 전설로 남아 있을 뿐이다. 바닥이 암초로 돼 있어 질 좋은 '견내량 미역'이 생산되기도 한다.

적군의 규모와 위치 등 귀중한 정보를 입수한 조선 수군은 이미 승리하고 있었다. 출동에 앞서 충분한 시간을 갖고 다음날의 작전을 세울 수 있었던 것이다. 7월 7일 밤의 작전회의 때 이순신과 원균, 이억기 등은 견내량과 한산도 인근의 지도를 꺼내 놓고 싸움을 걸 시간과 유인할 장소를 미리 정했다고 봐야 한다. 부근 지세와 수로의 특징, 물때 등을 세심히 고려했을 것이다. 적의 노군이 충분히 지치도록 멀리까지 끌어낸 다음 조류가 바뀔 때쯤 타격에 들어가고, 마지막엔 한산만에 몰아넣어 박살낸다는 게 작전의 큰 줄기였다고 짐작된다.

전라좌우수군과 경상우수군 연합함대는 7월 8일 새벽에 당포를 출발해 일찌감치 전 함대가 한산도 앞 바다에 도착한다. 주력함대는 한산섬 북쪽 방화도와 화도(火島), 죽도(竹島) 등 여러 섬 뒤편에 숨긴 채 일부 전선들로만 견내량의 적에게로 접근하였다. 지리 면에서도 조선군은 승리하고 있었다. 이순신은 적군을 유인하기 위해 판옥선 5, 6척을 뽑아 일본 대선단이 정박해 있는 견내량 깊숙이 찔러 넣었다. 미리 정해진 작전에 따른 것이었다.

견내량에 도착한 일단의 조선 수군은 일본 해군의 선봉을 향해 화포를 내뿜었다. 초조하게 조선군을 찾고 있던 와키자카는 적선이 공격해 왔다는 소리를 듣자 전 함대에 전투준비령을 내렸다. '다가오는 조선 수군… 5, 6척에 불과하다.' 상대를 얕보면 방심을 하게 된다. 와키자카는 총공격령을 내리고 조선함대 쪽으로 돌격하였다. 조총부대가 뱃전에 도열해 총을 쏘았다. 그러자 조선군은 뱃머리를 돌려 견내량의 남쪽, 한산도 방면으로 달아나기 시작했다. 와키자카는 이를 놓칠 새라 전군에 추격을 명령했다. 와키자카는 용인전투 이후 조선군을 무시하고 있었다. 조선 수군을 하루빨리 걷어내고 서해로 진격해야 한다는 조급한 마음에서 유인전술에 걸려들었다.

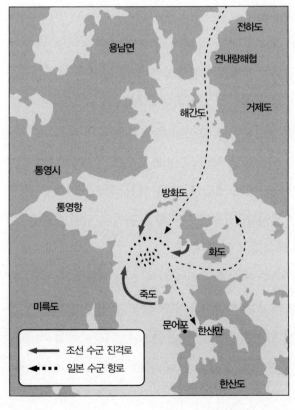

한산해전도

조선 수군은 견내량 바다에서 싸울 생각이 없었다. 좁은 견내량 해협은 적군의 진격을 막기에는 좋은 요충지이지만 적 함대를 온전히 잡기에는 적당한 장소가 아니었다. 폭이 좁은 만큼 견내량은 물살이 거세고 바닥에 암초가 많아 대형 전선이 활동하기 부적당한 지역이다. 특히 조선의 배는 가운데가 구부러진 조선식 노(櫓)를 달고 있어 바닥이 낮을 경우 노를 젓기가 불편하였다. 이날 아침 견내량은 썰물 때였기에 수심이 더욱 얕았을 것이고 더더욱 싸울만한 장소가 되지 못했을 것이다(일본측 기록에 바닷물이 남쪽 한산도 방면에서 북쪽 진해만 쪽으로 흐르고 있는 것으로 돼 있는데서 썰물임을 알 수 있다. 이곳의 해류는 썰물 때는 남에서 북으로 흐르고 밀물 때는 반대로 움직인다).

또 견내량은 적이 불리할 경우 언제든 진해만으로 달아날 가능성이 있었다. 견내량 북쪽 진해만은 일본군 수중에 있었던 것이다. 그러므로 조선군은 어떻게 해서든 일본함대를 해역이 넓고 수심이 깊은 한산도 앞바다로 끌어들이려 했는데 와키자카가 걸려든 것이다. 한산도 앞바다의 수로 가운데 북쪽 견내량 방면을 제외한 나머지는 조선군에 의해 이미 차단된 상태였다. 결국 한산 해역은 거대한 함정으로 바뀌어 있었던 셈이다. 정보와 지리활용 면에서 이미 패배한 일본군은 사지(死地)로 빠져들고 있었다.

조선 전선들이 견내량 남쪽으로 달아나자 일본군은 빠른 속도로 추격하였다. 썰물의 조류는 북상하고 있어 함선의 진행 방향과 반대였다. 달아나는 조선 함선과 뒤쫓는 일본군 모두 역류(逆流)를 거슬러 노를 젓고 있었다. 이순신의 장계에 '일본 배들이 일제히 돛을 올리고 쫓아왔다'고 하니 북풍이 불었던 모양이지만 급한 추격전에 노를 쓰지 않았을 리 없다.

10킬로미터 가량 역류의 바닷길을 쫓고 쫓기는 동안 조선 격군들도 지쳤겠지만 일본의 노꾼들도 마찬가지였을 것이다. 당시 함선의 엔진은 노꾼… 일본함대의 동력(動力)이 과부하가 걸린 상태였다면 섬 뒤편에서 쉬고 있던 조선 주력함대의 동력은 싱싱한 상태였다. 조선의 장수들이 바보가 아니라면 이 정도는 미리 계산해 뒀다고 봐야 한다.

일본 해군의 주력이 방화도와 화도 사이의 수로를 지나 한산도가 보이는 지금의 통영항 앞바다에 이르렀을 즈음 앞서 달려가던 조선의 배들이 불화살을 쏘아 올리며 좌우로 갈라지는 것을 신호로 여러 섬 뒤에 매복해 있던 조선함대의 주력이 나타났다. 그러고는 부챗살 모양의 학익진(鶴翼陣)으로 함대를 배치해 일본함대를 후미에서부터 포위공격하기 시작했다. 기세 좋게 달려가던 일본군은 뒤늦게 속은 줄 알고 달아나고자 했지만 '독 안에 든 쥐'였다. 후미를 차단한 조선 수군은 적을 한산섬 쪽으로 밀어붙이기 시작했다.

일본군이 견내량 쪽으로 달아나려면 조선 수군의 학익진을 뚫어야 하는 데다 밀물이 시작되면서 조류마저 역류로 바뀌었다. 조선군의 포위망도 문제였지만 노꾼들이 지쳐버린 일본 해군으로서는 엄두를 낼 수 없었다. 치열한 전투 끝에 조선 수군은 적의 주력을 좁은 한산만으로 몰아넣는데 성공했다. 적군은 뚫린 수로인 줄 알고 달아났지만 '죽음의 독'이었다. 사방이 육지로 둘러싸인 한산만에 갇히면서 일본 해군은 완전히 녹아내렸다.

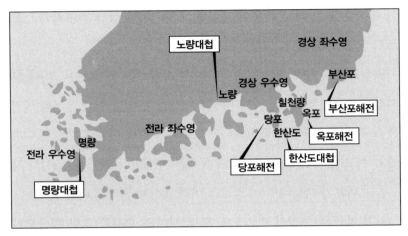

조일전쟁 해전도

1592년 음력 7월 8일, 조선군은 대장군전과 장군전, 차대전 등 강력한 함포들을 퍼부어 포위된 일본 함대를 차근차근 부수었다. 오전에 시작한 전투는 땅거미가 질 때까지 계속되었다. 전투라기보다는 일방적 살육에 가까웠다. 이 해전으로 59척의 일본 함선이 불에 타거나 조선군에 나포되었다. 일본측 기록에는 9천 명의 병사가 한산 앞바다에서 사살 또는 수장된 것으로 나온다. 빠른 배를 타고 있던 일본 해군 총사령관 와키자카는 겨우 전장을 빠져나가 멀리 김해로 도주했다. 탈출에 성공한 적선은 14척에 불과했다. 조선 수군의 피해는 미미하였다. 양국 정규 해군이 정면 대결한 한산해전은 조선의 일방적인 승리, 말 그대로 대첩(大捷)이었다.

조선 수군은 한산대첩의 여세를 몰아 진해만을 가로질러 가덕도 해상까지 진격하였다. 당시 웅천 안골포(현재 창원시 진해구 안골동)에 쿠키

요시다카와 가토 요시아키가 거느린 일본 해군 제2군과 제3군의 함선 40여 척이 정박 중이었지만 처절한 패전 소식에 기가 질려 싸울 의지를 상실한 상태였다. 이들은 조선 수군을 피해 육지 가까운 얕은 포구로 도피해 있었다. 7월 10일과 11일 이틀 동안 조선 수군은 포격전으로 이 가운데 20척을 깨뜨렸다. 조선의 연합함대는 이어 부산 인근 몰운대까지 진격해 무력시위를 벌임으로써 일본군의 간담을 서늘하게 만들었다.

유성룡은 징비록(懲毖錄)에서 "적들은 수륙 양면으로 군사를 합쳐 서쪽을 치려했으나 이 싸움으로 그들의 위세가 크게 꺾였다. 소서행장(小西行長)이 평양을 얻었으나 형세가 외로워 더 진격하지 못했다. 우리나라가 보존된 것은 오로지 이(한산대첩) 때문이었다."라고 적었다(이때 한산도 인근의 백성들이 불붙인 대나무를 나무토막 위에 올려 바닷물에 띄웠다는 이야기가 전해 오고 있다. 대나무 마디 사이의 빈 공간에는 공기가 들어차 있기에 불이 붙으면 폭발음을 내며 터진다. 수천, 수만 개의 대나무 마디가 불에 타 터지는 소리는 마치 포성처럼 들렸고 일본군은 포구 곳곳마다 조선 수군이 주둔해 있는 것으로 착각해 공포감에 시달렸다는 것이다. 해변의 백성들이 어떤 식으로든 수군을 도왔다는 방증이다. 불붙인 대나무를 바닷물에 띄우는 것은 훗날 통제영에서 군점(軍點)을 실시할 때 백성들이 수군의 귀환을 환영하는 행사로 굳어진다).

한산대첩으로 해서 조선의 서해안으로 진출하려던 도요토미의 전략은 발이 묶였다. 한산대첩을 주도한 이순신은 조선 수군의 중심이 되었고 나아가 새로운 시대를 열어가는 동력을 확보하게 되었다.

원균과의 갈등, 이순신 통제사에 오르다

초대 삼도수군통제사는 충무공 이순신이다. 결론을 미리 말한다면 통제사 직제가 신설되고 이순신이 오른 것은 라이벌 원균과의 갈등과 불화가 역설적으로 도움이 됐고, 영의정이자 도체찰사 유성룡의 판단과 지원이 결정적 바탕이 됐다.

이순신과 원균의 갈등은 한국인이라면 모르는 사람이 없을 정도로 유명하다. 하지만 두 사람의 치열한 경쟁과 알력 탓에 삼도수군통제사 직이 생겨났다는 사실은 별로 주목받지 못했던 것 같다. 이순신과 원균이 잘 어울리고 협력했다면 조정에서 굳이 통제사라는 옥상옥(屋上屋)의 기구를 설치하지 않았을 가능성이 높다. 조선왕조는 변방의 병권이 1인에게 독점되는 것을 좋아하지 않았다. 그러나 양자 간의 갈등이 위험수위에 이르자 수군지휘권의 원활한 운용을 위해 상위직인 삼도수군통제사 직제를 신설한 것이다.

두 사람의 불화는 첫 전투인 옥포해전을 치른 직후부터 시작됐다. 이순신과 원균은 나라의 간성이었기에 두 사람의 갈등은 조정에서 근심할 정도였다. 선조수정실록에 불화의 단초가 설명돼 있는 것도 이 때문이다.

"…싸움에서 이긴 보고가 올라가니 이순신에게 표창으로 자헌대부(資憲大夫)의 품계를 올려주었다. 처음에 원균이 이순신에게 원병을 청하여 적을 패배시킨 후 연명(聯名)으로 보고를 올리고 싶어 하자 이순신이 '천천히 하자'라고 해놓고는 밤에 직접 보고서를 썼는데 '원균이 군사들을 잃고 의거할 바가 없으며 적을 치는데 공로가 없었다는 사실을 모두 다 진술하였다.' 원균이 이 말을 듣고는 크게 유감을 가졌으며 이로부터 공로에 대한 보고서도 제각기 올렸다. 두 사람의 사이는 이때부터 벌어지기 시작하였다."

−선조수정실록 임진년(1592) 6월조

선조수정실록은 이순신이 두 가지 점에서 불화의 단초를 제공했다고 적고 있다. 하나는 연명으로 장계를 쓰기로 했다가 이순신이 단독 장계를 올렸다는 점이고 둘은 장계 내용이 원균에게 크게 불리했다는 것이다. 그러나 실록의 언급은 표면적인 관찰일 뿐이고, 정황을 잘 살펴보면 사태를 먼저 악화시킨 쪽은 원균이다. 이순신 단독장계 '옥포파왜병장'의 문제된 부분을 통해 저간의 경위를 따져 보자.

"…경상우수사 원균은 단지 3척의 수군만을 거느렸는데(전라좌수영의 판옥선이 24척이었던데 반해 원균의 함대는 3척에 불과했으니 공적이 크지 않다는 뜻이다.) 신의 여러 장수들이 잡은 왜적의 배를 심지어 활을 쏘아대면서까지 빼앗으려 하였습니다. 그 통에 두 사람이 화살에 맞아 부상을 당했습니다(적선을 서로잡기 위해 두 수영의 장교들의 서로 경쟁을 한 것이다. 전공이 걸렸다보니 양보가 없었고 결국 우리 군사끼리 충돌하는 지경에까지 이르렀다). 주장(主將)으로서 부하 단속을 하지 못함이 이보다 더 심한 경우는 없다고 할 것입니다. 또 같은 도 소속 거제현령 김준민은 멀지않은 바다에서 연일 싸움이 벌어지고 있는데도 그 주장인 원균이 빨리 오라고 재촉하는 격문을 보냈는데도 끝내 나타나지 않았으니 그 소행이 심히 해괴합니다. 조정에서 조처해 주시기 바랍니다…"

−옥포파왜병장(玉浦破倭兵狀) 1592년 5월 10일자

간단히 말해서 원균은 거느린 전선과 병력이 보잘 것 없으며, 공을 탐내 아군에게 활을 쏘았으니 장수의 자격이 없고, 부하(거제현령 김준민)마저 제대로 단속하지 못하고 있다는 고발이다. 장계는 조정에 공유되고 원균에게도 그 내용이 알려질 터였다. 그런데도 이런 민감한 내용들을 담은 것은 이순신이 작심하고 썼다는 뜻이다.

죽은 적군의 목이나 따는 저열한 행위에 실망해 있던 차에 원균이 연명장계를 제의하자 이순신은 폭발했다. 연명장계가 어떤 의미를 담고 있기에 이순신이 흥분했을까? 원균이 '장계를 연명으로 올리자'고 한 제의는 간단한 문제가 아니다. 임진년(1592년) 5월 7~8일 이틀 동안 옥포와 합포, 적진포에서 이룬 조선 수군의 첫 승리를 경상우수영과 전라좌수영의 공동성과로 보고하자는 주장이다. 쉽게 말해 전공을 50대 50으로 하자는 것이다. 이순신이 볼 때 전투를 이끈 주력군은 어디까지나 자신의 전라좌수영이요 원균은 보조역할에 불과했다. 그런데도 전공을 절반씩 나누자고 하니 어이가 없었을 것이다.

옥포싸움만 해도 이순신의 전라좌수영이 적선 21척을 깨뜨린 반면 원균의 경상우수영은 5척을 부순 데 불과했다. 원균이 작은 전공이나마 올린 것은 이순신 함대와 행동을 같이한 덕분이지 단독으로는 어림도 없었다. 양측의 공적은 굳이 따진다면 90대 10쯤 될 터였다. 그런데 공동장계를 올린다면 전공을 반반으로 해야 하니 애초부터 이순신으로서는 받아들일 수 없는 제의였다. 원균의 연명장계 제의에 이순신이 '천천히 하자'라고 답한 것은 완곡한 거절의 표현이다. 하지만 원균은 이순신의 반응을 제대로 해석하지 못한 채 '연명장계에 동의하는구나'라며 자기 편리한 대로 기대했던 모양이다.

옥포파왜병장에 대한 원균의 반응은 짐작하기 어렵지 않다. 전공의 절반을 인정받을 것으로 예상했다가 이순신이 단독장계를 올렸으니 배신감에 몸을 떨었을 것이다. 특히 장계 내용이 자신의 치부를 담고 있다는 사실을 알고서는 격분했을 것이다.

그러나 군사와 전선이 모자라 단독작전은 힘든 만큼 이순신과 척을 질 수는 없는 노릇이다. 전라좌수군과의 합동작전이 없다면 날마다 쫓겨 다닐 신세이기 때문이다. 적어도 한산대첩 때까지는 원균도 이순신이 주도하는 작전에 협조적이었다(하지만 술을 마시고 행패를 부리는 등 질 낮은 방식으로 불만을 수시로 표출하였다). 그러다가 1592년 7월 한산대첩으로 이순신이 정2품 정헌대부(正憲大夫)로 승차한 반면 자신은 종2품 가선대부(嘉善大夫)에 그치면서 원균의 반발이 노골화된다. 손뼉도 마주 쳐야 소리가 난다는 말처럼 두 사람의 불화는 양자 모두에게 원인과 책임이 있을 것이다. 즉, 갈등의 발단은 두 사람의 성격과 처지가 다른 데서 비롯된 공동책임이라고 볼 수 있다.

그러나 훗날 갈등이 증폭되고 심화된 데 있어서는 직설적인 성격에다 자기중심적인 원균에 더 큰 책임이 있다. 갈등을 표출하는 방식에서 이순신과 원균은 전혀 달랐다. 자제력이 강했던 이순신은, 일기에서는 원균을 '원흉(元兇)'으로 표현할 정도로 미워했지만 겉으로는 내색을 하지 않은 채 담담히 대했다. 반면 원균은 노골적인 적대감을 드러내며 틈만 나면 이순신과 부하들을 자극했다. 제3자인 우의정 이원익이 "이순신은 스스로 변명하는 말이 없었으나 원균은 기색이 늘 발

끈하였습니다."라고 평가한 것이 두 사람의 성격을 잘 보여준다.

조정에서 이순신과 전라좌수영 장수들의 전공을 높이 평가해 큰 보상을 내린 반면, 경상우수영 측은 상대적으로 소홀한 평가를 받게 되면서 두 사람의 불화는 두 군영 간 갈등으로 비화되었다. 계사년(1593년)이 되면서 양측 갈등은 폭발지경으로 치닫고 있었다. 원균이 행패를 부리는 빈도가 늘었고, 이순신은 원균이 '흉계'를 갖고 자신을 대하는 것으로 파악할 정도였다. 양측의 갈등은 화해할 수 없는 수준에 도달했다.

수군사회에서는 물론이고 조정에서도 이순신과 원균, 나아가 전라좌수영과 경상우수영 간의 알력이 큰 고민거리였다. 조선이 믿을 데라고는 수군 밖에 없는데 수군의 양대 장수가 힘을 합치지 못하니 큰일이라는 생각들이 번져나갔다. 당시 영의정 유성룡은 이순신과 편지를 주고받으며 바다 사정을 소상히 알고 있었다. 유성룡은 이순신과 원균의 갈등을 근본적으로 해소할 수 있는 방안을 생각하였다. 이순신과 친밀했던 유성룡은 불화의 근원이 원균에게 있다고 믿었다. 원균을 제어하기 위한 최선의 방안은 이순신을 수군의 총수로 만드는 일이다.

전라좌수사 이순신을 삼도수군통제사로 임명한 결정은 2~3일 새 갑자기 이뤄지지 않았을 것이다. 원균의 반발을 감안해야 하고, 조정 내 친(親)원균 세력, 즉 서인(西人)을 압도할 명분도 필요했다. 계사년(1593년) 7월 이순신 함대가 기지를 한산도로 옮긴 것은 그 예고편이라고 여겨진다.

한산도로 진영을 옮기기에 앞서 이순신 함대는 계사년(1593년) 5월부터 경상도 해역으로 진출한다. 제6차 경상도 출동이다. 일본군이 진주성과 호남을 노리고 수륙 양 방면에서 대대적인 공세를 펴자 이를 저지하기 위해서였다. 이때 이순신 함대는 5월 9일 걸망포(乞望浦, 통영시 용남면)에서부터 5월 24일 거제 북쪽 칠천량(漆川梁, 거제시 하청면), 6월 13일 세포(細浦, 거제시 사등면 성포), 7월 14일 한산도 둘포(豆乙浦, 통영시 한산면 두억리)까지 견내량의 남북으로 부지런히 기동하던 끝에 견내량 남쪽 한산도에 기지를 두기로 결론내렸다. 이순신의 조카 이분이 작성한 행록(行錄)에는 "일본군의 전라도 침공을 저지하기 위해 한산도에 진을 설치했다."고 설명하고 있다. 그런데 한산도 이진(移陣)이 호남을 지키기 위한 한 가지 목적에서 이뤄진 것은 아니라고 본다. 한산도 이진의 배경에는 영의정이자 도체찰사로서 전쟁을 총지휘하던 유성룡과의 교감이 있었을 것으로 판단된다.

이순신이 통제사가 되기 위해서는 나이가 5살이나 많고 군 경력도 선배인 원균을 명분상으로도 능가할 필요가 있었다. 이순신은 원균보다 전공이 높고 보유한 전선과 군사의 숫자도 월등히 많았지만 약점이 없지 않았으니, 주전장(主戰場)을 관할하는 장수가 아니라는 점이었다. 이순신 함대는 임진년(1592) 5월 옥포해전을 시작으로 사천해전과 당포해전, 당항포 승첩, 안골포 해전, 한산대첩, 부산포해전 등에서 연승신화를 이룬 주력군이다. 하지만 전장이 경상도 해역이다 보니 주장(主將)은 원균이고 이순신은 객장(客將)이었다. 이순신의 약점은 그의 본진이 전투해역 외곽에 위치해 있다는 점이었다. 원균은 "주장인 내가 이순신을 불러왔다."고 내세우고 있었다.

한산도 제승당 1593년 8월 이순신이 한산도에 세운 한산수국의 중심지로 지
금은 한산도이충무공유적지로 보호되고 있다.

이런 차에 이순신이 진을 한산도로 옮기니 객장이란 약점도 사라
지게 된 셈이다. 전장의 한 가운데 기지를 둔 주장이 되니 이순신의
위상은 더욱 높아지게 된다. 통제사직에 오르기 한 달 전에 이뤄진
이순신의 기지 이동에는 적잖은 의미가 숨어 있다.

전라좌수군 함대가 본진을 한산도로 옮기고 한 달이 흐른 8월 15
일, 이순신을 삼도수군통제사로 임명한다는 왕의 교서(敎書)가 발행된
다. 영의정 유성룡의 '작품'이 분명하다. 교서는 열흘 뒤인 8월 25일
이순신에게 전달됐다. 많은 수군장수들이 축하와 덕담을 건넸을 터
이지만 원균과 측근들은 크게 당황했을 것이다. 제법 용맹했지만 크
게 슬기롭지 못했던 원균은 이때쯤 이순신의 한산도 이진에 담긴 '정
치적 의미'를 어렴풋이 파악했을 것으로 보인다.

삼도수군통제사가 되면서 이순신은 전라, 충청, 경상도 수군의 지
휘권을 장악하게 되는데 분명 이례적이다. 전통왕조는 병권이 집중
되는 것을 즐겨하지 않았다. 해전이 한창이던 임진년에도 전라좌우

수군과 경상우수군은 통합된 지휘권이 아니라 연합함대로서 싸웠다. 그런데도 전쟁이 소강국면에 들어간 1593년 8월에 뒤늦게 수군의 지휘권을 일원화한 배경은 뭘까? 직전에 있었던 제2차 진주성전투(1593년 6월 19일~29일)를 눈여겨봐야 한다.

임진년(1592년) 10월 초, 일본군 2만 명이 진주성을 공격했지만 진주목사 김시민이 지휘한 3천 8백 명의 조선군과 6일간 치열한 공방전을 벌인 끝에 패배하고 물러갔다. 이 싸움의 승리로 조선은 호남을 지킬 수 있었다. 1차 진주성전투의 패배에 실망했던 도요토미는 이듬해인 1593년 6월 특별명령을 내려 복수전을 지시하는 동시에 호남 진출을 독려했다. 한양을 내주고 경상도로 남하한 일본군은 1593년 6월 15일부터 작전을 개시해 함안과 의령을 점령하고 19일부터 진주성을 공격하였다.

제2차 진주성전투에 참가한 일본군은 육군이 9만 3천 명, 해군이 8천 명 수준이다. 당시 진주성에는 창의사 김천일(金千鎰)과 경상우병사 최경회(崔慶會), 충청병사 황진(黃進), 진주목사 서예원(徐禮元), 의병장 고종후 등이 이끈 병력 3천 4백 명뿐이었고 비무장 주민이 6~7만 명이었다.

싸움은 6월 22일부터 본격 전개돼 치열한 공방 끝에 진주성의 거의 모든 장졸이 전사하고 29일 성이 함락됐다. 일본군도 2만 명이 죽었다. 성이 무너지자 일본군은 성안에 남은 조선의 군관민 6만여 명을 창고에 몰아넣어 불태워 학살하였을 뿐 아니라 가축도 모두 도살하였다. 촉석루에서 승리축하연을 벌이던 일본군 장수를 논개가 안

진주성 촉석루

김시민 장군 동상

진주성 전투

남강 의암　1592년(선조 25) 발발한 조일전쟁 당시 제2
차 진주성전투(1593년)에서 성이 함락되어 7만의 군·
관·민이 순절하자, 논개는 진주 남강의 의암에서 왜장을
껴안고 강물에 투신하여 순국하였다. 논개에 관한 이야기
는 조일전쟁 후 진주민들의 입으로 전해지다가 1620년(광
해군 12)유몽인(柳夢寅, 1559~1623)이 지은 『어우야담(於
于野譚)』에 실려 기록으로 남게 되었다.

고 남강으로 뛰어든 일은 유명하다. 2차 진주성 싸움은 조일전쟁 최대의 격전이자 가장 처절한 전투였다. 전투가 끝난 뒤 조정은 패전원인에 대해 나름대로 분석하였다. 도체찰사 유성룡이 왕에게 올린 장계이다.

"풍원부원군(豊原府院君) 유성룡이 치계하였다. 진주의 함락은 비록 강대한 적들 때문이기는 하지만 우리 쪽 대응의 잘못도 개탄스럽습니다. 신이 서울에 있을 적에 진주목사 서예원이 명군 지원관으로 함창(경북 상주)에 와서 있기에 즉시 이문하여 '진주가 곧 왜적의 공격을 받게 되었는데 성을 지키는 관원이 어찌 멀리 나와 있어서야 되겠는가' 하고 속히 돌아가게 하였습니다. 그러나 지체하고 있다가 적이 가까이 왔다는 것을 들은 뒤에 겨우 입성하여 방비 등의 일을 미리 조처하지 못한 것이 잘못의 첫째이고, 또 여러 장수들이 객병(客兵)을 거느리고 한 성안에 많이 모였는데 통제(統制)하는 사람이 없어 각각 제 주장만 고집하여 분란을 면치 못했던 것이 잘못의 둘째이며, 제장들이 당초에 사세를 헤아리지 못하고 경솔히 함안으로 나아가서 진을 치고 있다가 적병이 크게 이르자 낭패하고 돌아와서 적으로 하여금 승세를 타게 한 것이 잘못의 셋째이며, 정진(鼎津, 경남 의령)에 군사를 진열시키고 굳게 지켰다면 적이 사면에서 함께 진격하여 오지는 못했을 것인데 모두 버리고 떠났으므로 적병이 수륙으로 함께 진격하였고 진주가 함락되기 전에 의령 · 삼가 · 단성 · 진해 · 고성 · 사천 등지에 적이 구름처럼 모여 원병의 길이 막힌 것이 잘못의 넷째입니다…"

―조선왕조실록 선조 26년(1593년) 7월 21일자

장계에서 보듯 유성룡은 진주성에 여러 장수가 모였지만 '통제하는 사람이 없어' 작전이 일사분란하지 못했던 것을 패전의 주요 원인으로 진단하였다. 이때 일본 해군은 호남을 노리고 있었다. 유성룡은 바다 사정을 떠올렸을 것이다. "이순신과 원균이 화합하지 못하고 따로 작전을 펴고 있으니 진주성 꼴이 나기 쉽다. 통제할 사람이 필요하다." 전쟁의 총책임자인 유성룡은 진주성의 실패를 되풀이하지 않기 위해서라도 수군의 직제개편 필요성을 절감했을 것이다. 다시 말해 삼도수군통제사 신설과 이순신의 임명은 2차 진주성 싸움을 계기로 유성룡 등 전쟁지휘부에서 삼도수군을 절제(節制)하는 최고지휘관의 필요성을 인식한 데 따른 것으로 해석된다.

제3장

'전쟁의 선물'
삼도수군통제영

三道水軍統制營

　흔히 삼도수군통제사(三道水軍統制使)와 삼도수군통제영(三道水軍統制營)
은 동시에 생겨난 것으로 여기는 경우가 많다. 통제사가 머무르는 군
영이 곧 통제영이라는 생각에서이다. 그러나 통제사란 직책은 생겼
지만 제도적 의미의 통제영은 한동안 건설되지 않았다. 혼란한 전시
에 새 군영을 세울 여유도 없었고 기지를 수시로 옮겨야 했기에 항구
적인 군영이 따로 있을 수 없었다. 1593년 이순신이 통제사 직위를
제수받았을 때 한산도에 기지를 두고 있었기에 '최초의 통제영'은
한산도로 볼 수 있다. 반면 장군의 직위가 전라좌수사 겸 삼도수군통
제사였기에 여수의 전라좌수영을 첫 통제영이라고 주장하는 사람도
있다. 이런 논리에서 보면 장군이 머물렀던 해남의 전라우수영과 보
화도, 고금도 등지가 모두 통제영에 해당될 수 있다. 그러나 이는 어

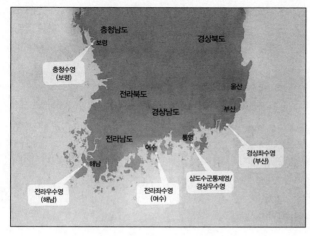

지도 레이블:
충청남도 / 경상북도 / 보령 / 충청수영(보령) / 전라북도 / 울산 / 경상남도 / 부산 / 전라남도 / 통영 / 여수 / 경상좌수영(부산) / 해남 / 삼도수군통제영/경상우수영 / 전라우수영(해남) / 전라좌수영(여수)

조선 후기 수군영 전체지도

디까지나 행영(行營), 즉 임시군영일 뿐 항구적인 통제영이라고 보기는 어렵다.

정식 통제영은 조일전쟁이 끝나고 5년이 흐른 1603년 남해의 요충지 두룡포(頭龍浦)로 선정되어 이듬해 완공된다. 다시는 일본의 침공을 용납하지 않겠다는 비장한 각오로 전란 직후의 극심한 재정난을 무릅쓰고 국력을 기울여 '삼도수군통제영'이란 대군영(大軍營)을 건설한 것이었다.

한산도 통제영 시대(1593.8~1597.7)

이순신은 계사년(1593년) 7월부터 정유년(1597년) 2월까지 3년 6개월간 한산도에서 스스로 진영(陣營)을 꾸리고는 남해바다를 자신의 의지대로 경영하였다. 특히 계사년 8월부터는 삼도수군통제사에 올라 전라좌수군뿐만 아니라 경상도와 충청도 수군까지 휘하에 거느렸다. 이로써 한산도 진은 '통제사의 군영' 즉, 통제영의 기능을 수행하였다.

한산도의 면적은 14.72㎢(제곱킬로미터), 가로세로 4km(킬로미터)쯤 되는 규모로 우리나라 4천 개 섬 가운데 38번째로 크다. 최고봉은 섬의 남쪽에 위치한 해발 293.5미터의 망산(望山)이다. 서북쪽 어귀에 오리발처럼 생긴 깊숙한 한산만이 자리 잡고 있으니 이순신이 조일전쟁 발발 초기부터 눈여겨봐 둔 장소였다.

1469년 발간한 경상도속찬지리지에 '한산도 목장(牧場)'이란 지명이 전하는 것에서 보듯 조선 초기엔 말을 기르는 섬이었다. 완만한 산야에 초지가 넓었던 탓이다. 말이 뛰놀던 한산도가 역사의 전면에 부상하기는 임진년(1592년) 7월 8일, 한산대첩에서부터다. 위대한 승리를 지켜본 행운 덕분에 무명(無名)의 목장 섬은 '대첩의 전적지'라는 역사성을 획득하며 위상이 승격되었다.

당시 한산도는 공도령(空島令)으로 인해 인적이 끊긴 무인도였다. 버려졌던 섬 한산도에 사람이 다시 살기 시작한 것은 계사년(1593년) 7월 중순, 이순신이 진을 옮기면서부터이다. 전시하 한산도는 많은 군사와 피난백성들이 몰려 사는 신도시(新都市)이자 '물 위의 통제영'이었다. 이순신이 한산도에 튼튼한 기지를 세운 다음 통영과 거제도 사이의 좁은 수로 견내량을 굳게 지킨 결과 일본군의 서진(西進)은 효과적으로 차단되었다. 이즈음 이순신은 서남해 해변을 영역으로 하는 반(半)독자적인 세력권을 형성하였고 한산도는 '수국(水國)의 중심'

한산도 망산 해발 293.5m의 망산은 이충무공 유적지가 산재하고 있어 등산과 유적 탐사를 겸할 수 있는 곳이다.

으로 기능하였다(나는 『이순신 수국 프로젝트』에서 이순신이 확보하고 경영한 서남해 일대를 그가 지은 시 '한산도 야음'에 나오는 표현을 차용해 '수국(水國)'이라고 개념화하였다. 가히 작은 국가라고 부를 정도로 자율성과 독립적인 경제기반을 구축하고 있었기 때문이다).

그러나 한산도 통제영은 기초가 튼튼하지 못하였다. 한양 조정의 견제와 공세를 감당할 만한 자체 권위를 형성하기에는 시간이 짧았기 때문이다. 특히 왕(선조)이 한산 통제영과 이순신에 대해 반감을 점점 강하게 표출하면서 그 취약성이 갈수록 뚜렷해졌다. 왕의 눈 밖에

난 이순신의 입지는 정유년(1597년)이 되면서 더욱 좁아진다. 왕은 함정을 파둔 채 이순신이 낙마하기만을 기다리고 있었다. 이순신은 결국 가토 기요마사(加藤清正)의 재상륙을 저지하라는 조정의 명령을 듣지 않았다는 이유로 역적으로 몰린다.

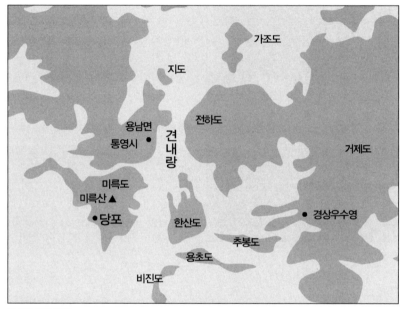

한산도 부근 지도

1597년 2월 이순신은 통제사에서 경질되고 체포된 다음 한양에 소환돼 고문까지 받았다. 그 사이 한산 통제영은 원균이 차지하였다. 국가적으로는 불행이지만 개인적으로는 다행이랄까, 이순신의 좌절은 그리 길지 않았다. 1597년 7월 16일, 칠천량 패전으로 원균은 불

귀의 객이 되었다. 견내량은 뚫렸고 한산 통제영은 불에 타 소멸하였
다. 남해바다 전역은 일본군이 차지하였다.

모항(母港) 없는 유랑시대(1597.7~1597.10)

원균의 칠천량 패전 직후 이순신은 삼도수군통제사직을 회복하였
으나 '기지 없는 함대' 였다. 경상도 합천에서 산청, 사천, 하동, 전라
도 구례, 곡성, 순천, 낙안, 보성, 장흥, 해남으로 이어지는 육로 장정
(長征)을 통해 수군 재건의 발판을 모색하였다. 판옥전선 12척, 경상우
수사 배설(裵楔)이 칠천량에서 건져 나온 경상우수영 소속 전선이 기
본무력이 되었다. 이순신은 해남의 전라우수영에 임시기지를 둔 채
수만의 적을 상대해야 했다. 이순신의 수중엔 단지 12척의 전선만 남
아 있었지만 1597년 9월 명량바다에서 일본군 130여 척을 무찌르는
기적의 명량대첩을 이룩하며 다시 일어섰다.

명량의 대승에도 불구하고 이순신은 한동안 모항(母港)을 갖지 못한
채 유랑(流浪)하였다. 당시 일본 육해군의 압박이 전라도 서해안까지
확장됐기 때문이다. 이순신은 명량해전 다음날인 9월 16일 당사도(현
재 전남 신안군 암태도)로 함대를 옮긴 데 이어 9월 17일 어외도(현재 신안군
지도읍)로 북상하였다. 명량에서 뱃길로 북쪽으로 60킬로미터쯤 후퇴
한 곳이니, 일본 해군의 잠재역량이 명량해전의 패전에도 불구하고
조선 수군을 압도했던 탓이다. 그런데 어외도에는 피난선 300여 척
이 먼저 와서 기다리고 있었다. 백성들은 우리 수군의 대승을 다투어
치하하며 스스로 마련한 양식들을 군사들에게 나누어 주었다. 이순

제승당 전경

한산만 입구의 거북 등대

한산정 한산정은 이순신 장군이 부하 장졸들과 함께 활 쏘기를 연마하던 곳이다. 활터와 과녁까지의 거리는 약 145m로 이순신 장군이 이곳에 활터를 만든 것은 밀물과 썰물의 교차를 이용해 해전에 필요한 실전거리의 적응훈 련을 시키기 위해서였다. 활터와 과녁 사이에 바다가 있는 곳은 이곳이 유일하다.

한산정의 과녁

수루 이순신 장군의 '한산도가'에 등장하는 바로 그 수 루로 2014년에 개축되었다.

신의 승리로 피난민들도 살 길을 얻은 셈이었다. 백성들이 수군 주변으로 몰려든 것은 한산도를 대신할 새로운 '민군(民軍) 복합기지'가 탄생할 수 있는 바탕이 되었다.

이순신은 서해상을 오르내리며 수군의 체제정비를 시도하였다. 명량대첩 이후 한 달 반 동안 서해상을 쉴 새 없이 항해한 것은 모항이 없는 상황에서 해변의 관청과 창고들로부터 군수물자를 구해보려는 몸부림이었다. 당시 이순신의 함대는 군사와 배, 무기와 식량이 크게 부족한 상태였다. 늦가을의 해상에서 두툼한 의복과 잠자리도 간절하였다. 그러나 일본군의 공격을 받아 관청들이 무너지고 관리들이 달아난 상태에서 이순신은 어디서도 제대로 지원을 받을 수가 없었다.

보화도 시대(1597.10~1598.2)

이순신은 결국 한산도에서 그랬듯이 이번에도 자신의 힘으로 산업을 일구고 백성들에게 삶의 방책을 제시하여야 했다. 이순신 뒤에는 그를 따르는 수많은 피난민들이 있었다. 이순신의 함대와 해상을 전전하는 피난민 무리는 공생관계였다. 이순신은 그들을 보호하며 생존의 길을 제공하는 대신 백성들에게서 군졸과 물자를 확보하였다.

이순신은 피난민들을 보호해 주는 대신 일정한 의무를 할당하였다. 해로통행첩(海路通行帖)을 시행한 것이다. "3도 연해를 통행하는 배는 공사선을 막론하고 첩지(帖紙, 증명서)가 있어야 한다. 첩지가 없는 배는 간첩선으로 간주할 것이니 조선의 모든 배는 통행첩을 받도록 하라."는 것이 통제사의 명령이었다.

배의 크기에 따라 대·중·소 3등급을 매기고 등급에 따라 대선은 3섬, 중선은 2섬, 소선은 1섬을 내고 통행첩을 받아가게 하였다. 당시 피난민들은 모든 재물과 곡식을 배에 싣고 바다로 나왔기에 곡식을 내는 것은 걱정하지 않고 수군의 보호 아래 안심하고 통행할 수 있는 것을 다행스러워했다고 한다. 배를 가진 피난민들은 큰 불만 없이 곡식을 바치고 통행첩을 받아갔다. 이에 따라 이순신은 채 열흘도 못 되어 1만여 석의 곡식을 확보하였고, 이를 토대로 새로운 도약을 시도할 수 있었다.

이순신의 조선 수군은 1597년 10월 29일부터 목포 앞바다 보화도(寶花島, 현재는 목포시 고하도(高下島). 목포대교로 연륙돼 있다.)에 작은 기지를 건설하여 이듬해인 1598년 2월 16일까지 약 넉 달 간 본영으로 활용한다. 한산도 군영이 무너진 뒤 3개월여 만에 작지만 새로운 군영이 탄생한 셈이다. 이순신의 탁월한 점은 단지 전쟁만 잘한 것이 아니라 이런 경영능력에서 뛰어남을 찾아야 한다. 그러나 보화도는 위치나 규모 면에서 이순신이 만족할 장소가 되지 못하였다. 새로운 기지가 필요하였다.

고금도 통제영 시대(1598.2~1598.11)

수군의 체제정비가 본격화되자 이순신은 여세를 몰아 세 번째 '해상의 중심지' 건설에 나선다. 바로 고금도(古今島, 전남 완도군 고금면) 군영이다. 이순신 군단은 무술년(1598년) 2월 17일 보화도에서 100킬로미터쯤 동남쪽으로 진출한(일본군과 가까운 전방으로 다가간 셈이다.) 전남 강진

앞바다의 고금도로 진(陣)을 옮긴다. 고금도 진은 그 규모나 실력면에서 한산도 시절을 능가하고도 남았다. 조카 이분이 쓴 '행록(行錄)'에는 고금도 통제사 군영을 이렇게 적고 있다.

"고금도는 강진에서 남쪽으로 30여 리쯤 되는 곳에 있어 산이 첩첩이 둘러쳐져 지세가 기이하고 또 그 곁에 농장이 있어서 아주 편리하였다. 공은 백성들을 모아서 농사를 짓게 하여 거기서 군량을 공급받았다. 이때 군사의 위세가 이미 강성해져서 남도 백성들로 공을 의지하여 사는 자들이 수 만 호에 이르렀고 군대 위세의 장엄함도 한산진보다 열 배나 더하였다."

고금도 부근 지도

고금도는 산으로 둘러싸여 사방으로 적의 움직임을 파악할 수 있었을 뿐 아니라 공격하고 수비하기에 편리한 섬이었다. 반면 외부에서는 고금도의 수군기지를 공격하기가 매우 불리한 상황이었다. 오목한 만 안에 위치한 고금도 덕동(德洞)기지는 한산도 제승당과 유사하였다. 고금도 주변에는 완도와 신지도, 조약도, 생일도, 금일도 등 굵은 섬들이 널려 있었고 섬 안에 농지도 넓었다. 고금도만 해도 면적 43.2km²(제곱킬로미터)로 한산도의 2.8배나 되는 큰 섬이다. 한마디로 군량을 모으고 피난민을 거두기에 부족함이 없는 상황이었다.

이순신은 고금도를 중심으로 새로운 수국(水國)을 건설하였다. 서남 해변의 들판과 버려진 섬들에다 둔전을 개간하는 한편 수시로 해로 통행첩으로 막대한 군량을 확보하였다. 한산도에서와 마찬가지로 다시 소금을 굽고 물고기를 잡아서 내륙 각지에 팔아 군자금을 마련하였다. 사들이거나 모은 구리와 쇠로 무기를 만들고 해송(海松)을 베어 각종 전선을 잇따라 건조하였다. 조선 수군이 버티는 한 일본군에 노략질당할 염려 없이 생업에 종사할 수 있으니 백성들은 속속 고금도와 인근 섬 지역으로 몰려들었다. 경제가 일어나고 사람이 들끓으니 고금도는 새로운 해상왕국의 중심지로 번영하였다.

이분의 행록에서 보듯 '남도 백성들로 공을 의지하여 사는 자들이 수만 호에 이르렀고, 군대 위세의 장엄함도 한산진보다 열 배나 더한' 제2의 수국이 고금도 기지였다. 유성룡의 징비록에 따르면 고금도 시절의 군사는 8천 명으로 늘었다. 1597년 9월 12~13척의 전선에 1천 5백 명 수준의 군세에서 불과 6개월 만에 이만한 군사력을 키워냈으니 이순신의 탁월한 경영능력을 거듭 실감할 수 있다.

그러나 한산도에서 보화도를 거쳐 고금도에 이르는 기간의 수군 중심은 어디까지나 행영(行營), 즉 임시기지에 불과하였다. 전시에 적과 아군의 역학관계에 따라 수시로 옮겨다녀야 했던 만큼 항구적인 군영이라고 할 수는 없다. 통제사는 존재하지만 통제사의 군영은 '물 위에 떠 있는' 상황이었다. 수많은 군사와 함대를 유지하기 위해서는 좀 더 뿌리 깊고 튼튼한 기지가 필요하였다. 이는 전란이 끝난 뒤 국가적인 결단으로 이룩해야 할 숙제였다.

종전 후 최대 논쟁, 해방본영(海防本營)의 위치 선정

조일전쟁을 치른 뒤의 조선은 중환자나 다름없었다. 수많은 사망자로 인구가 감소한 데다 난리 통에 통치권역 바깥으로 숨은 백성도 많아 국가의 동원체계는 크게 약화됐다. 세금을 물릴 근거인 토지대장도 상당수 망실됐다. 전쟁이 끝나고 13년이 지난 광해군 3년(1611년) 호조판서 황신(黃愼)의 보고에 의하면 전쟁 전 170만 8천 결(結)이던 등록된 토지가 당시 54만 천 결(結)로 3분의 1 이하로 줄었다. 국가가 파악한 인구도 1543년 416만 명이었는데, 1639년에는 152만 명에 그쳤다. 이는 토지인구대장에 등록된 수치이므로 실제 토지, 실제 인구와는 거리가 있는 것이지만 나라의 가용자원이 그만큼 축소됐다는 것을 의미한다. 즉, 동원 가능한 민력(民力)과 세금의 규모가 전쟁 전에 비해 3분의 1수준으로 축소됐고 국가 재정도 그만큼 감축됐다는 의미였다. 아무리 후하게 쳐주어도 조선의 총체적인 국력(國力)은 전쟁 전의 절반 이하로 떨어졌다고 할 것이다.

궁궐 사정만 보더라도 조선의 다급한 처지를 알 수 있다. 전쟁 직후 의주로 달아났던 선조가 이듬해인 1593년 10월 환도해 보니 궁궐이 모두 불에 타서 거처할 곳이 없었다. 왕은 월산대군(성종의 형)의 옛 집에 머무르기로 하고 정릉동 행궁(貞陵洞 行宮)이라고 명명했다. 훗날의 덕수궁이다. 궁궐에 있어야 할 관청은 인근 민가에 정해 두었다가 점차 목책을 세우고 문을 달아 궁궐 모습을 갖춰 나갔다. 1597년에는 담장을 둘러쌓았고 1607년 4월에 북쪽에 별전(別殿)을 세웠다. 선조는 1608년 승하할 때까지 정릉동 행궁에서 옹색하게 살았고 광해군도 같은 곳에서 즉위식을 올렸다. 광해군은 훗날 창덕궁을 복구해 옮겨감으로써 겨우 왕의 체면을 살렸다. 궁궐은 나라와 국왕의 권위를 상징하는 만큼 초라해선 안 되지만 조일전쟁 직후 조정의 주머니 사정으로는 경복궁 복원은 꿈도 꿀 수 없었다.

조정의 상징인 궁궐조차 복구하지 못하던 조선왕조가 남해안에 통제영이란 대군영을 건설한 것은 예사롭지 않다. 궁궐은 없어도 되지만 해방책(海防策)이 없으면 나라가 무너진다는 것을 뼈저리게 경험한 결과라고 하겠다. 한 체제의 생존본능은 이렇게 강한 법이다.

조정은 종전 직후부터 7년전쟁의 전 과정을 복기(復碁)하며 일본의 재침 대책을 강구하였다('종전 후 최대 논쟁, 해방 본영의 위치 선정'은 필자가 쓴 『이순신 수국 프로젝트』 pp343~351과 일정 부분 겹친다는 점을 밝혀둔다). 그 결과 피해를 최소화하기 위해서는 적군이 상륙하기 전에 바다에서 요격(邀擊)하는 것이 최선이라는 결론을 얻었다. 바보가 아니라면 당연한 귀결이다. 종전 이후 해변의 높은 산봉우리에 시력 좋은 요망군(瞭望軍)을 배치해 바다를 정찰하게 한 것도 이 같은 전략에 따른 것이다. 그런데 해상에서 적군을 요격하려면 수군의 강화가 급선무였다. 종전 직후인 1598년 12월, 비변사는 해군력 강화방책을 제시하였다.

"비변사가 아뢰었다. 7년 간 싸우던 적들이 하루아침에 도망쳤습니다. 적들을 추격하여 섬멸시키지는 못했지만 적의 소굴이 되었던 영남과 호남의 연해 일대가 다시 우리의 소유로 되었으니 국가와 민생의 기쁨이 무엇이 이보다 더 크겠습니까?… (중략) …오늘날의 형세는 마치 여러 해 병을 앓는 사람과 같아 병세는 사라졌지만 정혈이 고갈되고 원기가 쇠잔한 상태입니다… (중략) …그러니 앞으로 수년 동안은 백성들을 괴롭히거나 지치게 하는 모든 일을 일절 하지 말아야 하고, 부득이 해야 할 일이 있더라도 반드시 민력(民力)이 휴식을 취할 수 있는 시기를 기다린 다음에 해야 할 것입니다. 그러나 방어에 관한 일만은 이와 같이 해야 한다고 핑계하여 힘을 기울이지 않아서는 안 될 것입니다. 적을 방어하자면 무엇보다 주사(舟師, 수군)가 가장 시급합니다… (중략) … 각 도의 방백으로 하여금 각 읍의 빈약하고 부유한 상황을 조사하여 빈약한 읍은 여러 읍을 아울러 한 척의 배를 만들게 하고 부유한 읍은 단독으로 한 척, 혹은 여러 척을 만들게 해야 합니다. 또한 여러 도의 선척을 거두어 모아 전쟁에 쓸 만한 것은 주사에 배속시키고 바닷가에 있는 육군을 모두 수군에 옮겨 속하게 한다면 수군의 성세가 매우 커질 것입니다. 그리고 현재 고금도에 있는 주사를 요해지(要害地)로 진영을 옮기게 하는 것이 온당할 듯합니다…"

─조선왕조실록 선조 31년(1598년) 12월 2일자

해변고을마다 전선을 배치해 적군이 상륙하기 전에 쳐부순다면 더할 나위 없이 좋겠지만 조선은 삼면이 바다, 적이 언제 어느 해안으로 쳐들어올지 미리 알고 대처하기란 사실상 불가능하다. 그렇다면 차선은 적의 공격을 받았을 경우 수군의 전력 상당부분을 보전했다가 신속하게 방어전을 벌이는 것이다. 조정에서는 기습공격을 피할 수 있으면서도 적의 침공에 가장 신속하게 대처할 수 있는 '요해지'에 강력한 수군기지를 건설하는 것으로 그 해답을 찾았다. 두룡포(현재의 통영시)에 삼도수군통제영을 세우기로 한 것은 지리적 우월성 때문이었다.

'일본군의 재침 경로는 어디일까? 해방(海防)의 중심을 어디에 둘 것이냐?'는 조일전쟁 직후 조선의 최대 논쟁거리였다. 임진년처럼 부산을 공격할 가능성과 함께 오도열도(五島列島, 대마도 서남쪽, 규슈 서해상에 위치한 섬)에서 곧바로 호남을 침공할 경우에도 대비해야 했다. 서해안을 끼고 한양 근처로 곧장 북상해 올 개연성도 배제할 수 없는 상황이었다. 왕까지 논쟁에 가세했다. 1599년 8월 12일자 선조실록을 인용한다.

"…적이 어찌 매양 부산으로만 쳐들어오겠는가. 우리나라 사람들은 크고 작은 일에 대처할 때 오직 전례만을 의거하니 이는 가소로운 일이다. 임진년에 부산으로부터 쳐들어 온 것이 과연 전례가 있는 것이었던가? 호남과 충청의 수군을 모두 부산에 모을 경우 적이 이를 탐지하고 오도열도(五島列島)로부터 곧바로 호남으로 돌입하여 군사를 나누어 요새를 점거한 다음 부산의 군사를 차단하고 곧바로 서울로 치달릴 수도 있다. 또 해로로 바람을 타고 물결을 헤치면서 돛을 올리고 서울로 올라오면 충청과 경기의 연해 일대를 누가 방어할 것인가?…"

왕은 이듬해 1600년 1월 26일에도 비슷한 의견을 내세웠다.

"…우리나라 지형은 연해가 천여 리이니 삼면으로 적의 침입을 받는 나라이다. 적이 우리 군대가 부산에 주둔하고 있는 것을 탐지하여 오도(五島)에서 바람을 타고 돛을 올리면 천 리를 일순간에 달려와 곧장 호남을 공격해 아군의 후면으로 돌아나올 수 있다. 그런 뒤 군대를 나누어 변방 해안의 길을 장악해서 아군을 묶어둔 다음 해남 · 진도 등지에 전과 같이 보루를 축조한다면 아군은 적에게 통제당하여 마음대로 싸울 수가 없게 된다. 따라서 호남 · 충청에서 황해 · 평안도 일대의 연안에 이르기까지 못 가는 곳이 없게 될 것이고 수로나 육로로 마음대로 횡행하더라도 누가 막을 수 있겠는가. 이렇게 되면 우리 후방이 먼저 붕괴될 뿐만 아니라 중국의 수군이 와서 구원한다고 하더라도 힘을 합칠 우리 군사가 없으니 구원하고 싶어도 할 수가 없을 것이다. 더구나 호남에는 섬들이 바둑알을 깔아놓은 것 같아서 적이 곳곳에 복병을 설치하여 요격할 수 있으니 형세로 보아 부산으로 침공해 올 때 보다 더 어려울 것 같다…."

왕의 언급이 있고 이틀 뒤인 1600년 1월 28일 좌의정 이항복은 비변사의 공식 입장을 제시했다.

"…오도(五島)는 대마도의 오른쪽(서쪽)에 있는데 땅도 작고 토지도 척박하며 가구 수는 천 호도 못되고 백성들은 항업(恒業, 농업)이 없어 상업으로 생활하기 때문에 출몰하면서 노략질하는 것이 다른 왜적보다 극심합니다. 평소 우리 변경을 노략질하는 적들의 태반은 이 섬에 사는 자들입니다.
이들이 침략하는 길은 둘이 있습니다. 하나는 오도에서 동남풍을 타고

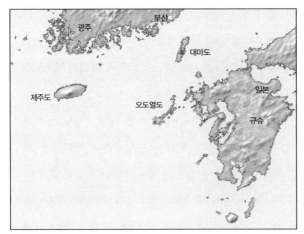

부산, 대마도, 오도열도
지도

삼도(三島, 거문도)에 이르러 하룻밤을 묵은 뒤 선산도를 지나 곧바로 고
금도와 가리포(전남 남해안 서부) 등처에 도달하는 길이고 또 하나는 대마
도에서 동북풍을 타고 연화도(蓮花島, 통영시 욕지면)와 욕지도(欲知島, 통영시
욕지면) 사이에 이르러 하룻밤을 묵은 뒤 남해의 미조항과 여수의 방답
(防踏, 돌산도) 등처에 도달하는 길입니다. 이는 왜적이 전라도를 침공하
는 익숙한 길인데 그 사이의 수로가 멀어서 순풍을 타더라도 아침에 출
발해 저녁에 도착하지 못하고 반드시 바다 가운데 있는 섬에서 밤을 지
내야 합니다. 그러나 연일 좋은 바람이 있을 수는 없기 때문에 바다에
정박하고 있던 적선이 다음날 바람이 좋지 못하면 또다시 순풍을 기다
려야 합니다.

그런데 연화도와 욕지도는 바로 경상우수영의 연대(煙臺, 봉수대)와 마주
바라다 보이는 섬으로 (요망군이)왕래하는 적선 숫자를 분명하게 셀 수
있습니다. 형세가 이러하기 때문에 오도의 적이 삼도와 선산도를 지나

서 고금도를 침범할 경우는 늘 기습이 되기 마련이지만 대마도의 왜적이 연화도와 욕지도를 지나 남해 등지를 침범할 경우에는 우리에게 발각이 됩니다. 그러나 대마도에서 부산에 닿을 경우 정동풍을 만나기만 하면 한번 돛을 올려서 금방 도착하게 됩니다…

그런데 왜적이 순풍을 타고 부산을 향하게 되면 부산 수영 쪽에서는 역풍이 되는 데다 몰운대, 해운대 아래에는 파도가 높고 물결이 사나워 배를 운항하기가 불편하여 급한 일을 당하게 될 경우 서로 구제하기 어렵습니다. 형세가 이러하기 때문에 적의 계책을 헤아려 보건대 적이 작은 숫자로 노략질을 할 경우에는 호남이 우려스럽습니다. 그러나 적이 대군을 이끌고 평탄한 길을 따라 올 경우에는 그 의도가 우리를 공격해 함몰시키는 데 있는 것이니 영남이야말로 적을 맞는 문호가 되는 것입니다… 이에 의거해서 말한다면 수군의 대진(大陣)을 부산에 설치한 다음 남은 병력을 나누어 견내량 입구를 지키고 고금도의 전면에 웅거하게 하여야 좋은 계책이 될 것입니다…"

이항복이 아뢴 비변사 의견은 적이 대군을 몰고 나올 경우엔 부산을 정면공격할 것이고 소소한 해적질을 하려면 호남으로 쳐들어 올 것이니 부산에 대규모 수군기지를 건설하고 경상도 견내량과 전라도 고금도 전방에도 수군 기지를 둬야 한다는 내용이다.

그러나 이항복은 자가당착을 범하고 있으니 적의 대군(大軍)이 순풍을 타고 부산을 공격할 경우 대책이 없다고 하면서도 부산에 대진(大陣)을 건설해야 한다고 말하기 때문이다. 방어책이 없는 곳에 군진을 세워 무슨 효과가 있겠는가? 부산이 적의 정면공격에 무너질 수밖에 없다면 부산에서 멀지 않은 안전지대에 군영을 건설해 두었다가 비상시에 구원을 하게 하는 것이 이치에 맞다.

수년 간의 논란 끝에 국초 이래로 해방(海防)의 중심이자 조일전쟁 이전까지 최대 수군기지였던 경상우수영(당시엔 거제도 남서쪽 오아포에 있었다.)을 강화하기로 결론이 났다. 경상우수영은 지리적으로 해방 본영이 되기에 충분하였다. 부산(정면공격)과 전라도(해적침공)라는 일본의 양대 공격로에서 벗어나 있는 안전지대일 뿐 아니라, 양쪽을 구원하기에 너무 멀지 않다는 강점이 있다. 1600년 당시엔 통제사가 여수의 전라좌수영에 머물고 있었는데(이순신 사후 이시언이 전라좌수사 겸 통제사로 있던 1599년 1월~1601년 5월까지 2년 5개월 정도는 여수가 통제영으로 기능한 시기이다.)

부산에서 너무 멀다고 보아 경상우수영으로 옮기도록 의견이 모아졌다. 앞에서 든 이항복의 장계에도 그 내용이 나온다.

> "지금 전라순찰사 한효순이 통제사 이하 각 장수들과 상의해 경도(鯨島, 여수 앞 바다에 위치한 섬)에 1진을 설치하고 고금도에 1진을 설치하려 하고 있는데 비변사에서는 통제사가 멀리 경도에 가 있게 되면 부산-거제도로 오는 적에 대해 성원하는 형세를 이루기 어려울 뿐 아니라 달려가 구원하려 해도 기회를 잃게 될 것이니 경상우도 근처로 나아가 주둔하는 것이 온당할 것 같다 하였습니다."
>
> -조선왕조실록 선조 33년(1600년) 1월 28일

즉, 비변사의 총의는 부산이 침공 당했을 때 가까운 곳에서 구원할 수 있는 대규모 수군기지가 필요하기에 통제사를 경상우도에 주둔하

게 해야 한다는 생각이었음을 알 수 있다. 이는 곧 실행에 옮겨진다.

두룡포에 통제영을 건설하다

1598년 11월 19일 노량해전에서 통제사 이순신이 사망한 이후 이시언(李時言)이 전라좌수사 겸 삼도수군통제사로 재임하고 있었다. 이순신의 죽음, 전쟁 종식과 함께 고금도 군영은 해체되고 평상시의 진관체제로 전환된 셈이다. 이런 상황에서 1601년 5월 3일 조정에서는 이시언을 경상우수사로, 배흥립을 전라좌수사로 각각 임명했다. 전라좌수사 겸 통제사 이시언이 경상우수사로 발령이 난다는 것은 뭘 뜻하는가? 바로 경상우수사가 통제사직을 겸임하게 됐음을 의미한다. 삼도수군의 중심을 경상우수영에 둔다는 비변사의 결론에 의해서다.

경상우수사가 통제사를 겸임하게 되면서 경상우수영을 강화하는 문제가 시급해졌다. 당초 경상우수영은 거제도 오아포(烏兒浦) 가배량에 있었지만 조일전쟁을 겪으면서 많이 훼손된 상황이었다. 그래서 1602년 2월, 5대 통제사로 임명된 류형이 고성현 춘원포(春原浦, 칠천량 해전 당시 원균이 몸을 피했다가 살해당한 포구로 현재는 통영시 광도면 황리로 비정된다.)로 경상우수영을 옮겼다. 여기서 1593년 이후 수군통제사의 군영 이전사(移轉史)를 정리해 보면 5~6개의 임시통제영이 존재했음을 알 수 있다. 한산도(1593.8~1597.7), 보화도(1597.10~1598.2), 고금도(1598.2~1598.11), 여수(1598.12~1601.5), 거제도 가배량(1601.5~1602.2), 고성 춘원포(1602.2~1604.9)로 이어진다. 그러나 춘원포 역시 해방본영으로 삼기엔 외진 곳이라는 문제 등이 지적되면서 두룡포(頭龍浦)가 대안으로 떠올랐다.

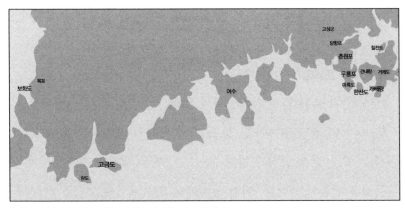

한산도, 보화도, 고금도, 여수, 거제도 가배량, 고성 춘원포

선조실록 1604년 7월 25일자 경상도 관찰사 이시발의 장계다.

"…구영(舊營, 옛 경상우수영이던 거제 오아포 가배량)과 고성(춘원포)을 버리고 따로 중간의 합당한 곳을 찾으려면 두룡포 이외에는 달리 그럴 듯한 곳이 없습니다…"

이시발의 장계로 미뤄보아 새로운 경상우수영은 거제 가배량과 고성 춘원포의 중간 정도에 위치해야 한다는 것이 조정의 집약된 의견이었고 현지 조사를 통해 두룡포를 선정했음을 알 수 있다. 아마도 거제는 조일전쟁 당시 일본군에게 점령됐던 탓에 방어상 불리하다는 인상을 갖게 된 것으로 여겨진다. 또 섬이다 보니 육지와의 교통이 불편한 것도 감점요인이었을 것이다. 반면 고성 춘원포(현재는 통영시 광도면)는 진해만 깊숙이 위치한 탓에 견내량과 가덕도 해역이 적게 차단되면 무용지물이 되기 쉽고 전라도 쪽으로 출동하기에도 불리하다. 그러므로 경상우수영은 거제와 춘원포의 중간 정도에 위치하는 것이 옳아 보인다. 수군 지휘부가 현지를 답사하고 얻은 결론도 이러했을 것이다(이시발의 장계가 실록에 실린 1604년 7월에는 새로운 경상우수영 겸 통제영이 이미 건설되고 있었다. 제6대 통제사 이경준(李慶濬)이 1603년부터 통제영 창건에 착수해 이듬해인 1604년 두룡포로 영을 옮겼다는 기록에서 알 수 있다. 때문에 이시발의 장계는 두룡포로의 결정이 이뤄진 뒤에 그 우수함을 강조하는 차원에서 보고한 것으로 이해된다).

두룡포에 통제영을 설치한 이유에 대해서는 두룡포기사비(頭龍浦記事碑)에 잘 설명돼 있다. 두룡포기사비는 인조 3년(1625년) 19대 통제사 구인후(具仁垕)가 세웠는데 구인후는 이경준 통제사의 보좌관을 역임했고 그의 신임을 받았던 인물이다. 통제영 건설에 참여했던 구인후는 상관 이경준의 업적을 길이 전하고자 하는 뜻에서 기사비를 세웠다. 구인후는 당시 창원대도호부사(昌原大都護府使) 박홍미(朴弘美)에게 부탁해 비문을 지었다. 비문 중에서 두룡포에 통제영을 설치한 이유를 적은 부분은 이러하다.

두룡포기사비(頭龍浦記事碑)
조선 후기 두룡포의 사적을 기록한 비로 당시의 수군제도와 운영을 살필 수 있는 자료이다.

"…통제영은 처음에 한산섬에 있었는데 한쪽으로 치우쳐 있고 멀어서 고성(춘원포를 말하는데 현재는 통영시 광도면 황리이다.)으로 옮겼다. 배를 숨기기에는 편하였으나 갑자기 당하는 변을 막는 데는 불편하였다. 통제사로 오는 사람들이 우선 편한 것만 생각하여 능히 고치지 않고 두었는데, 공(公, 이경준)이 통제사가 됨에 이를 자신의 임무로 생각하고 마땅한 땅을 살펴서 진영을 두룡포로 옮기었다. 서쪽으로는 착량(鑿梁, 판데목)을 의거하고 동쪽으로는 견내량을 끌어안고 있으며 남쪽으로는 큰 바다와 통하고 북쪽으로는 육지와 이어져 있어, 깊숙하면서도 구석지지 않고 얕으면서도 노출되지 않아 진실로 수륙의 형세가 뛰어난 곳이요 국방의 요충지이다. 동쪽에서 쳐들어와 남해안과 서해안으로 진출하려는 왜적들이 이곳을 지나 제멋대로 날뛰지 못하게 해서 바다가 조용해진지 수십 년이 넘었다. 옛날 조적(祖狄)이 초성(醮城)에 진영을 옮기니 후조(後趙)가 감히 가까이 오지 못했고, 유익(庾翼)이 면구(沔口)에 진영을 옮기니 북로(北虜)가 감히 엿보지 못하였다. 지리의 험난함은 비록 하늘이 베푸는 것이지만 반드시 사람을 만나야만 비로소 국방의 요충이 되는 것이니, 이는 예나 이제나 같은 이치이다.

지금 이 두룡포가 옳은 사람을 만나지 못했다면 한낱 소금기가 많아 농사도 지을 수 없는 바닷가 어촌, 여우와 토끼가 뛰놀던 잡초 우거진 언덕에 불과했을 것이다. 이미 몇 천 년 몇 만 년 동안 몇 천, 몇 백 사람들이 겪어 오다가 비로소 공의 손에서야 이 일이 이루어졌다. 하늘이 이 요새를 설치하고서 때를 기다렸고 또 그 사람을 기다렸던 것이니, 이것이 어찌 우연이겠는가. 충무공 이순신 장군이 앞서 적을 파하여 나라를 다시 일으킨 업적을 세웠고 공이 뒷날 진영을 설치하여 만세토록 이로움을 주었으니 전후 두 이씨(李氏, 충무공 이순신과 이경준 통제사)의 출현이 때를 맞추었다고 말할 만하다."

두룡포는 서로는 착량, 동으로 견내량이란 좁은 수로로 보호되고 있고 남으로는 대양(大洋)에 임해 있으면서도 섬이 아닌 육지여서 교통이 편리하다는 점을 강조하고 있다. '깊숙하지만 구석지지 않고 얕으면서도 노출되지 않는 땅'이어서 일본의 침공에 대비할 때 최적의 요충지란 것이다.

실제로 두룡포는 통영반도의 남단, 바다로 돌출한 해상교통의 중심지이다. 남쪽으로 길게 돌출했음에도 불구하고 거제도와 미륵도, 한산도, 사량도 등 여러 섬에 겹겹이 보호되고 있다. 동으로 견내량, 서로는 착량, 남으로는 한산도 앞 바다를 굳게 지키기만 해도 적 함대의 침공을 제어할 수 있다.

두룡포 동쪽 견내량 수로의 중요성은 조일전쟁 때 입증됐다. 이순신이 견내량을 틀어쥐고 있는 동안 일본 해군은 거제도 서쪽을 넘보지 못했으니 이곳이야말로 해상의 문경새재였던 것이다. 두룡포 서쪽에 위치한 착량(鑿梁)은 통영 시내와 미륵도 사이를 가로지르는 통영운하의 옛말이다. 조일전쟁 이전까지 이곳은 밀물에는 바닷물이 통하고 썰물이 되면 육지로 이어지는 가느다란 여울목이었다. 바다가 얕았으므로 밀물 때도 작은 어선 외에 큰 전함이 지나다니기는 어려웠다. 당포해전에서 패배해 쫓긴 일본군이 이 여울목으로 왔을 때 배가 넘어가기 힘들었던 모양이다. 그러자 일본군은 얕은 여울목을 삽으로 파내고 배를 통과시켰다고 한다. 그때부터 이 지역은 바다를 판 곳이란 뜻으로 '판데목'으로 불렸고 한자어로는 착량이라 적었다(훗날 주민들이 썰물 때도 배가 다닐 수 있도록 본격적으로 굴착을 했고 그 위에는 다리를 놓아 인마가 통행

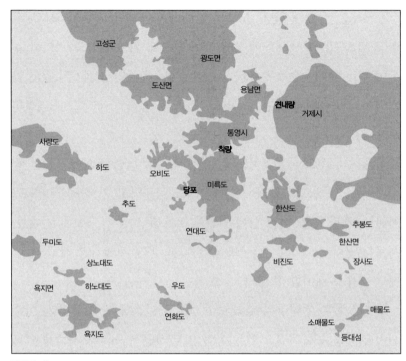

통영시 지도

하도록 조치를 했다. 1932년 일본인들은 자신들 조상의 고통을 생각해서인지 이곳에 큰 배
들이 동시에 교행할 수 있는 대형운하를 팠고 바다 밑에는 해저터널을 건설한다).

　동쪽의 견내량과 서쪽의 착량이라는 두개의 좁은 수로는 물때를
잘 아는 아군에게는 요긴한 길목이지만 현지 정보에 어두운 적군에
겐 결정적 장애물이 된다. 두룡포는 견내량과 착량이란 '협수로(狹水
路)'가 동서에 위치한 덕분에 활용도가 더욱 높아졌다. 결론적으로,
두룡포는 부산이나 전라도 지역이 적의 공격을 받게 될 때 재빨리 구
원할 수 있는 해상교통의 요지이면서도 적 함대의 침공을 사전에 인

판데목 옛 사진

지하고 충분히 차단할 수 있는 안전지대란 점에서 조선의 해방을 책
임질 통제영의 터전으로 선택됐던 것이다.

두룡포의 지리적 우월성은 통제영이 설치된 이후에도 수시로 강
조되었다. 인조 16년(1638년) 28대 통제사 신경인이 조정에 올린 보고
서이다.

"이곳은 내지에 있는 듯하지만 남쪽으로는 대양(大洋)으로 통해 있고
북쪽으로는 육지와 연결되어 있으며 서쪽으로는 굴량(堀梁)을 제어할

통영운하 전경

수 있고 동쪽으로는 견내량(見乃梁)에 임해 있어 호남과 부산 사이에 있
는 관방(關防)의 요해처로서는 이보다 나은 곳이 없습니다."

-조선왕조실록 인조 16년(1638년) 1월 15일자

　두룡포 언덕에 세병관(洗兵館)을 비롯한 장중한 관아건물군이 들어서
고 정식으로 통제영이 출범하기는 1604년 9월 9일의 일이다. 조일전쟁
종전 6년 만에 남해바닷가 한적한 어촌에 삼도수군통제영, 약칭 통영(統
營)이란 신도시(新都市)가 건설됐으니 '전쟁이 준 선물'이 분명하였다.

세병관 건축에 얽힌 전설

인적 드문 해변에 대군영을 건설하는 큰 역사(役事)였던 만큼 전설이 없
을 수 없다. 당시 지방관청 건축의 핵은 '국왕을 상징하는 중심건물'인
객사(客舍)를 짓는 일이었다. 통제영의 객사는 국보 305호 세병관(洗兵館)

세병관 경복궁 경회루, 여수 진남관과 더불어 현존하는 목조 고건축 가운데 평면 면적이 가장 넓은 건물이며 전체적으로 간결하면서도 균형 잡힌 아름다움을 자랑하는 조선시대의 대표적인 지방 관아 건축물로 역사성과 학술적, 예술적 가치가 있는 건물이다. 세병관 현판은 137대 서유대 통제사가 썼다.

이다. 세병이란 말은 두보의 시구인 '만하세병(挽河洗兵)'에서 나온 말로 '은하수 물을 끌어들여 병장기를 씻는다'는 뜻이니 평화를 염원하는 아름다운 이름이다. 세병관의 정문은 '그칠 지(止)'에 '창 과(戈)'를 써서 지과문(止戈門)으로 명명하였다. 창을 그만 사용한다는 뜻을 담았으니 역시 전쟁의 종식을 희망한 이름이다. 이런 세병관을 세우기 위해 터를 닦아 기초석을 놓고 아름드리 기둥을 세우는데, 장정 수십 명이 달라붙어 세우고 나면 금방 넘어지곤 해서 공사에 진척이 없었다. 어느 날 밤 이경준 통제사의 꿈에 백발 노인이 나타나 이르기를 "만백성을 구하고자 이 공사를 한다니 허락한다만 내가 일러주는 비방(秘方)을 엄히 지켜야만 할 것이다. 즉, 공사 터의 한가운데를 파면 물이 솟아 우물이 생길 것이다. 그런 후 사시(巳時, 오전 10시 경)가 되면 이곳 고갯길에 철립(鐵笠)을 쓰고 지나가는 사람이 있을 터이니, 그를 잡아다 우물에 집어넣고는 고사를 지내야만 비로소 만사형통하게 될 것이다"라고 했다.

잠에서 깬 통제사는 새벽부터 군사들을 동원해 우물을 파게 한 다음 사시가 되기를 기다렸다. 과연 때가 되니 저 멀리 고갯길로 검은 철립을 쓴 사람이 힘겹게 걸어오고 있었다. 통제사는 부하들에게 명하여 포박하라고 명령했다. 잡혀 온 사람을 살펴보니 무쇠가마솥 뚜껑을 머리에 인 비구니 여승이었다. 삼월 삼짓날을 맞아 부침개를 붙이기 위해 솥뚜껑을 이고 가다가 봉변을 당한 것이었다. 그러나 통제사는 꿈을 생각해서 여승을 우물에 빠뜨려 죽였다. 안타까운 희생이 있은 뒤에야 비로소 세병관 건물의 창건은 물론 통제영 설치를 위한 모든 역사(役事)가 아무 탈 없이 진행됐다고 한다. 전설의 진상은 알 길이 없지만 통제사가 생사람을 죽였을 리 없다고 할 때, 많은 승려가 공사에 동원됐고 희생이 적지 않았음을 은유한 것이 아닌가 여긴다.

제4장

통제사,
해상총독으로 군림하다

三道水軍統制營

해변의 수도(首都)가 된 삼도수군통제영

두룡포에 경상우수영을 건설하고 3년이 지난 선조 40년(1607년) 5월 6일 조정에서는 통제사의 격을 한층 높였다. 즉, 이때까지는 경상우수사를 본직으로 삼고 통제사를 겸하게 하였으나 이날부터는 통제사를 본임으로 하되 경상우수사를 겸하게 하여 직위를 높인 것이다 (이 조치로 해서 두룡포의 '경상우수영'은 진정한 의미의 '삼도수군통제영'으로 격상된다). 수사를 본직으로 했을 경우 각 도의 관찰사들이 간섭하고 통제하려 들었기에 서로 다툴 소지가 있었다.

당시 관찰사는 한 도(道)의 수장으로서 행정권과 사법권뿐만 아니라 병마절도사와 수군절도사의 군권도 함께 지닌 막강한 권력자였다. 관찰사는 문관 출신으로 훗날 판서와 정승 등 중앙정계의 실력자로 승진할 유력한 후보자들이었기에 무관 출신 수군절도사가 맞서기엔 어려운 상대였다. 조정에서는 해방의 총책임자인 삼도수군통제사의 위상을 보장해 주기 위한 목적에서 통제사를 본임으로 한 것이다. 지금껏 통제사는 경상우수사이면서 삼도수군이 연합작전을 펼칠 때 지휘권을 갖는 정도였지만 이제는 그 관할범위가 경상우도를 넘어 삼도의 해변 전체를 관장하게 되었다. 여타 수군절도사의 상관이라는 위상을 확실히 하는 한편 삼남 각 도의 관찰사와 대등한(실권은 우위) 위치에서 해방(海防)업무를 관장할 수 있었다. 이 조치로 해서 통제사는 삼남해변을 '통치' 하는 사실상의 총독(總督)이 되었고, 삼도수군통제영은 해변의 수도(首都)로 기능하게 됐다고 판단된다.

이후 역대 통제사들은 통제영이 위치한 경상도의 관찰사는 물론이고 전라, 충청도 관찰사 등과도 긴장관계를 유지하며 자신의 위치를 다져 나간다. 특히 경상도와 전라도는 조선 8도 가운데 첫 번째와 두 번째로 인구가 많은 지역이었기에 관찰사의 위상이 당당했지만 통제사에겐 통하지 않았다. 실록에 나오는 몇몇 사례들을 살펴보자.

"사간원이 아뢰었다. '통제사는 순찰사(관찰사)와 함께 공문을 통함에 있어 서로 대등하게 하는 규례가 있긴 하지만 통제사는 수군을 맡아 다스리고 순찰사는 전적으로 한 도를 다스리는 자리로 임무가 매우 중합니다. 따라서 통제사는 순찰사에 대해서 그 차이가 참으로 현격한데도 (통제사)김예직은 일의 체모를 알지 못하고 망령되이 자신을 높이고 크게 여겼습니다. 당초 공무를 처리하는 장소에서 있었던 긴요하지 않은 일로 인하여 엎치락뒤치락 서로 격동시키다가 태연히 장계를 올리기까지 하였습니다. 무인들의 거만한 습속을 징계하지 않을 수 없으니 파직하도록 명하소서.' 왕이 천천히 결정하겠다고 답하였다."

—조선왕조실록 광해군 12년(1620년) 7월 11일자

사간원은 문신들이 주도하는 기관이다. 16대 통제사 김예직이 경상도 순찰사(관찰사)와 다툰 일을 조정에 보고한 것을 두고 사간원의 관리들은 무관이 같은 직급의 문관을 우습게 여겼다며 흥분하고 있는 것이다. 이 에피소드를 통해 통제사가 경상감사를 오히려 얕잡아 보고 있었음을 알 수 있다. 통제사는 전라감사와도 긴장 관계에 있었다. 한 전라도 관찰사의 장계가 실록에 실려 있다.

"전라감사 이성구가 치계하기를 '통제사 이항이 거친 면포(綿布)를 각 읍에 나누어 보내 억지로 정조(正租, 벼)를 사들이게 하고 있는데… (중략) …면포 한 필의 값이 정조 10두(斗)인데 거친 면포 한 필 값을 무려 20두씩 억지로 매기고 있으니 백성들이 어떻게 견디겠습니까. 신은 통제사와 대등한 관계이기 때문에 금단할 수 없어 어쩔 수 없이 치계하니 묘당으로 하여금 억제케 하여 백성의 원망이 없도록 하소서' 하였다."

—조선왕조실록 인조 6년(1628년) 9월 17일자

통제사의 횡포가 심하지만 전라감사가 제지할 방법이 없으니 조정에서 해결해 달라고 하소연하는 것이다. 통제사와 감사가 한 자리에 있다면 누가 상석에 앉아야 할까? 이에 대한 답도 실록에 나온다.

"경상감사 홍방과 통제사 구굉이 좌석배치를 놓고 다투다가 해결을 보지 못하자 마침내 조정에 품달하였는데, 조정이 옛 관례에 따라 감사는 동벽(東壁)에 통제사는 서벽(西壁)에 앉게 하였다."

-조선왕조실록 인조 7년(1629년) 9월 1일자

통제영이 경상도 경내에 위치한 관계로 통제사와 경상감사가 어떤 행사장에서 함께 자리할 사정이 있었는데 누가 윗자리에 앉을 것인가를 놓고 신경전을 벌이다가 해결을 보지 못하자 조정에 판단을 의뢰한 것이다. 이는 통제사와 관찰사의 위상이 걸린 민감한 문제여서 비상한 관심을 모았다. 그러나 한쪽의 손을 들어줄 수는 없는 일, 동반(東班, 문신)인 관찰사는 동쪽 벽에 앉게 하고 서반(西班, 무신)인 통제사는 서쪽 벽에 앉게 함으로써 상호 대등한 관계임을 확인해 준 것이다.

통제사는 관찰사와 대등한 위상을 확보했지만 그 영역이 삼남에 걸쳐 있었기에 실제 '끗발'은 관찰사를 능가하고 있었다. 삼남의 해변고을들은 관찰사를 수장으로 하는 일반 행정체제보다 통제사를 정점으로 하는 '통제영 군정체제'의 영향을 더 강하게 받고 있었기 때문이다. 통제사는 군권뿐만 아니라 삼남해변의 행정권과 사법권, 징세권도 장악하고 있었다. 통제사가 해군사령관 수준을 넘어 해상총독으로 군림했다는 말이 과언이 아님을 알 수 있다('바다를 버린 나라'에서 해변고을들은 '2등 백성의 땅'으로 전락하여 사회문화적으로 열등한 평가를 받은 반면 경제적 부담과 군역 부담은 컸기에 필자는 내부식민지나 다름없었다고 본다. 통제사에게 '해상총독'이라는 그리 유쾌하지 않은 단어를 적용한 것은 이런 배경에서이다).

삼남해변의 군권과 행정권, 사법권, 재정권을 틀어진 통제사는 조정의 천 리 바깥에서 활동했던 만큼 별다른 방해 없이 그 힘을 삼도에 행사할 수 있었다. 특히 해변에는 퇴임한 고관이나 위세 높은 양반사대부 등 견제그룹이 거의 없었기에 더욱 그러하였다. 또 연해의 풍부한 물산이 통제영으로 집중됐고 이무(易貿, 국내무역)를 통해 경제적 실리도 쏠쏠했다. 그래서 통제사 한 번 하면 3대가 먹을 재산을 형성하는 것은 물론이고 후속 인사를 위한 정치자금도 충분히 마련할 수 있었다. 따라서 재임 중 불미한 사건이 생긴 특이한 경우를 제외하고는 통제사를 역임하면 경영대장(京營大將, 중앙군영의 대장)이나 판서 정도는 무난히 확보할 수 있었다.

통제사가 다스리는 해변의 통치구조는 삼도수군의 편제 그대로였다. 통제사를 중심으로 동래 땅에 경상좌수사, 여수에 전라좌수사, 해남에 전라우수사, 보령에 충청수사가 각각 버티고 있었다. 통제사의 직할 군영인 경상우수영을 중영(中營)으로 해서 전라좌수영은 전영(前營), 경상좌수영은 좌영(左營), 전라우수영은 우영(右營), 충청수영이 후영(後營)으로 5영 체제를 이루었다. 각 수사들은 휘하에 첨사와 만호들을 지휘하고 있었고 통제사 스스로도 경상우수사가 되어 관내의 여러 포구들을 직할했다.

'36,009장졸-548함대' 병권(兵權)을 쥐다

통영시에서는 매년 여름마다 세병관을 중심으로 시내 전역에서 한산대첩 행사가 열리는데 이때 군점(軍點)을 실시한다. 군점이란 병사와 무기체제 태세를 점검하는 행사다. 과거 통제영 시절부터 내려온 중요한 절차이다. 이 군점 행사를 보면 점고를 해야 할 통제사 휘하의 삼도수군은 '3만 6천 9명의 장졸에 548척의 함선'으로 돼 있다. 군점이 격식화돼 전해질 시절의 통제영 휘하 실병력과 전선(戰船) 숫자를 뜻한다. 그러나 전선과 병졸의 숫자는 유동적이었으니 1770년엔 통제영 휘하 삼도수군 전선은 584척으로 늘었다.

그렇다면 3만 6천여 장졸과 548척의 전선이 지닌 의미는 어느 정도일까? 조선 수군 전력의 90%였고 전체 조선 국방력의 4분의 1 이상이었을 것으로 여겨진다. 차근차근 살펴보자.

우선 전체 수군에서 삼도수군이 차지하는 비중부터 본다. 총 군함의 숫자를 본다면 삼도수군이 대체로 75%를 점한다.(표: 통영시지, 개정판 2018 p366) 즉, 1746년의 경우 전국의 전선 776척 가운데 삼도전선은 583척이었고 1770년엔 전체 800척 가운데 584척, 1808년에는 전체 780척 가운데 568척이었다. 그러나 단순 숫자는 중요하지 않다. 예나 지금이나 해군은 전선의 규모가 중요하다. 큰 전투함과 작은 전투

	1746년		1770년		1808년		1817년	
전선	111	117	77	83	88	94	98	104
귀선	13	14	39	40	29	30	17	18
방선	34	76	54	97	37	79	34	73
병선	137	161	127	149	128	154	129	154
사후선	285	318	272	302	271	292	–	–
기타선	3	90	15	129	15	131	3	4
통영	200		182		178		87	
삼남 전국	583	776	584	800	568	780	281	353

조선 후기 삼남의 군선 보유수

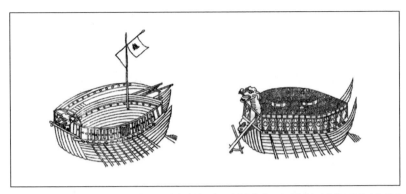

통제영귀선과 전라좌수영귀선　'이충무공전서'에 기록된 통제영귀선(왼쪽)과 전라좌수영귀선(오른쪽)이다. 통제영귀선과 전라좌수영귀선의 큰 차이점은 뱃머리 부분으로 거북머리의 목이 짧은 형태가 통영귀선이다.

함의 공격력은 비교가 되지 않는다. 어른과 아이의 싸움을 생각하면 이해가 빠르다. 조선 수군의 주력 전투함은 판옥선과 거북선이었다. 그런데 이 주력 전투함 대부분이 삼도수군 휘하에 있었다. 1770년의 경우 판옥전선은 전국 83척 가운데 77척이, 거북선은 40척 가운데 39척이 삼도수군 휘하에 있었다. 또 병선(兵船)과 사후선(伺候船) 등 중소규모 전투함도 삼도수군이 주로 보유했다. 경기수영과 황해수영 등 나머지 수영에서는 방선(防船)이 조금 있었을 뿐이고 제대로 된 전투함이라 보기 힘든 기타선이 주를 이뤘다. 이 때문에 삼도수군을 제외한 나머지 각 도의 수군 전력은 보잘 것이 없었다. 조선 수군의 90% 이상이 삼도수군이었다는 말은 과장이 아니다.

또 이만한 전력은 조선 전체 국방력의 25% 이상이었다고 추정된다. 당시 조선사회에서 동원 대상 군졸의 숫자는 100만 명에 가까웠다지만 이는 서류상 병사일 뿐, 실제 수(戍)자리에 나선 병사의 숫자는 그리 많지 않았다. 대개 베(布)를 내는 것으로 수자리를 대신했다. 이를 방군수포제(防軍收布制)라고 한다. 그런 만큼 조선 후기의 실제 병력은 10만 명을 웃돌지 않았을 것으로 추정되고 있다. 이런 상황에서 통제영 산하의 실병력이 3만 6천 명에 이른다는 것은 결코 적은 숫자가 아니다. 여기에 군선을 548척 이상 확보하고 있으니 같은 숫자의 육군에 비해 전력의 크기는 몇 배 월등하다고 할 것이다. 대포를 활용한 조선 수군의 전투력은 조일전쟁 때 이미 입증된 바 있다.

조선 후기 주적(主敵)은 남쪽의 일본과 북쪽의 청나라였으니 편의상 각기 절반의 전력으로 대비했다고 치자. 이 중 남쪽의 적 일본에 대해서는 수군이 절반 이상의 역할을 담당할 수밖에 없었고 그 수군은 통제사의 지휘를 받는 경상·전라·충청의 삼도수군이 주력이었다. 그런 만큼 통제영 산하의 수군 전력이 조선 전체 전력의 4분의 1 이상이란 것은 과장이 아니며 실제론 그 이상이었을 것이다(조선 후기에 청나라는 조공을 바치는 황제국이었기에 군사적 충돌에 대비할 이유는 크지 않았고, 최대 주적은 남쪽의 일본이었다. 그랬기에 삼도수군의 비중은 현재의 해군보다 훨씬 컸고 통제영의 위상도 지금의 해군본부보다 높았다. 그러나 조선 말기로 접어들면서 강화도 등 경기만을 지켜야 할 필요성이 커진 반면, 삼도수군의 비중과 위상은 점점 하락된 것이 사실이다).

경상·전라·충청 3도의 각 해변 포구에 흩어져 있는 3만 6천여 장졸과 548척의 전선을 통합, 절제(節制)할 수 있는 군권이야말로 통제사 권력의 본질이었다. 당시 조선의 어떤 장수들도 이만한 휘하 병력을 거느리지 못했다. 조일전쟁 때 입증된 것이지만 전선으로 무장한 수군의 힘은 같은 수의 육군보다 훨씬 강력했다. 물론 훈련대장이나 어영대장 등 중앙군영 대장들의 위상이 통제사보다 높았지만 휘하 병력의 숫자에서는 비교가 되지 못하였다. 만약 통제사가 휘하 병력을 몰아 서해를 거쳐 한양으로 진격한다면 이를 저지할 무력은 사실상 없었다. 따라서 통제사의 병권을 누가 장악하느냐는 정치적으로도 민감한 사안이었다. 제1장에서 언급했듯이 1623년 인조반정 당시 반정군 핵심세력들은 진도군수 구인후를 서울로 불러올리는 대신 서둘러 삼도수군통제사로 임명해 기존의 통제사 원수신(원수신은 광해군 후궁의 아버지로서 임금의 최측근 인물이었다.)을 체포하고 통제영을 장악하게 하였다. 이는 통제사의 병권이 지닌 정치적 비중을 실감케 해준 사례이다.

통곤(統閫)으로 불렸던 통제사는 '곤외(閫外, 대궐의 바깥. 서울이 아닌 변방을 뜻함.)의 무장'이었지만 휘하의 막강한 병력을 지휘할 수 있는 힘, 군권 자체만으로도 충분한 위상을 보장받았던 것이다. 36,009장졸과 548함대를 거느린 삼도수군통제사는 군사력 측면에서 가히 왕 다음가는 인물이었다. 삼남해변은 '통제사 군령이 곧 법'인 특수지역이었고 그 때문에 수군통제사는 해변의 총독같은 존재였던 것이다.

통제사 병권의 핵심 수조권(水操權)

통제사 병권의 중심에는 수조권(水操權)이 있었다. 수조란 삼남의 해변에 넓게 포진해 있던 수군을 통제영 앞바다 한 자리로 불러모아 합동훈련을 시키는 일을 말한다. 수조 시행권은 통제사의 힘을 구체적으로 행사할 수 있는 좋은 방편이었다.

수조는 매년 두 차례 열렸으니 봄에는 삼도수군, 또는 경상-전라 양도 수군이 통영 앞바다에 집결해서 합동훈련을 실시하는 것으로 춘조(春操)라고 했다. 이 중 삼도수군 합동훈련을 통조(統操), 경상-전라 양도 수군의 합동훈련을 합조(合操)라고 구분했다. 가을에는 각 수영별로 개별 훈련을 실시했으니 추조(秋操)라 불렀다. 통제영은 경상우수영을 겸하고 있었기에 추조는 경상우수영 단독 수조로 실시됐다.

봄철… 통제영 앞 바다에 삼남의 수군과 전선들이 총집결해서 일자진과 장사진, 학익진 등 각종 진형을 형성하며 가상의 일본 해군과 모의 전투를 치르는 대형 전투훈련 장면은 참으로 볼만했다고 한다. 전선에서 발사한 대포소리는 내륙 깊숙이 울려 퍼지며 수군의 존재를 백성들에게 각인시켜 주었을 것이다.

수조를 실시하려면 민생에 지대한 영향을 미치는 것은 당연한 일이었다. 수많은 인력과 물자를 일시에 동원하려다 보니 민폐도 많았다. 통제사의 부하인 해변고을의 수령들은 수조 준비를 소홀히 할 수가 없었으니 전선을 수리하고 화약 등 각종 무기를 규정대로 확보하는 일, 식량과 땔감을 구하는 일 등 첩첩산중이었다. 또 행정업무상 지방관들이 해변백성을 부릴 일이 있더라도 수조 때문에 이루지 못한 일들이 많았다. 그러므로 해당 수군은 물론이고 삼남연해의 수령에서 관찰사에 이르기까지 수조는 꽤나 부담스럽게 여겼다. 물론 흉년이 들거나 홍수, 가뭄이 심할 경우, 질병 유행 시기 등 민생을 동원하기가 힘들 때는 수조를 생략하기도 했다. 관찰사 등이 조정에 장계를 올려 수조를 연기하거나 생략해 달라고 요청하기도 했고 조정에서 형편을 보아가며 수조 중지를 명하기도 했다. 그러나 수조 실시 여부의 키를 쥔 인물은 어디까지나 통제사였다. 그러므로 통제사는 1년에 적어도 두 번은 국토방

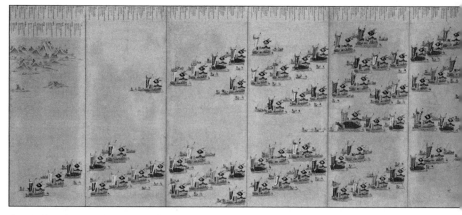

수조도 병풍　거북선을 포함한 대·소 전선들의 진법 훈련 모습을 12폭 병풍에 그린 수군조련도로 그림 상단의 부두 기에는 당시 각 진영에서 동원된 전선, 병력, 군량미와 본영과의 거리가 적혀 있어 사료적 가치가 더 크다.

위를 명분으로 삼남 일대에 비상을 걸 수 있는 힘이 있었다. 즉, 통제사의 수조 시행권은 삼남의 백성과 문무 관리들의 일상적인 삶에까지 커다란 영향을 끼쳤던 셈이다.

또 수조가 끝난 뒤에는 삼남의 수군장졸들이 응시하는 주사도시(舟師都試)가 통제영에서 실시되었다. 이는 관찰사가 시행한 각 도의 도시(都試)와 유사한 것으로 삼도수군의 사기를 높이고 연무를 장려하기 위한 무과시험이었다. 주사도시에 합격한 군사에게는 중앙의 무과 전시(殿試)에 응시할 수 있는 자격을 주었고, 이미 무과에 합격한 자에게는 군관직을 제수했으며 군관은 벼슬을 높여 주었다. 통제사는 주사도시를 통해 무관 장교를 선발하는 권한도 일부 지닌 셈이었다.

'해상총독' 통제사의 권력

통제사는 36,009명의 장졸과 548함대를 지휘하는 병권(兵權) 외에

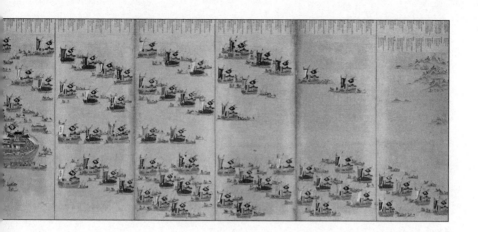

도 해변의 모든 자원(資源)을 활용할 수 있는 권력을 부여받고 있었다.
조일전쟁 시기 초대 통제사 이순신이 시작한 '총동원 체제'의 전통이
일정 부분 계승된 셈이다. 통제사의 힘은 군사방면은 물론이고 행정
과 경제, 사법 분야까지 포괄하였고 그 방대한 권력을 삼남해변의 70
개 고을에 직간접적으로 투사할 수 있었다.

통제사의 행정권

통제사는 경상우수영 관내를 직할지로 하는 한편, 휘하의 여러 수
사와 수령 등을 통해 삼남 전 지역에 영향력을 미쳤다. 당시 고을수
령들은 문관 출신이든 무관 출신이든 모두가 군무(軍務)를 부여받고
있었다. 장정을 선발해서 병사로 보내는 병무행정을 수행하는 것은
물론이고 전쟁이 일어나면 사또가 장수가 되어 적과 맞서 싸울 의무

가 있었던 것이다. 그런 만큼 수령들에게 있어 군사행정은 일반행정 못지않게 중요한 임무였다. 대표적인 군무행정이 군역을 배정하는 일과 장정들로부터 군포를 받아내는 일이었다. 흔히 군정(軍政)은 전정(田政), 환곡과 함께 3정(三政)의 하나로 불리면서 조선 후기에 가면서 극히 타락상을 보이는 분야이다. 이 군정 수행과정에서 삼남의 수령들은 모두 통제사와 관계를 맺지 않을 수 없었다. 통제영에 소요되는 재정을 충당할 곡식을 확보해서 보내는 일과 수군 병사를 선발해 보내주는 일이었다.

영조 대에 123대 통제사를 역임했던 정여직(鄭汝稷)은 이를 분명히 했다. "삼남의 수령은 모두 통영의 관할이나, 근래 공무에 있어서 지체하는 바가 있어도 그 책임을 묻는 일이 없습니다. 그로 인해 삼남 수령이 통영의 일을 보는 것이 무용지물에 가깝고 게을러 거행하지 아니하며 평시에도 능히 영을 행하지 않습니다. 그러니 어찌 위급한 일을 믿겠습니까? 차후로는 군수(軍需)와 군향(軍餉, 군량미를 조달하는 일), 군포(軍布, 군비 마련을 위해 장정들로부터 베를 받던 일) 등에 전과 같이 태만하고 소홀하는 일이 있으면 응당 해당 수령의 죄를 물어야 할 것입니다."

정여직의 언급은 통제사의 호령이 삼남의 수령들에게 제대로 통하지 않는다고 엄살을 부리면서 장차 각 수령들에게 통제영 운영을 위한 군수물자 제공을 강하게 압박할 것임을 밝히는 내용이다. 통제사가 각 수령들에게 군무행정을 빌미로 큰 영향력을 행사했음을 알게 해주는 기록이다.

통제사는 또 관할구역인 경상우수영 관내 수령과 부하 장수들에 대해 인사고과를 매기는 포폄권(褒貶權)이 있었다. 즉, 경상우도의 11개 속읍(진주목, 창원부, 김해부, 하동부, 거제부, 곤양군, 웅천현, 고성현, 남해현, 진해현, 사천현)의 수령과 4명의 첨사, 만호 11명, 권관 2명, 소모별장 4명과 본영의 우후, 영하 제읍진의 전선장(戰船將) 등에 대한 인사고과를 행사하였다. 이는 일반 수군절도사와 동일했지만 경상우수영은 관할범위가 가장 넓었다.

통제사 직할 경상우수영 지역 외에 경상좌수영 관할과 전라좌우수영, 충청수영 관할 구역은 통제사의 간섭 정도가 경상우도에는 못 미쳤지만 해당 수사(水使)를 통해 간접적으로 지배하였다. 각 도의 수사들과 첨사, 만호 등 수군장수들은 통제사에게 시시콜콜한 내용을 수시로 보고해야 했다. 1792년부터 2년 동안 동래의 경상좌수사를 역임한 강응환(姜膺煥)이 쓴 내영정적(萊營政蹟)이란 책자를 보면 그는 소나무를 내다 판 내역까지 통제사에게 보고하고 있다.(정경주, 『국역 내영정적』, 부산광역시사편찬위원회, 1997)

특히 해변고을의 수령들은 문무관을 가리지 않고 전시엔 통제사의 휘하에서 수군을 지휘할 책무가 있었다. 명량해전 당시 거제현령 안위가 이순신과 함께 출전하는 모습은 잘 알려져 있다. 그러기에 평시에도 각 수령들은 군정 수행과정에서 통제사의 지휘를 받지 않을 수 없었으니 수군역의 배정과 군수물자의 공급 의무를 이행해야 했다. 또 통제영에서 수조(水操)가 거행될라치면 휘하의 장수들을 거느리고 통영 앞바다로 달려가 통제사의 명령을 받들어야 했던 것이다.

이렇게 통제사의 직접 지휘를 받는 해변의 속읍(屬邑)은 경상도 71

개 고을 가운데 15개, 전라도 56개 고을 가운데 17개, 충청도 54개 고을 가운데 13개 고을이었으니 삼남 181개 고을 가운데 25%인 45개 지역이 통제사의 직접 영향력 하에 놓인 셈이었다. 이 45개 해변 고을이야말로 '해상총독(통제사)의 통치권역'에 포함돼 있었다고 하겠다. 삼남의 해변수령들은 관찰사와 통제사의 지휘를 동시에 받았기에 상전이 2명인 셈이었고 행정에서의 어려움은 그만큼 클 수밖에 없었다. 어찌됐건 통제사는 해변의 질서를 관할하는 힘, 즉 해변의 행정권도 상당 부분 확보하고 있었던 것이다.

봉산(封山)·송전(松田) 감독권은 통제사가 지닌 대표적인 행정권이었다. 당시 조선에서 소나무는 중요한 전략물자로 간주됐다. 대형 전선이나 조운선을 건조하기 위해서는 규격에 맞는 소나무가 있어야 했다. 특히 배의 저판(底板, 밑판)에 대기 위해서는 거대하게 성장한 나무가 필요했다. 또 소금을 구워 전비를 마련하기 위해서는 화력 좋은 소나무 장작이 많이 소요되었다. 대궐이나 각 관청을 새로 짓거나 수리할 경우에도 소나무 재목이 필수이니 그때마다 관찰사나 통제사, 수사 등에게 큰 소나무를 보내라고 요구하였다. 따라서 어린 소나무를 잘 보호해서 수십 년 만에 아름드리 소나무로 생장시키는 일은 중요한 행정업무의 하나였다. 소나무를 보호하기 위해 벌채를 금하는 일을 금송책(禁松策)이라고 했는데 매우 중요한 시책이었다.

숙종 10년(1684년) 갑자년에 마련된 갑자금송사목(甲子禁松事目)은 송정책(松政策)의 대표적인 사례였다. 금송을 범할 경우 죄가 컸다. 금송사목에 의하면 살아 있는 소나무를 벤 자는 곤장 100대를 맞아야 했고 마른 소나무를 벤 경우에도 곤장 80대를 맞아야 했다. 이 정도면 건강한 사람도 죽거나 중상을 입게 마련이다. 많은 나무를 베었을 경우엔 유배형에 처하거나 목을 베기도 했다.

만기요람에 따르면 영남해변 8개 고을과 16개 진의 소나무 가운데 문제가 있는 비정상적인 소나무 1만 8천 316주가 등록돼 있다. 이들 소나무는 그 실태에 따라 고송(枯松, 마른 나무), 거피송(去皮松, 껍질이 벗겨진 나무), 투작송(偸斫松, 몰래 도끼에 찍힌 나무), 풍락송(風落松, 바람에 넘어간 나무) 등으로 구분하고 있다. 또 크기에 따라 대(大)-중(中)-소(小)-아(兒)-치송(稚松) 등 5단계로 세밀히 분류돼 관리됐음을 알 수 있다. 다 죽은 소나무를 이렇게 세세히 기록해 관리할 정도이니 크고 건강한 나무는 두말할 나위가 없다. 실록에도 송전의 관리를 소홀히 한 관리를 파직하거나 나무를 벤 사람을 처벌한 사례가 무수히 발견된다. 조선판 에너지정책인 금송책(禁松策)은 국가대사(國家大事)의 하나였다.

소나무는 내륙에서도 많이 자랐지만 수송하기가 어려웠던 탓에 해변이나 섬지방의 소나무가 특히 중요하게 취급됐다. 따라서 벌목한 소나무를 배로 운반하기 쉬운 해변 곳곳마다 송산(松山)을 지정해 함부로 벌채할 수 없도록 엄히 규제하고 있었다. 삼남에서 저명한 송산으로는 충청도의 안면도, 전라도의 변산반도와 완도, 금오도, 절이도, 경상도의 거제도와 남해도 등이 있는데 모두 해변에 위치한 것이 특징이다. 이들 해변 송전의 1차 관리책임은 지방수령에게 있었지만 통제사는 송전 관리실태를 검찰(檢察)할 수 있는 권한이 있었다.

그런데 소나무는 전선(戰船) 제조에도 필수적이지만 건축물을 짓거나 가구, 농기구 등의 제작에도 꼭 필요한 것이었다. 소나무를 장작으로 쪼개면 연료용으로도 요긴했다. 그런 탓에 소나무를 벌채해서 몰래 팔면 이익이 많았다. 굳이 시장에 내다 팔지 않더라도 집을 짓는 등 개인적 필요에 의해 잘 관리된 송전의 나무를 벌채하는 경우는 비일비재하였다. 그러나 넓은 산에서 이뤄지는 소나무 도벌을 잡아내기란 쉬운 일이 아니다. 또 송전에 산불이 날 가능성도 많았다. 따라서 지방의 관리들은 자신의 목줄이나 다름없는 소나무밭 보호에 큰 관심을 기울였지만 넓은 송전을 잘 관리하기란 쉬운 일이 아니었다. 그런 탓에 통제사는 송전 실태의 검찰을 이유로 수령들의 업무에 얼마든지 간섭하고 압박할 수 있었다.

통제사의 사법권

통제사는 휘하의 고을수령이나 각 진(鎭) 무관들의 인사고과권뿐 아니라, 이들을 직접 처벌할 수 있는 권한도 갖고 있었다. 즉, 군무 수행과정에서 하자가 발견됐을 경우나 상관에 대한 모욕 등은 군법으로 다스렸다. 전통시대 동양사회에서 군법에 의한 처벌은 감당하기 힘든 것이 특징이다. 한 예를 들면 5대 통제사 류형(柳珩)은 경상도 웅천현감 조익(趙翼)과 사이가 나빴는데 순시 때 일부러 사잇길로 가서는 마중 나오지 않았다는 핑계로 곤장을 무수히 때려 죽음에 이르게 하였다. 이는 극단적인 경우여서 대사간이 류형의 파직을 촉구하는 사태까지 초래하였지만 통제사가 산하 수령에 어느 정도로 군림할 수 있었는지를 보여준 대표적인 사례이다. 통제사 구인후는 이와

관련해 "수령의 죄를 주는 일은 통제사의 권한이지만 관찰사는 한 도
(道)의 주장이므로 함께 알아야 마땅하므로 수령을 벌 줄 때는 멀고
가까움을 가리지 않고 관찰사와 의논하여 처리하겠다."는 장계를 보
내며 짐짓 관찰사를 배려하기까지 하였다.

관리들뿐 아니라 일반 백성들도 통제사의 사법권 내에 있었다. 예
컨대 송전(松田)에 몰래 숨어들어 소나무를 벨 경우나 금지된 해역을
항해했을 경우 등 법률 위반시 처벌을 가할 수 있는 사법권도 갖고
있었다. 고종 4년(1867년) 경상도 암행어사 박선수가 올린 보고서에 나
오는 통제사의 위력을 보자.

"통제사 김건(金鍵)입니다. 임금의 은명(恩命)을 두 번째 입었기 때문에 부
귀영요[榮耀]가 대단했으며 위명이 일찍 드러났기 때문에 그에 대한 기대
는 컸습니다… (중략) …그러나 연읍의 봉송(封松)을 마치 돈이 되는 기화
(奇貨)로 간주했으며 사납고 교활한 명령을 발표하여 넉넉한 백성들을 광
범위하게 잡아들였습니다. 개인이 키운 소나무[私養松]를 파는 것은 위법
이 아니며 오래된 목재를 가지고 집을 짓는 것은 범금(犯禁)과는 무관합
니다. 하지만 그 일들을 처리하는 과정에서 큰 도끼와 작은 도끼 등 형구
를 가지고 위엄을 드러냈으며 생사여탈의 권력을 통해 협박했습니다.
곤양(昆陽)사람 조기용에게 3만 냥을 내놓으라고 협박했습니다… (하략)"

－일성록(日省錄) 문화원형백과에서 재인용

해방(海防)을 명분으로 걸핏하면 군법을 적용했던 만큼 통제사가 행
한 사법권은 대체로 일반 수령들보다 혹독하였다. 더욱이 휘하에 언

제든지 동원할 수 있는 장교와 군졸이 많았던 만큼 통제사가 결심하면 누구나 손쉽게 잡아다 형벌을 가할 수 있었다. 조선왕조의 문무관리가 권한을 남용하거나 백성을 괴롭힌 사례를 찾기란 그다지 힘든 일이 아니다. 칼을 찬 통제사는 평균적으로 문관보다 더 가혹하게 권력을 행사했다고 봐야 솔직하다. 통영에서는 지금도 통제사가 군졸을 시켜 사형수의 목을 자르기 전에 마지막으로 흰쌀밥을 먹였으며 그들의 잘린 목을 물웅덩이에 빠뜨렸다는 이야기가 전설처럼 전해온다. 나라에서 금한 서학(西學, 천주교)을 믿었다거나 몰래 소나무를 벤 농민, 통제영 소속 어장에서 고기를 잡은 어민 등 가난하고 힘없는 백성들이 작은 죄를 지었다가 목이 달아나곤 했던 것이다.

통제사의 경제권

통제사는 경제적으로도 큰 영향력을 행사할 위치에 있었다. 조정에서 '해방 본영을 원활하게 운영하기 위함'이란 이유로 통제영에 많은 재정적 양보 조치를 취했기 때문이다. 특히 통제영을 설치한 초기에는 재정 사정이 매우 튼실하였다. 우선 조일전쟁 때부터 경영하던 둔전의 수입이 막대했다. 광해군 원년(1608년) 10월, 경기도가 흉년으로 굶주리자 통영의 둔전곡식을 배로 실어다가 백성들에게 먹이는 등 통제영의 풍부한 군량미는 전국 각지의 기민을 구제하는 데 요긴하게 쓰였다.

또 삼남해변의 각 고을에 군액(軍額) 명목의 세금으로 군량미를 할당해 억지로 걷는 '무식한 방법'도 사용했다. 광해군 5년(1613년) 8월의 실록을 보면 "사헌부에서 아뢰길 통제사 우치적은 군량미를 갖춘다고 빙자해서 여러 고을에 군관을 보내서는 소금과 미역 등을 가져갑니다. 그리고 쌀을 억지로 할당하니 수령들은 이를 마련할 수가 없어 부득이 백성들에게 떠넘긴 다음 기한을 정해 징수합니다… 이 때문에 백성들의 원성이 하늘을 찌를 듯합니다…"라는 내용이 나온다.

인조 6년(1628년)에도 전라감사가 통제사의 횡포를 조정에 보고한 내용은 앞서 언급한 바 있다.

"전라감사 이성구가 치계하기를 '통제사 이항이 거친 면포(綿布)를 각 읍에 나누어 보내 억지로 정조(正租, 벼)를 사들이게 하고 있는데 본도가 약간 곡식이 영글었다고는 해도 재난을 당한 것과 마찬가지로 심합니다. 그런데 현재 시장가격으로 면포 한 필의 값이 정조 10두인데 거친 면포 한 필 값을 무려 20두씩이나 억지로 매기고 있으니 백성들이 어떻게 견디어 내겠습니까. 신은 통제사와 대등한 관계이기 때문에 금단할 수 없어 어쩔 수 없이 치계하니 묘당으로 하여금 억제케 하여 백성의 원망이 없도록 하소서' 하였다."

－조선왕조실록 인조 6년(1628년) 9월 17일자

이처럼 통제사들은 군량미를 마련한다는 명목으로 수시로 산하 고을에 곡식을 할당해 거둬가는 전횡을 부렸다. 그러나 통제사는 고을 수령은 물론이고 관찰사도 제지할 수 없는 권력자였기에 조정이 나서지 않는다면 아무도 그 횡포를 저지할 수 없었다.

여기서 한 발 나아간 재정대책이 '통영곡(統營穀)'의 운영이다. 통영곡이란 '통제영 환곡'을 줄인 말이니 통제영에서 환곡을 운영해서 재정을 마련해 나갔다는 뜻이다. 통영곡 운영은 균역법의 시행에 따라 군포가 장정 한 사람 당 매년 2필에서 1필로 줄어들게 되자 이를 벌충하려는 의도에서 본격적으로 시작되었고 국가의 재정체계가 흔들리면서 더욱 강화되었다. 통영곡도 일반 고을이나 감영 등에서 운영하던 환곡과 마찬가지로 봄철 보릿고개 때 곡식을 빌려줘서 가을 수확기에 이자를 붙여 받아들이는 식리(殖利)의 방편이었다. 여기서 얻는 이익으로 통제영의 재정으로 삼았던 것이다. 그러나 백성을 구휼하기 위한 목적에서 비롯된 환곡은 점차 중앙과 지방 각 관청의 재정 수입책으로 변질되면서 폐해가 커졌다. 백성들이 굳이 원하지도 않는데 강제로 떠맡기듯이 운영했는가 하면 적게 주고 많이 받아가는 등 운영과정이 엉망이어서 원성이 컸다. 환곡의 문란은 조선이 멸망한 중요한 원인 가운데 하나로 꼽히는데, 그 중에서도 통영곡은 삼남 백성의 원성을 한 몸에 받던 '가장 악명 높은 환곡'이었다.

수군통제영이 거느린 수많은 전선들도 통제영 재정확충을 위한 중요한 방편이 되었다. 전선에 곡식과 소금, 어물 등을 싣고 내륙 각 지역으로 다니며 상행위를 공공연히 했던 것이다. 이를 무판(貿販) 또는 환무(換貿)라고 하였다. 무판은 통제영 산하 군관들의 급료와 장졸들의 접대비 마련을 위한 편법적 방편이었지만 점차 관행화되어 사회적으로 큰 물의를 일으켰다. 전쟁에 쓸 군함을 장사에 이용한다는 것도 문제지만 지역 간 가격차이를 이용해 예사로 폭리를 취하였기 때문이다. 무판은 문제가 많았지만 통제영의 막대한 재정충당을 위해서는 불가피한 측면도 있어 조정도 어쩌지를 못하였다. 정조 22년(1798년)에는 왕이 역대 통제사들을 불러 대책을 논의할 정도였다.

"(영남어사 여준영이 아뢰기를) '통영에서 곡식을 사들이는 것이 강변 여러 고을에 지탱하기 어려운 폐단이 되고 있습니다. 곡식을 열읍에 분배하는 것이 한도가 없는데 1냥만 내고 1석의 실곡(實穀)을 받아들이니 간악한 아전들의 더 지급하는 행위와 탐오한 수령들의 빙자하는 행위가 여기에서 비롯됩니다. 강제로 지급하고 불법으로 징수하는 폐단이 한두 가지가 아니어서 매양 수납(輸納) 때를 당해서는 축난 것을 보충한다는 명목의 불법 징수와 상부 아전에게 보내는 상납금의 증가가 또 끝이 없습니다' 하였다… (중략) …왕이 통제사를 지낸 사람들에게 각각 의견을 진술하도록 하였다. 한성판윤 이경무가 말하기를 '통영에 필요한 2만여 석은… (중략) …경상도 강해(江海) 연안의 고을에서 환무(換貿)하는 방법 외는 생각할 수가 없습니다. 영남 같은 넓은 지역에서 1만 석 정도를 사오는 것쯤이야 어찌 민읍에 폐가 될 것이 있겠습니까' 하였고, 대호군 조심태가 말하기를 '통제영의 형편으로 말하자면… 양호(兩湖, 호남과 충청)에서 돈을 받아 영남에서 무역하는 일을 엄격히 막을 수가 없습니다… (중략)' 하였다."

－조선왕조실록 정조 22년(1798년) 4월 27일자

해세(海稅) 징수도 통제영 재정의 한 방편이었다. 해세란 어업과 소금업, 선박 등록과 운영 등에 부과하는 세금을 통틀어 말함이다. 8도의 관찰사가 4년에 한 번씩 선박과 염전, 미역 밭, 어장 등지를 점검해서 세금을 매기면 각 해변고을에서 세금을 걷어 나라에 바치는 것이 해세였다. 버려뒀던 해변이 조일전쟁을 계기로 일정 정도 개발되면서 해세는 상당량에 달했다. 통제영이 처음 설치됐을 때는 삼남의 해세가 모두 통제영 소관이었다. 영조 27년(1751년) 균역법(均役法)의 시행과 함께 해세의 징수권이 균역청으로 넘어갔는데 당시 해세의 총량은 균역청 세입 60만 냥 가운데 20%인 11만 4천 300냥에 이르렀다고 하니 해세가 통제영 재정에 어느 정도 보탬이 됐을지 짐작할 수 있다.

균역법 시행으로 해세징수권을 잃으면서 통제영은 심한 재정압박을 받았다. 이에 따라 통제영은 '관방의 중지(重地)'란 점을 강조해서 매년 1만 냥을 환급받았다(영조 29년, 1753년). 여기에 덧붙여 정조 3년(1779년)부터 경상도 남해안 지역의 해세는 모두 통제영에서 거둬 운영에 보태도록 조치하였다. 경상도 남해안은 수산업과 제염업이 성한 지역이었던 만큼 해세가 많았다. 균역청 발족 당시 경상도의 해세는 2만 7천 400냥이었다고 하니 경상도 남해안의 해세는 족히 2만 냥은 됐을 것으로 추정된다. 예로부터 경상도의 동해보다는 남해의 수산업이 성하므로 남해안의 해세가 더 많았을 것이기 때문이다.

여기에 덧붙여 통영은 자체적으로 어장과 염전을 운영해 재정에 보태 쓰고 있었다. 숙종 원년(1675년) 궁가(宮家)에서 가덕도 주변 해역의 어장운영권을 자의적으로 가져가자 통제영이 해방의 중요성을 들어 되돌려 받기도 하였다. 조선 후기 들어 왕자나 공주의 집안들이 서남해 해도(海島)의 농장이나 어장을 마음대로 수탈한 것은 악명이 높지만(김대중 전 대통령의 고향인 전남 신안군 하의도와 인근 암태도 등의 섬들이 공주의 결혼지참금 등의 명목으로 공주방, 사대부가에 불하됐다는 것은 잘 알려져 있다.)

통제영 관할 어장은 함부로 건드리지 못했다.

창고업도 통제영과 통제사가 갖고 있던 중요한 경제권 가운데 하나였다. 당초 통영곡을 원활히 운영하기 위해 해변이나 강변의 수상(水上) 물류기지에 창고를 세워 쌀과 보리 등을 저장하였다가 백성들에게 빌려주곤 하였으니 이를 통영창(統營倉)이라 불렀다. 환곡 운영을 위해 설치된 통영창은 점차 곡물 외에 무명과 해산물, 땔감 등을 비롯한 다른 상품까지 저장하면서 경제적 이윤 창출이 막대하였다 (통영창은 통제영 영하에 설치된 통영내창과 통제영 바깥에 설치된 통영외창으로 구분된다. 통영외창으로는 전라도 나주와 무안 경계지역에 자리 잡은 당곶창(唐串倉)과 섬진강변에 자리 잡은 광양 섬진창(蟾津倉), 낙동강변 삼랑진의 밀양 삼랑창(三浪倉), 창원 마산창(馬山倉) 등이 유명하였는데, 모두 중요한 물류기지에 세워진 것이 특징이다).

통제영에서는 동전을 주조하는 주전(鑄錢)도 행해졌다. 지금도 통영시에 '주전골' 이라는 옛 지명이 남아 있으니 대규모 주전이 행해졌던 데서 유래한 것이다. 통제영에서 주전을 어느 정도로 행했는지는 자료가 부족해 정확히 알기 힘들다. 만기요람에 의하면 영조 정미년 (1727년)에 전국에서 50만 냥을 주조할 방침을 세웠다가 취소한 적이 있는데 이때 통제영과 평안감영에서 각각 15만 냥, 경상감영 10만 냥, 전라감영 7만 냥, 개성부 3만 냥을 계획했었다. 이로 미뤄 통제영은 평안감영과 함께 가장 뛰어난 주전 능력을 보유하고 있었음을 추측할 수 있다. 전선에 배치할 대포를 만드는 통제영이었던 만큼 구리(銅)가 풍부했던 까닭으로 풀이된다.

예나 지금이나 돈을 찍는 권리는 경제적으로 상당한 의미를 지니고 있다. 각 도의 감영이나 중앙의 호조 등에서 주조한 것과 달리 통제영에서 제조한 돈은 상당 부분 자체경비로 충당됐을 개연성이 있다. 또 당시에는 주전을 하는 과정에서 비싼 구리 대신 값싼 철을 섞는 등의 수법으로 함량이 떨어지는 돈을 만들어 큰 이익을 창출하곤 하였으니 이 과정에서 역대 통제사들은 막대한 비자금을 확보하였을 것으로 추정된다. 조선왕조에서 '입신양명한 관리들'은 대체로 큰 이익을 두고 고지식하게 국법을 지키기보다 융통성을 발휘하는 편이었기 때문이다.

통제영 산하에 공방(工房)을 운영한 것도 통제사의 주요한 경제적 권한 가운데 하나였다. 광해군 시절 통제사를 역임한 우치적의 비리를 고발하는 사헌부의 주장 가운데 "군기 마련을 빙자하여 삼남 열읍의 재능 있는 공장(工匠)들을 모이게 하여서는 각종 기구(器具)를 만들어 타인에게 뇌물을 써서 명예를 구합니다." 하는 대목이 있다. 통제영에 손재주 좋은 수공업자를 불러 모은 것은 이순신 장군이 한산도 시절부터였기에 우치적의 개인비리라고 볼 수는 없다. 다만 우치적이 통제영에서 만든 각종 기구를 자신의 인사운동에 사용했다고 하니 문제가 되는 것이다. 11대 통제사인 성우길도 같은 비난을 받았다. "통제사 성우길은 군교(軍校)를 풀어서 베(布)와 일꾼을 마구 징발하고 휘하 수군들로 하여금 (판매하기 위한)사선(私船)을 만들고 있고 여러 공장(工匠)들을 잔뜩 모아다가 생산하는 것들이 모두가 군용 물품들이 아니며 온갖 추잡한 일들을 이루 말할 수 없을 지경입니다."

사실 통제영은 조선 최대의 공단(工團)으로서 산하 12공방(때로는 13공방)에서 생산한 많은 제품들을 조선 전역에 공급하였다. 지금도 이름을 떨치고 있는 통영나전칠기를 비롯해 통영갓과 통영소반 등을 생산하는 산업기지였던 것이다. 통제영 군교와 통제영 소속 상인들은 통영공방에서 만든 제품을 병선(兵船)이나 사선(私船)에 싣고 전국 각지로 돌아다니며 비싼 값에 판매함으로써 재정 조달의 한 방편으로 삼았다. 위에서 언급한 각종 경제권 덕분에 통영의 재정자립도는 지방의 어느 감영이나 군영보다 충실하였고 통제영의 파워는 경제적인 측면에서도 강력하였다. 참고로 영조 3년(1727년) 10월 24일자 실록에는 이 같은 기록이 나온다. "동남쪽의 여러 군영 가운데 물력(物力)이 풍부한 곳은 다만 통영(統營)과 전라병영(全羅兵營)뿐이다("東南諸閫物力之殷富, 惟統營及全羅兵營而已)."

그러나 해외무역의 권한은 없었다

통제사의 경제적 권한 가운데 빠진 것이 하나 있으니 바로 해외무역을 할 수 있는 특권이다. 외국과의 무역을 금지했던 조선이었기에 통제사 역시 해외로 나가거나 외국 상인과 접촉할 수 있는 권한은 없었다. 만약 무역권이 있었더라면 역대 통제사들은 제2의 장보고가 됐을 것이고 통제영은 새로운 청해진으로 성장했을 터였다. 통제사가 장악한 부의 원천이 넓었기에 해외무역이 허용됐더라면 통제영은 물론이고 해변의 주요 항구, 나아가 조선 전역이 크게 번영을 누렸을 것이다. 발달이 더뎠던 조선의 국내 시장만으로는 통제영의 경제발전에 한계가 있었고 결국 해변의 백성들을 수탈하여 재정을 마련할 수밖에 없었다. 이는 통제영의 약화, 나아가 조선의 자주적 근대화가 실패하게 된 하나의 배경이라고 여겨진다.

위에서 보듯이 삼도 연해의 군권과 행정권, 사법권, 조세징수권 등 각종 권력이 통제사에게 집중돼 있었다. 통제사가 군권 외에 각종 권한을 확보한 것은 해방을 위해 삼남의 해변을 효율적으로 동원하도록 힘을 몰아준 조정의 의지가 반영된 때문이었다. 체제 생존의 방편이었음은 물론이다. 그 결과 통제사는 삼도 해민(海民)들의 생살여탈권을 쥔 해왕(海王)이나 다름없었고 통제영은 '해상의 총독부'에 비유할 권력을 지니게 되었다.

통제사에 대한 처우

통제사는 관찰사와 동급인 종2품 가선대부였던 만큼 공식 처우는 관찰사에 준했다. 통제사가 부임할 때는 최소 25명의 수행원과 다수의 마필을 거느려 위엄을 과시하였다. 녹봉은 17세기 중엽에 매월 '16섬 5되'를 받다가 18세기 초에 이르러 면포 2동(1同은 50필) 20필, 즉 120필을 받게 되니 관찰사, 병마절도사와 같은 수준이었고 휘하의 수군절도사보다는 많았다.

행정조직에서 관찰사급 처우를 받았다면 군 조직에서는 중앙군영의 대장과 어깨를 나란히 하였다. 전통시대 동양사회에서 대장(大將)이 되는 것을 등단(登壇)이라고 불렀다(한나라 고조 유방(劉邦)이 단을 세워 한신(韓信)을 대장으로 초빙한 것에서 유래된 말이다. 문학지망생이 신춘문예에 당선돼 정식 문인(文人)으로 인정받는 것을 등단이라고 하지만 원래는 무인(武人)의 영광을 뜻하는 단어였다).

조선 후기에 등단자가 된 사람은 훈련대장과 어영대장, 금위대장, 총융사, 수어사 등 중앙 5군영의 수장에 한정됐다. 통제사의 비중과 역할, 선호도는 5군영 대장에 못지않았지만 천 리 밖 변방에 대장을 두기 곤란해 등단을 시행하지 않았을 뿐이었다. 그러다가 대원군이 집권하던 고종 2년(1865년) 통제사의 직급을 5군영 대장과 동등하게 현실화하였다. 이때부터 통제사를 외등단(外登壇)이라 불렀으니 외직(外職, 지방직)으로 대장에 올랐다는 의미이다.

> "1865년 1월 2일 대왕대비가 전교하였다. 통영은 설립 이후 삼도수군의 도독(都督)이 머무르는 곳이었다. 그 관할 범위가 다른 군영과 매우 다를 뿐만 아니라 황조(皇朝, 명나라)의 팔사품을 받았고 절모(節旄, 황제가 칙사에게 증표로 주는 깃대)도 특별히 받았다. 이는 곧 그 직임이 중요한 때문이니 비록 서울의 5군영이라도 통영보다 더할 것이 없는 것이다. 오늘부터 통제사를 총융사의 예에 의거해서 외등단(外登壇)을 시행하니 그 임기와 대우 등은 경영대장(京營大將, 중앙 군영의 대장)의 정식과 동등하게 하라."

대원군 집정 초기의 중요한 조정 명령은 대왕대비의 이름으로 시행되었거니와 통제사를 등단하게 된 조정의 설명을 보면 삼도수군통제사와 통제영의 위상을 한 눈에 알 수 있다. 외등단 실시 이전에도 통제사 품계는 8도의 관찰사와 동등하지만 권력은 더 컸던 것이 사실이다(권력이란 것이 직급과 일치하는 것은 아니다. 요즘도 검찰총장은 차관급이지만 정치적 비중과 힘은 시시한 장관을 넘어선다). 외등단 이후의 통제사는 관찰사를 확실히 능가하는 위상과 파워를 누렸다고 한다.

통제사는 두터운 문무 막료진을 배속 받았다. 최고위 보좌진으로는 우후(虞侯)가 있었다. 대개 종3품 절충장군이 많았는데 통제사가 대장으로 등단한 이후에는 통제중군(統制中軍)으로 이름이 바뀌고 지위도 격상되었다. 통제사의 부관인 종사관(從事官)은 고성현령(또는 고성부사)이 겸직하였다.

문관 막료도 다수였다. 표류하거나 국경을 침범한 중국 배와 일본 배를 조사하기 위한 목적에서 중국어와 일본어 통역관이 배치되었으니 각각 한학(漢學), 왜학(倭學)으로 불리었다. 또 장교를 진료하고 조정에 진상할 약재를 감정하는 일종의 군의관인 심약(審藥)도 있었다. 한학, 왜학, 심약을 통틀어 삼학(三學)이라 했다. 군영에서 필요한 그림을 그려 기록하는 화사(畵師)와 문서를 담당하는 사자관(寫字官), 군율 담당관인 검율(檢律) 등도 배치됐는데 통제사의 막료진은 대체로 관찰사와 대등한 수준으로 풀이된다.

통제사의 직무교대는 영문인 원문(轅門)에서 이뤄졌다. 원문이란 당초 군의 임시막사에서 수레의 끌채 두 개를 교차해 만든 문을 뜻했으나 점차 군문(軍門)을 의미하는 말로 전화됐다. 통영 시내와 북쪽 외곽을 구분하는 고개의 이름은 '원문고개'인데 과거 원문이 자리했던 데서 유래한 지명이다. 교대의 절차는 교귀(交龜)를 통해서만 가능했는데 교귀란 발병부(發兵符, 군사를 동원할 수 있는 나무패)와 인신(印信, 도장) 등을 인수인계하는 것을 말함이다. 신임 통제사와 전임 통제사 모두 무인인 만큼 안장 놓인 말을 타고 교대하는 것이 원칙이었다(하지만 늙은 장수가 퇴임 길에 조금 편해보겠다고 가마를 탔다가 봉변을 당한 일도 있었다. 108대 송징래 통제사는 가마를 탄 일로 신문을 받았으며 113대 정찬술 통제사는 유배를 가기도 했다).

통제사의 임기는 2년을 원칙으로 했지만 유임되기도 하고 1년 만에 교체되기도 하는 등 일정하지는 않았다.

통제사 통제대책

통제사가 지닌 힘이 막강했던 만큼 통제사를 제어하기 위한 장치도 치밀하게 꾸며졌다. 통제사가 뱃머리를 거꾸로 돌려 한양으로 향하는 일을 차단하기 위함이었다.

가장 우선적인 통제대책은 믿을 수 있는 인물, 즉 철저히 검증된 인물로서 통제사를 삼는 것이다. 체제 충성도가 높은 인물을 엄선해 임용했다가 임무를 마친 뒤에는 높은 보상을 해주니 딴 생각을 할 이유가 없다. 그러나 이것만으로는 안심할 수 없다. 병권을 지닌 장수가 천 리 밖에서 웅거하고 있으니 왕이 근심하게 마련이었다. 그래서 조정에서는 먼저 통제영 주변의 수사와 병사, 수령 가운데 통제사 친인척은 철저히 배제했다. 이른바 상피제도(相避制度)라고 한다. 상피는 모든 관리에게 적용되었지만 특히 통제사 등 고위 무관에 대해서는 철저하였다. 주변에 가까운 사람들이 배치됐을 경우 함께 힘을 모아 무슨 일을 꾸밀지 모르기 때문이다.

속대전(續大典) 상피조에는 "삼남의 수군절도사는 통제사와 더불어 모두 상피한다."고 기록돼 있었다. 이 때문에 135대 통제사 이경무(李敬懋)와 충청수사 오재희(吳載熙)가 외삼촌과 조카라는 관계 때문에, 165대 통제사 이유수(李惟秀)와 전라좌수사 김노갑(金魯甲)이 사돈이라는 이유로, 185대 통제사 심락신(沈樂臣)과 전라우수사 한원식(韓元植)은 외사촌인 관계로 하위직인 수사들이 교체되었다.(김현구, 「조선후기 통제사에 관한 연구」, 부대사학 제9집. pp380~381) 상피는 통제사가 부임한 지 2~3개월 내에 이뤄졌으니 당시로서는 비교적 신속한 결정이었다.

또 통제사의 힘은 삼도수군이 모두 참여하는 통조(統操, 삼도수군 연합수조) 때 절정에 달한다. 500여 척의 함선과 3만 6천여 장졸이 통제사의 지휘를 받아 일시에 움직이기 때문이다. 조정에서는 수조(水操)에 대비해서도 충분한 통제책을 마련하고 있었다. 우선 수조를 시행하기한 달 전에 조정에 연락해서 허락을 받도록 했다. 조정에서는 가뭄이심하거나 민생이 고달플 경우 수조를 허락하지 않을 수 있었다. 통제사가 수조 훈련을 명분삼아 많은 군병력을 자의적으로 동원하는 것을 제어하기 위한 방편이었다. 영조 때 107대 통제사 조경은 삼남의통조를 치르지 못한 지가 48년이나 되었다며 재개할 것을 요청한 사례도 있었다(이때는 충청수영이 경기, 황해수영과 함께 삼도수군통어영에도 포함되면서 그소속이 애매해진 것도 경상·전라수군과의 합동훈련이 한동안 이뤄지지 않은 이유의 하나로여겨진다. 즉, 충청수군은 그 중간적 위치로 해서 삼남의 통제영에도 소속되었고 경기·황해도와 함께 통어영에도 포함되고 있었다).

또 수시로 통제영에 조정의 감찰관을 파견해서 군기를 점검하는것으로 통제사의 엉뚱한 행동을 미연에 방지하고자 했다. 사간원과사헌부의 견제도 통제사들이 권력남용을 저지하는 중요한 방편이었다. 간관(諫官)의 탄핵은 모든 관리들에게 해당되는 견제책이었지만통제사를 비롯한 고위 무관에 대한 감시기능은 철저한 편이었다. 특히 당파 싸움이 치열한 와중에서 무장들이 집권세력의 반대편에 설

경우 그것은 곧 실권(失權)으로 이어질 수 있었기에 더욱 그러하였다.

　치밀한 통제책 덕분인지 삼도수군통제영이 존재하던 3백 년 동안 통제영의 무력을 이용해 반란을 시도한 현직통제사는 단 한 명도 없었다. 체제 내로 편입된 통제사와 통제영은 철저히 조선왕조에 충성하는 기능만을 수행한 셈이다.

제5장

역대 삼도수군통제사

三道水軍統制營

삼도원수(三道元帥)라고 불린 이순신의 후예… 수군통제사의 위상은 해상총독이란 비유가 결코 어색하지 않았음은 앞에서 밝혔다. 실질적 권력이나 정치적 영향력이 외직(外職) 중 최고였기에 핵심 엘리트 무관들만이 거쳐갈 수 있는 요직이 되었다. 통제사는 각종 어물과 공예품 등을 한양의 왕실과 고관들에게 선물함으로써 인심을 얻을 수 있었을 뿐만 아니라 막대한 부력(富力)을 쌓아 올릴 수도 있는 자리였다. 통제사직(職)이 가진 매력이 컸던 만큼, 든든한 집안 배경과 조정 실세와의 끈이 없는 사람들은 오를 수 없는 자리가 되었다. 구체적으로는 어떤 인물들이 그 직을 주고받았을까?(조선왕조의 벼슬 관행이 그러했듯이 통제사 역시 제수만 받고 실제로 부임하지 않은 경우가 허다하다. 그러기에 족보 등에는 통제사를 역임했다고 기록돼 있지만 실제로는 부임하지 않은 인물도 적지 않다. 홍의장군 곽

재우도 통제사로 임명되었지만 본인이 거부해서 그 직무를 행하지는 않았다.)

누가 통제사가 되었나?

통제영에서 통제사직을 실제로 수행했던 역대 삼도수군통제사들의 경력과 집안 내력 등을 기술한 책으로는 '한산도선생안(閑山島先生案)'이 있다(선생안이란 전임 관원의 이름과 본관, 생년월일, 재임기간 등을 기록한 책을 말한다). 이 선생안에 이름이 오른 인물만을 정식 통제사로 인정한다. 이를 기준으로 할 때 역대 통제사는 초대 이순신으로부터 마지막 홍남주에 이르기까지 208대에 이른다(한산도선생안에 오른 역대 통제사 명단은 책의 말미에 부록으로 기재하였다).

역대 통제사가 몇 대인지를 놓고 208대 설과 209대 설이 엇갈린다. 이는 35대 김응해 통제사 다음에 통제사를 지냈던 변사기(邊士紀 1648.3~1649.11 재임)가 효종 2년(1651년) 김자점과 함께 역신으로 몰려 처형된 이후 그를 한산도선생안에서 배척해 버렸기 때문이다. 그러므로 실제로는 209대가 맞겠지만 조선왕조 내내 208대로 통칭하였으므로 이 글에서도 208대로 하였다(통제사 임명은 208대에 이르지만 전체 통제사 숫자는 196명이다. 12명이 두 번에 걸쳐 통제사직을 역임한 때문이다. 이순신(초대/3대)과 이경준(6대/9대), 정기룡(15대/17대), 구인후(19대/25대), 신경인(26대/28대), 류림(29대/32대), 류정익(30대/36대), 박경지(44대/47대), 신여철(53대/66대), 김중기(71대/92대), 정홍좌(73대/83대), 오중주(82대/91대) 등이 중임한 통제사들이다. 중임 통제사들은 전반기에 몰려 있는 반면 93대 이후엔 전무한 것이 특징이다. 통제영 시대 초기에는 통제사 적임자로 유경험자를 중시하는 풍토가 있었기 때문으로 풀이된다).

통제사는 무관 출신 가운데 종2품 가선대부(嘉善大夫)가 부임하는 것이 원칙이었다. 통제사에 무관이 임명되는 것은 당연한 듯 보이지만 그리 간단한 문제가 아니다. 조선은 문관 우위의 사회였기에 중요 무관직에 문신이 진출하는 사례가 적지 않았다. 훈련도감이나 어영청 등 중앙군영의 총책임자인 도제조(都提調)는 정승급 문신이 맡았다. 지방의 무관 고위직으로는 통제사와 함께 병마절도사(兵馬節度使)와 수군절도사(水軍節度使)가 있었지만 문신인 관찰사가 병사(兵使)와 수사(水使)직을 겸임하고 있었기에 무신이 독점하는 직책이라고 말하기 어려웠다. 심지어 전임 병사까지 문관이 임명되기도 하였다. 하지만 통제사는 모두 무관만이 임명되었다. '해방(海防)의 중진(重鎭)'이라는 통제영이 지닌 비중 때문에 문신이 넘볼 수 없었던 것이다.

앞서 언급했듯이 통제사는 종2품 가선대부가 맡는 관직이었다. 여기서 조선의 무관 품계를 알아볼 필요가 있다. 종9품에서 정7품까지는 부위(副尉), 종6품에서 정5품까지는 교위(校尉)로 불렸다. 그 다음 종4품부터 정3품까지는 장군의 품계다. 종4품은 정략장군(定略將軍), 정4품은 진위장군(振威將軍), 종3품 건공장군(建功將軍), 정3품 하(下) 어모장군(禦侮將軍), 정3품 상(上) 절충장군(折衝將軍)(정삼품 상 절충장군부터 무관 당상관에 해당된다. 참고로 문관의 당상관은 정삼품 상 통정대부(通政大夫)에서부터 시작된다.) 등이 그것이다.

절충장군에서 더 승진하게 되면 장군(將軍)이란 명칭 대신 대부(大夫)로 불리었다. 삼국시대부터 고려시대까지는 상장군(上將軍)이니 대장군(大將軍)이니 하는 고위장군직 품계가 있었지만 조선조에 들어서는 모두 사라지고 문관과 동일한 품계가 부여되었던 것이다. 그리하여

수군절도사는 정3품 절충장군이었지만 통제사는 종2품 가선대부에 해당됐다. 관찰사와 같은 품계다. 각 도의 병마절도사[兵使]도 종2품 가선대부였지만 통제사에 못 미쳤다. 통제사는 관찰사와 대등한 관계였던 반면 병사는 관찰사를 상관으로 모셔야 했기 때문이다.

참고로 통제사를 역임한 데 이어 공조판서를 지낸 이종승이 1886년 평안병사로 부임했을 때 조정에서는 비록 병사지만 판서 등 고위직을 역임한 점을 감안해 평안감사와 항례(抗禮, 서로 예의를 대등하게 하는 관계)할 수 있는 특전을 부여했다. 이를 뒤집어 보면 일반적인 경우 병사는 감사와 항례할 수 없었다는 뜻이다. 반면 통제사는 감사와 당연히 항례하는 관계였다.

통제사는 가선대부보다 높은 고위직에서 임명되는 경우가 많았다. 높은 품계의 관리가 낮은 직책을 수행하는 것을 행직(行職)이라 부르는데 통제사 가운데는 유독 행직이 많았다. 초대 이순신 장군이 정2품 정헌대부(正憲大夫)로 통제사직을 수행한 것을 비롯해서 208대에 이르는 역대 통제사 가운데 행직자로 확인된 경우는 적어도 54대에 이른다. 특히 1대부터 30대 통제사까지 초창기에는 17차례나 행직이 발견되고 있다. 이 가운데 17대 정기룡은 정승의 품계인 정1품 보국숭록대부(輔國崇祿大夫)로서 통제사직을 수행했다.

통제사들의 전임(前任) 직책을 살펴보면 훈련도감이나 어영청 등 중앙 군영의 2인자급 막료나 육군 병사(兵使)로 있다가 영전돼 온 경우가 가장 많았다. 경상도와 전라도의 수사(水使)로 근무하던 중 승진한 사례도 적지 않다. 이로 미뤄 볼 때 '삼도원수(三道元帥)'가 되기 위해서는 풍부한 군 지휘경력이 필수적이었음을 알 수 있다.

통제사의 후임 직책을 보면 대체로 순탄한 승진가도를 달렸음을 알 수 있다. 통제사직 자체가 중요한 지휘권이었던 탓에 경력관리 차원에서 높은 점수를 딸 수 있었고, 또 인사치레를 잘해야 인정받을 수 있었던 조선의 정치풍토에서 통제영의 풍부한 물력은 인사운동의 좋은 방편이 되었던 덕분으로 짐작된다. 조선 후기의 승경도(昇卿圖, 종정도(從政圖)라고도 함)를 보면 통제사는 육군의 병마절도사 가운데 가장 선임인 함경남병사, 함경북병사보다 한 단계 높고 중앙의 금위대장(禁衛大將)과 비슷한 직책이었다.

조선 후기 군부의 실권은 경영대장(京營大將, 중앙 5군영의 대장)들이 갖고 있었다. 그런데 경영대장 상당수가 통제사를 역임한 인물들이란 점이 예사롭지 않다. 즉, 통제사 제도가 존재하던 3백 년 동안 훈련대장은 80명 가운데 32명이 통제사를 거친 사람들이다. 또 어영대장은 115명 중 47명, 금위대장은 58명 중 26명, 총융사는 134명 중 55명이 통제사를 역임했다. 비율로는 40%가 넘는다(다만 남한산성 방어를 맡았던 수어사는 89명 중 통제사 역임자가 2명에 불과하다. 산성 책임자로는 수군의 지휘 경력이 그리 중요하지 않았던 때문으로 여겨진다). 중앙 5군영의 대장에 오르기 위해서는 통제사 경력이 크게 유리하게 작용한다는 점을 알 수 있다. 통제사에서 병조판서 등 6조의 판서는 물론이고 정승으로 올라간 인물도 있다. 조선 후기에서 무관으로 정승에 오른 인물은 3명에 불과하다. 인조반정의 공신 신경진과 구인후, 북벌준비를 주도한 이완이 그들이다. 이 중 구인후는 19대 통제사를, 이완은 34대 통제사를 각각 역임했고 신경진은 본인은 아니지만 친동생(신경인)이 2회에 걸쳐 통제 사를 지냈으니 '삼도원수'의 비중을 거듭 실감할 수 있다.

무장가문(武將家門)의 통제사직 독과점

흔히들 조선왕조는 문(文)을 숭상하고 무(武)를 천시한 사회이며 무인의 처지가 꽤나 고단했던 것으로 알려져 있다. 특히 조선 전기보다 후기 들어 서반(西班) 무관의 위상이 동반(東班) 문신에 비해 더욱 추락했다고 얘기되고 있다. 과거만 하더라도 문과(文科)는 합격자가 비교적 제한돼 있어 권위가 있었던 반면 무과(武科)는 어떤 해는 합격자가 한 번에 만 명이나 되어 만인과(萬人科)라는 조롱을 받을 정도였다. 하지만 무인이라고 모두가 다 천시됐던 것은 아니다. 천대받은 무인은 상민 출신 등 집안 배경이 없는 경우로 이들은 과거에 합격하고도 임용되지 못해 평생 선달(先達)로 불리거나, 임용이 되더라도 국경 지대나 해변의 수군기지 등에서 하급 무관직을 전전하며 일생을 보내야 했다. 반면 중앙군의 고위보직이나 지방의 중요한 무관직을 차지한 고급 무인들은 문신 못지않은 세도를 누렸다.

당파싸움이 심했던 조선 후기, 중앙과 지방 주요거점의 병권은 정국 주도권과 연계돼 있었기에 군권을 장악한 고급 무관들의 위세는 문신을 부러워할 이유가 없었다. 이에 따라 붓을 던지고 무예로 특화하려는 집안도 생겨났다(이를 투필(投筆)이라 불렀다). 조일전쟁과 정묘-병자호란, 인조반정과 이괄의 난 등을 겪는 와중에 공신록에 오른 무인들이 많아졌고 이들의 자제들이 무관으로 출사하면서 점차 무장가문

(武將家門)이 출현하기 시작하였다. 여기에다 인조반정 이후 정변이 자주 일어나자 국왕이나 집권층이 기득권 보호 차원에서 특정 무장을 지목해 자제들에게 무업(武業)을 세습토록 권장함에 따라 '훈무세가(勳武世家)'란 이름의 무장가문이 형성되었다.

한번 떠오른 무장가문은 어렵지 않게 지위를 지켜나갈 수 있었다. 훈무세가의 자제들은 현직에 근무 중인 부형(父兄)의 연줄 덕분으로 무과에 손쉽게 합격할 수 있었다. 무장가문에서는 자제들의 무술이 모자랄 경우 능숙한 사람으로 하여금 대신 실기를 보게 하는 등의 부정을 저질러서라도 무과에 합격시키기 일쑤였다. 조선 후기의 과거 부정은 문과보다 무과가 더 심한 편이었다.

무과는 통상 3년에 한 번씩 실시되며 초시(初試)·복시(覆試)·전시(殿試)의 3단계가 있다. 초시는 전국에서 270명, 복시는 28명을 뽑았으며 전시에서는 이들 28명을 갑과(甲科) 3명, 을과(乙科) 5명, 병과(丙科) 20명으로 성적을 구분하는 것이 원칙이었다. 서울의 병조 예하인 훈련원에서 치르는 복시(覆試)에 합격하는 것이 중요한데 가난한 양반이나 상민들이 우수한 성적을 올리기가 쉽지 않았다.

복시(覆試)를 통과하려면 궁술(弓術)과 마상무예술(馬上武藝術), 그 중에서도 기사(騎射, 말에 타서 활쏘기)와 기창(騎槍, 말에 탄 채 창을 쓰는 기술), 격구(擊毬)에 능해야 했고 병서 공부도 통달해야 했다. 이 중 승마술을 익히기 위해서는 집안에 말을 여러 필 보유하고 있어야 했는데 말은 구입하기에도, 먹이를 조달하기에도 비싼 가축이었기에 상민이나 가난한 양반들로서는 쉽지 않은 일이었다. 또 궁술과 창술 등을 연마하고자 하여도 장비 구입과 유지·보수에 적잖은 자금이 필요하였다. 힘든 무술을 익히기 위해서는 다른 생업과 병행하기 힘들었고 당연히 배가 고파서는 곤란하였다. 한마디로 어렸을 때부터 육류 등 질 좋은 음식을 먹을 수 있어야 힘을 쓸 수 있고 무기도 능숙히 다룰 수 있었던 것이다. 낮에는 밭을 갈고 밤에야 책을 펼 수 있는 가난한 선비도 문과에는 응시 가능했지만 정식 무과는 배곯는 집안 자제가 넘보기 힘든 영역이었다. 정식 무과보다 격이 떨어지는 도시(都試, 각 도의 관찰사나 통제사가 주재했던 무과시험)나 취재(取才), 시사(試射) 등은 적당히 활만 쏠 줄 알면 합격할 수 있었기에 일반 한량(閑良)들도 응시할 수 있었지만 이런 시험은 합격을 해도 별 특전이 없었다.

무장가문의 자제들은 등과(登科) 이후에도 선전관과 고위 무장의 종사관(從事官) 등 엘리트 코스를 거쳐 지방의 수령, 수사와 병사, 훈련도감 등 중앙군의 중군(中軍)이나 대장 등 군의 중추로 빠르게 성장해 나갔다. 연좌제가 굳건했던 당시는 조상이나 부형의 공적이 뚜렷한 사람은 '검증된 인물'로 여겼기에 인사권자의 입장에서 훈무세가의 자제는 더 높은 점수를 주게 마련이었다. 특히 무관도 고위직은 그 정치적 힘이나 부력(富力)이 만만찮았기에 소수의 무장가문 출신들은 왕실이나 집권 서인(西人)세력과 혼인을 맺는 식으로 유대를 강화할 수 있었다. 또 무장가문끼리는 경쟁하면서도 혼인이나 친교 등으로 끈끈한 인적 네트워크를 형성해 나갔고, 그 결과 무관의 인사권은 몇몇 무장가문이 카르텔식으로 분점하게 되었다. 조선 후기의 무장 명가(名家)는 평산신씨와 능성구씨, 인동장씨, 덕수이씨, 전의이씨, 진주류씨, 해주오씨 등 10여 가문이 있었다. 평산신씨는 신립, 능성구씨는 구굉, 인동장씨는 장만, 덕수이씨는 이순신 덕분에 장군가(將軍家)의 명성을 높일 수 있었다.

조선왕조 몰락의 원인 중 하나는 능력보다 혈연을 지나치게 중시한 때문이라는데 통제사의 경우도 예외가 아니었다. 오히려 더 심한 편이었다. 초기의 통제사는 전란 와중에 공을 세우는 등 실력으로 그 자리에 올랐지만 전쟁이 끝나고 한 세대쯤 흘러 평화시대가 도래하면서부터는 훈무세가 출신이 아니면 제수받기 어려운 자리가 됐다. 즉, 통제사에 오를 수 있는 구비조건이 '전공'(戰功)에서 '문벌'(門閥)로 변질된 것이다. 이에 유명 무장가문들은 점차 순번을 정해둔 듯이 '두룡포 주인' 자리를 돌아가며 차지했다.

실력보다 핏줄?… 통제사 혈연도(血緣圖)

이런 가계도가 있다. 굵은 글씨로 표시된 사람들은 모두 통제사이다. 대를 이어 통제사를 역임했음을 알 수 있다.('차장섭, 조선후기 벌열연구, 일조각, 1997'을 참조하였음.) 바로 덕수이씨 순신계(舜臣系)와 전의이씨 진경계(眞卿系), 능성구씨 사맹계(思孟系)의 가계도이다.

덕수이씨(德水李氏) 순신계(舜臣系) 가계도

*통제사를 배출하지 못한 일부 지파는 생략하였음.

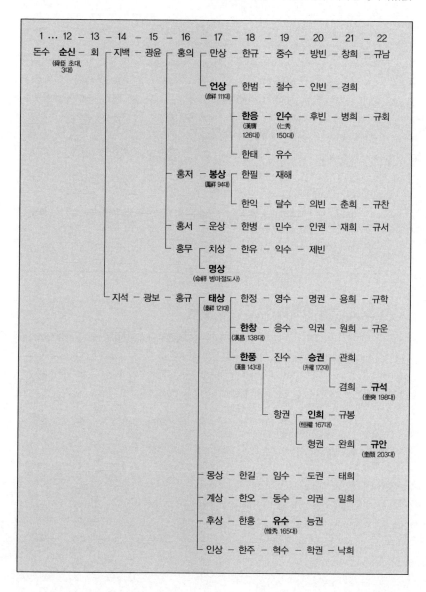

전의이씨(全義李氏) 진경계(眞卿系) 가계도

*통제사를 배출하지 못한 일부 지파는 생략하였음.

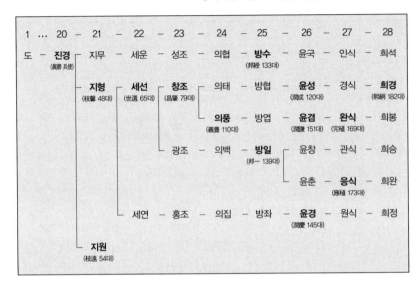

능성구씨(綾城具氏) 사맹계(思孟系) 가계도

*통제사를 배출하지 못한 일부 지파는 생략하였음.

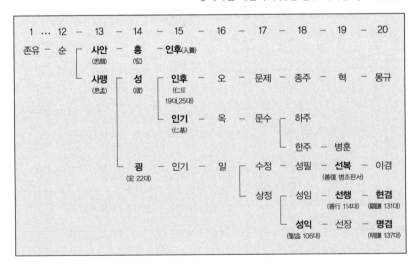

이순신 장군 후손 송덕비 통제사나 부사로 부임했던 이순신 장군 후손들의 선행을 기리기 위해 한산도와 거제도의 주민들이 약 240-130년 전에 세웠던 송덕비를 한자리에 모은 것이다.

충무공이 전사한 뒤 한동안 별다른 대접을 받지 못했던 덕수이씨 순신계는 5세손 때부터 흥성하기 시작해서 직계후손 12명이 통제사 직을 역임했다. 5세손 봉상(鳳祥)이 94대, 5세손 언상(彦祥)이 111대, 5세손 태상(泰祥)이 121대 통제사를 지냈다. 6세손 한응(漢膺)이 126대 통제사를 지냈고 한창(漢昌)이 138대, 한풍(漢豊)이 143대 통제사를 역임했다. 7세손으로는 150대 통제사를 지낸 인수(仁秀)와 165대 유수(惟秀)가 있고 8세손 항권(恒權)이 167대, 승권(升權)이 172대 통제사를 지냈다. 또 10세손 규석(奎奭)이 198대, 규안(奎顔)이 203대 통제사를 각각 역임했다. 통제사는 아니지만 5세손 명상(命祥)이 병마절도사를 역임하는 등 충무공의 후손 가운데 병사와 수사가 발에 치일 정도로 많았다. 정3품 절충장군 이상의 무장만 55명에 이른다고 하니 이순신 가문의 화려한 부상을 알 수 있다.

이진경(李眞卿)은 광해군 원년에 무과에 급제해 인조 연간에 황해병사와 경상우병사 등을 역임한 인물인데 그의 자손들은 조선 후기 최대의 훈무세가를 이루었다. 직계 후손 가운데 9명의 등단 대장(大將)이 나왔고 13명의 통제사가 배출됐다. 이 때문에 진경의 후손들은 통제사파(統制使派)라고 칭하기도 한다. 48대 이지형과 54대 이지원 형제, 지형의 장남인 65대 이세선, 세선의 장남인 79대 이창조, 창조의 아들 110대 이의풍(지형에서 세선, 창조, 의풍으로 이어지는 4대 통제사(四代 統制使)는 전무후무한 기록이다.), 120대 이윤성, 133대 이방수, 139대 이방일, 145대 이윤경, 151대 이윤겸, 169대 이완식, 173대 이응식, 182대 이희경 통제사가 모두 한 사람의 자손이다.

구사맹(具思孟)은 좌찬성을 지낸 문신으로 인조의 외조부이다. 장남 구성(具宬)도 대사성을 역임한 문신이지만 막내아들 구굉(具宏)부터 무신으로 입신했다. 구굉은 22대 통제사를 역임했고 구성의 아들이자 구굉의 조카 구인후(具仁垕)는 19대와 25대 두 차례에 걸쳐 통제사를 지냈다. 또 구굉의 현손 구성익(具聖益)은 106대 통제사, 5세손 구선행(具善行)은 114대 통제사를 지냈다. 구선행의 6촌 구선복(具善復)은 통제사는 아니지만 훈련대장과 병조판서를 역임한 고위 무관이었다. 또 구선행의 아들 구현겸(具賢謙)은 131대, 구성익의 손자 구명겸(具明謙)은 137대 통제사를 역임했다. 구사맹의 후손 중에서는 6명의 통제사가 나온 것이다.

대표적인 무장가문인 덕수이씨 순신계와 전의이씨 진경계, 능성구씨 사맹계의 가계도를 보면 통제사직의 독과점 현상을 실감할 수 있다. 혈연이 가장 중요한 잣대가 됨에 따라 왕의 친인척이거나 훈무세가 출신이 아니면 통제사는 바라보기조차 어려운 자리가 됐다.

대략 16대 통제사 김예직부터 이런 현상이 나타나기 시작했다고 본다. 아버지를 이어 아들이, 할아버지를 뒤이어 손자가 통제사에 오르는 사례가 줄을 이었고 그만큼 핏줄의 다양성은 줄어들었다. 역대 통제사들의 혈연관계를 살펴보면 이런 사정은 분명히 드러난다.

- 16대 김예직: 광해군의 외숙부.
- 18대 원수신: 광해군 후궁의 부친.
- 19대 구인후(25대 통제사 중임): 왕(인조)의 외사촌 형님. 22대 통제사 구굉의 친조카.
- 22대 구굉: 19대 통제사 구인후의 막내 숙부. 왕(인조) 외숙부.
- 23대 신경원: 신립 장군의 5촌 조카. 인조반정의 공신 신경진의 6촌 동생.
- 26대 신경인(28대 통제사 중임): 신립 장군의 삼남. 무관으로 영의정에 오른 신경진의 친동생. 23대 신경원 통제사와는 6촌 형제.
- 32대 류림: 5대 통제사 류형의 4촌 동생.
- 34대 이완: 20대 통제사 이수일의 아들. 북벌을 주도한 인물로 훗날 우의정에 오름.
- 35대 김응해: 김응하 장군(1619년 강홍립과 함께 명나라를 구원하기 위해 출정해 후금군과 싸우다 전사한 장수. 영의정으로 추증되었고 병자호란 이후 친명반청의 상징적인 인물이었다.)의 동생. 형의 후광을 크게 입었다.

- 40대 류혁연: 5대 통제사 류형의 손자. 50대 통제사 류비연의 4촌 형님.

- 50대 류비연: 5대 통제사 류형의 손자. 40대 통제사 류혁연의 4촌 동생.

- 53대 신여철(66대 통제사 중임): 26대 통제사 신경인의 손자.

- 54대 이지원: 48대 통제사 이지형의 친동생.

- 58대 이인하: 20대 이수일 통제사의 손자이자 34대 이완 통제사의 조카.

- 63대 김세익: 35대 통제사 김응해의 손자.

- 65대 이세선: 48대 통제사 이지형의 아들. 79대 통제사 이창조의 부친.

- 71대 김중기: 김응하 장군의 증손. 35대 김응해는 증종조부.

- 76대 류성추: 5대 통제사 류형의 증손자로서 50대 통제사 류비연의 조카.

- 79대 이창조: 65대 통제사 이세선의 아들. 48대 통제사 이지형의 손자.

- 85대 김중원: 35대 통제사 김응해의 증손자이자 63대 통제사 김세익의 조카. 71대 김중기 통제사와는 8촌 사이.

- 86대 이우항: 49대 통제사 이도빈의 아들.

- 94대 이봉상: 초대 통제사 이순신 장군의 5세손.

- 95대 신익하: 신립 장군의 5세손이며 26대, 28대 통제사를 지낸 신경인의 현손.

- 100대 김흡: 63대 통제사 김세익의 손자. 104대 김집 통제사와 6촌.

- 101대 이수량: 67대 이성뢰 통제사의 아들.

- 104대 김집: 85대 통제사 김중원의 아들. 100대 김흡 통제사의 6촌.

- 110대 이의풍: 79대 통제사 이창조의 아들, 65대 이세선 통제사의 손자, 48대 통제사 이지형의 증손자.

- 111대 이언상: 초대 이순신 통제사의 5세손. 94대 이봉상 통제사의 4촌 형제.

- 114대 구선행: 22대 구굉 통제사의 5세손. 131대 구현겸 통제사의 부친.

- 120대 이윤성: 65대 이세선 통제사의 현손.

- 123대 정여직: 73대, 83대 통제사 중임한 정홍좌의 손자.

- 121대 이태상: 초대 이순신 통제사의 5세손.

- 126대 이한응: 이순신 장군의 6세손. 111대 통제사 이언상의 아들. 150대 통제사 이인수의 부친.

- 128대 장지항: 112대 통제사 장태소의 아들.

- 131대 구현겸: 22대 구굉 통제사의 6세손. 114대 구선행 통제사의 아들. 137대 구명겸 통제사와는 6촌 사이.

- 137대 구명겸: 22대 구굉 통제사의 6세손. 106대 구성익 통제사의 손자. 131대 구현겸 통제사의 6촌 형제.

- 138대 이한창: 충무공의 6세손. 121대 이태상 통제사의 아들. 143대 이한풍 통제사의 친형.

- 139대 이방일: 48대 이지형 통제사의 현손이자 65대 이세선 통제사의 증손. 110대 이의풍 통제사의 5촌 조카. 133대 이방수 통제사와는 10촌 사이.

- 141대 류진항: 5대 통제사 류형의 6세손.

- 142대 조심태: 107대 조경 통제사의 아들.

- 143대 이한풍: 충무공의 6세손. 121대 이태상 통제사의 아들. 138대 이한창 통제사의 친동생.

- 147대 이득제: 117대 이장오 통제사의 양자.

- 150대 이인수: 이순신 장군의 7세손. 111대 이언상 통제상의 손자. 126대 이한응 통제사의 아들.

- 152대 류효원: 141대 통제사 류진항의 아들. 5대 통제사 류형의 7세손.

- 157대 서영보: 136대 서유대 통제사의 아들.

- 164대 이석구: 147대 이득제 통제사의 아들. 117대 이장오 통제사의 손자.
- 165대 이유수: 초대 통제사 이순신 장군의 7세손.
- 167대 이항권: 충무공의 8세손. 143대 이한풍 통제사의 손자. 172대 이승권 통제사의 동생.
- 168대 류화원: 5대 통제사 류형의 7세손. 152대 류효원 통제사와 같은 집안.
- 169대 이완식: 110대 이의풍의 증손자. 65대 이세선의 현손.
- 170대 임성고: 149대 임률 통제사의 아들.
- 172대 이승권: 이순신 장군의 8세손. 143대 이한풍 통제사의 손자. 167대 이항권 통제사의 친형.
- 173대 이응식: 139대 이방일 통제사의 손자.
- 182대 이희경: 120대 이윤성 통제사의 손자.
- 183대 류상정: 168대 통제사 류화원의 아들. 5대 통제사 류형의 8세손.
- 184대 임태영: 170대 임성고 통제사의 아들. 149대 임률 통제사의 손자.
- 196대 이종승: 180대 이규철 통제사의 아들.
- 198대 이규석: 충무공의 10세손. 172대 이승권 통제사의 손자.
- 203대 이규안: 충무공의 10세손. 198대 이규석 통제사와는 6촌.

위에서 든 사례는 통제사를 나란히 역임한 부자, 조손, 숙질, 형제들의 경우를 기술한 것이다. 그러나 이는 내력이 분명히 밝혀진 경우일 뿐 미처 파악하지 못한 사례는 더 많을 수 있다. 특히 외가나 처가 등으로 서로 얽힌 혈연관계도 있었다고 봐야 한다. 이런 점을 종합적으로 감안해 볼 때 삼도수군통제사는 부친이나 조부 등의 집안사람이 고위 무관직을 거쳤거나 조정과 인척관계가 있는 경우, 조상이 전공을 세운 경우 등 조선 사회에서 '검증된 인물'의 후손들이 주로 임용되었음을 알 수 있다. 통제사 직책이 지닌 무게에 비춰 볼 때 폐쇄적인 조선 관료사회에서는 당연한 귀결이었다고 여겨진다.

제6장

활동량 많았던 초창기 통제사

(1593~1662)

三道水軍統制營

06

　3백 년 동안 면면히 자리를 이어온 2백 명 가까운 통제사들의 이야기는 통영 땅을 가득 채우고도 남을 정도로 무궁무진하다. 제6장부터 제9장까지 4개 장에 걸쳐 역대 통제사 가운데서도 주목할 만한 역할을 수행한 이들의 약전(略傳), 즉 간략한 전기를 소개하고자 한다(통제사 약전에 나오는 내용은 조선왕조실록과 한국민족문화대백과, 두산백과, 네이버지식백과 등을 참고하였음을 밝혀둔다). 미리 말하고 싶은 것은 '해상의 권력자' 상당수가 기대와 달리 부패하였고 직무를 수행함에 있어 무능하였다는 사실이다(이 점은 조선후기의 다른 문무관리들도 비슷하였다). 그러나 실망할 필요는 없다. 통제사 전기(傳記)가 통제영 3백년사(史) 그 자체는 아니기 때문이다. 통제사와 고위 장군, 장교·아전집단, 일반 백성 등 통영을 무대로 살아간 사람들의 삶은 총합이 통제영 역사의 본질이며 통제사 이야기는 '기록된 편린(片鱗)'이라는 점을 염두에 둔 채 '두룡포 주인들'의 사연을 살펴보기로 하자(사실 통제영 사회의 중심세력은 통제사가 아닌 하급장교나 아전 집단일 수 있다. 통제사와 고위 장군들은 2년 정도면 통영을 떠났지만 장교·아전집단은 굳건히 터를 잡고 실무적으로 군영을 경영했기 때문이다. 그러나 장교와 아전은 명단이 전해지지 않는데다 활동상에 대한 기록도 소략하다. 불법을 저질렀다 적발돼 처벌받은 기사가 간간이 전해질 뿐이다. 조선의 기록문화는 왕과 대신, 장수 등 최고위층의 활동에 초점 맞췄던 반면 하위층의 움직임에는 별다른 흥미를 보이지 않았다. 결국 우리는 기록이 남아 있는 통제사 관련 자료를 토대로 하여 삼도수군통제영 체제의 모습을 재구축할 수밖에 없다).

　필자는 이 책에서 역대 통제사를 초기와 전성기, 원숙기(후기), 말기로 구분해 조망해 보는데, 뚜렷한 기준이 있는 것은 아니다. 다만 시대변화에 따라 통제영과 통제사의 위상이 약간씩 달라지는 것을 감안해 순전히 필자 나름의 기준을 적용한 것일 뿐이다. 먼저 '초기'란 조일전쟁과 병자호란을 겪고 성장한 통제사들로서 이 시기는 대전란의 경험이 짙었던 탓에 변방 군영에 대한 사회적 관심이 컸던 시절이고 그만큼 통제사의 위상도 매우 높았던 기간이라고 하겠다.

'원조(元祖) 통제사' 이순신과 원균

> 초대 통제사(1593.8~1597.2), 3대 통제사(1597.8~1598.11)
> 이순신(李純臣 덕수이씨 1545~1598)
> **백성들의 생존방책을 세운 다음 전쟁에 임한 '창업군주형 무장'**

　이순신은 1545년 서울에서 출생했으니 1592년 임진년에는 48살의 장년이었다. 1576년 32살의 늦은 나이에 무과에 급제해 출사한 지 16

년이 흘렀지만 경력은 크게 내세울 것이 없었다. 무과 성적은 병과(丙科) 4등이었다. 갑과 3명, 을과 5명에 이어 병과의 4등이니 전체 28명의 급제자 가운데 특출하다고 볼 수 없었다(조선의 과거체계에서 장원(壯元), 즉 갑과(甲科) 1등을 하면 곧바로 종6품에 임용되는데 이를 승륙(昇六)이라 했다. 갑과 2, 3등은 정7품을 제수 받고 을과(乙科) 합격자들은 정8품을 받는다. 병과(丙科) 합격자들은 정9품에 임용되는데 이순신이 여기에 해당됐으니 좋은 성적이 아니다. 당초 문과를 목표로 공부하다 뒤늦게 무과로 바꾼 탓에 급제 성적이 시원찮았던 것으로 여겨진다).

급제한 그해 초급장교인 권관(權管)으로 임명되어 함경도 동구비보(童仇非堡)에 부임했다. 3년 간 국경경비에 임하다가 35살에 종8품 훈련원봉사로 승진돼 상경하였다. 36살에 종4품인 전라도 발포만호(鉢浦萬戶)로 승진돼 수군의 경험을 쌓았다.

원리원칙을 중시했던 이순신이 파직과 복직을 되풀이하며 인사상 불이익을 충분히 받은 것은 유명하다. 당연히 그의 경력은 초라하였다. 중앙군 경력은 두 차례 훈련원봉사에 그치는 반면 거의 변방을 전전한 데다 잦은 파직을 겪었으니 엘리트 코스와는 거리가 멀었다. 무과 성적이 평범한 데다 고과도 나쁘다 보니 출세와는 담을 쌓고 지냈다.

1589년 45살 나이에 전라도 관찰사 이광의 눈에 띄어 부장(副將) 격인 조방장(助防將)에 이르렀다가 그해 12월 정읍현감으로 임명되니 이때부터 형편이 조금 나아졌다. 2년 뒤인 1591년 전라좌수사로 발령이 나면서 정3품 절충장군(折衝將軍)에 오르는데, 어린 시절 같은 동네에서 자라나 그의 성품을 잘 아는 좌의정 유성룡의 천거 덕분이었다. 정6품 현감에서 정3품 좌수사로 올랐으니 무려 여섯 계단을 뛰어넘는 파격인사였다. 사간원 등 언론이 반발했지만 왕은 "지금은 인재가 모자라 상규에 구애될 수 없다"며 물리친다. 당시 왕의 절대적 신임을 받고 있던 유성룡의 강력한 보증 덕분이었을 것이다.

전라좌수사에 오른 이순신은 잘 알려진 대로 군사 훈련과 장비를 점검하고 거북선을 만드는 등 전쟁 준비를 철저히 했다. 파격적인 승진에 따른 시비를 잠재우기 위해서라도 열심히 일했을 것이다. 영호남 4개 수영 가운데 전라좌수영은 관할 범위가 가장 좁고 병력과 군선도 적었지만 이순신이라는 탁월한 지휘관을 맞이한 덕분에 최강의 수영으로 발전했고 조일전쟁 내내 주도적인 역할을 수행했다.

옥포해전을 시작으로 조일전쟁 기간 동안 적과 23번 싸워 23번 모두 이기는 기적 같은 연승행진을 이어간다. 이순신은 용기와 지략을 함께 갖춘 장수였다. 시(詩)와 일기(日記)로 심사를 달랜 '칼 찬 선비' 였기에 보통 무장들과는 전투방식도 사뭇 달랐다. 병법에 정통하고 천문지리에 밝았던 그는 지형과 기후 등을 종합적으로 검토해 주도면밀한 작전을 세운 다음 전투에 임했다. 그 결과 싸움을 시작하면 반드시 이겼다. 이순신은 싸움을 내켜하지는 않았지만 전투에 임했을 때는 빈틈없이 작전을 구사하는 뛰어난 두뇌의 소유자였다. 아랫사람을 잘 다스려 마음으로부터 충성을 받았으니 상벌이 분명했기 때문이다. 전투가 끝난 뒤 장계를 올릴 적에는 부하들의 공적을 일일이 거론해 골고루 상을 받도록 배려했다. 반면 군율을 어기거나 도주한 자는 가차 없이 목을 베었으니 부하 장졸들은 그를 존경하면서도 두려워하였다.

전쟁을 위해서는 경제력이 뒷받침돼야 한다는 점을 알고 있었기에 한산도와 고금도 등 그가 주둔했던 지역마다 백성을 모아 산업을 일으켰다. 백성들이 생존할 수 있도록 조처한 다음 그들의 전폭적인 지지를 받아 전쟁을 수행해 나갔으니 훗날 금부도사에 잡혀갈 때나 전사했을 때 해변의 백성들은 진심으로 슬피 울었다. 이는 단순한 장수로서는 갖추기 힘든 덕목이니 이순신이야말로 평범한 무장(武將)이 아니라 일국을 경영할 도량을 구비하고 있었다는 말이다. 창업군주형 장수였던 이순신은 원균 등과는 동렬에 놓고 비교할 수 없는 거인이었다.

이순신 장군 초상화 온화한 선비상의 표준 영정과 달리 무인의 위엄과 기상이 느껴지는 작품이다.(이상범 作, 해사박물관 소장)

충무공 이순신 표준 영정(정형모 作)

이순신은 주도면밀하고도 냉철한 사람이다. 그는 승리할 수 있는 때와 장소를 골라 적과 싸웠고 이길 수 없다는 판단이 든다면 왕의 명령도 따르지 않았다. 전쟁이 소강국면에 접어들었던 1593년부터 1597년 초에 이르는 4년 동안 특히 그러하였다. 선조 왕이 "이순신은 처음엔 힘껏 싸웠으나 그 뒤에는 작은 적일지라도 잡는데 성실하지 않았다."고 비난했지만 이순신은 경솔히 움직이지 않았다. 이 때문에 1597년 2월 역적으로 몰려 초대 통제사직을 잃고 한양으로 압송된 것은 잘 알려져 있다.

이순신은 1597년 여름, 2대 통제사 원균이 칠천량 패전으로 전사한 직후 3대 통제사로 복귀해 해상의 지휘권을 다시 잡는다. 칠천량 패전으로부터 '불과 두 달' 뒤인 1597년 9월 16일, 전라도 해남과 진도 사이의 해협(명량, 鳴梁)에서 재격돌한 싸움에서 이순신은 '불과 13척'의 함대로 130여 척의 일본군을 격파함으로써 원균과는 비교할 수 없는 지휘역량을 만천하에 증명하였다. 그렇게 1년여 세월이 흐른 1598년 11월 19일(양력 12월 16일) 새벽, 이순신은 조일전쟁의 마지막 전장이었던 남해 노량전투에서 조총의 탄환을 맞고 타계했다. 이순신의 사망을 놓고 조정의 공식기록인 실록에서는 '가슴에 적탄을 맞았다(中胸敵丸)'고 적고 있지만 조카인 이분이 쓴 행록(行錄)에는 '갑자기 날아든 탄환에 맞았다(忽中飛丸)'며 탄환을 쏜 주체를 명시하지 않고 있어 차이가 있다(이순신의 죽음과 관련해 필자는 '이순신 수국 프로젝트'를 통해 '조정의 사주를 받은 자객의 저격 가능성'을 제기한 바 있으니 참고가 되겠다).

원균은 이순신보다 5년 앞선 1540년 출생하였다. 경기도 평택에서 태어났고 그곳에 묻혔다. 한 끼에 한 말 밥을 먹었다는 기록이 있을 정도로 몸집이 컸고 성격도 억센 편이었다. 무과에 급제하고 선전관(宣傳官)을 거쳐 조산만호로 봉직하다가 여진족을 무찌르는 데 공을 세웠다. 조산만호에서 부령부사(富寧府使)로 특진하는 기쁨도 맛보았다. 후에 종성(鐘城)으로 옮겨 함경북병사 이일(李鎰)의 휘하에서 여진족 시전부락을 격파하는데 참가하였다. 원균은 이때부터 제법 이름을 떨쳤다. 이즈음 이순신과도 만났던 것으로 알려져 있는데 두 사람의 첫 대면은 그리 나쁘지 않았던 것으로 알려져 있다. 하지만 무관(武官)으로서의 위상에서 원균이 까마득히 앞서 있고 이순신은 한 참 뒤쳐져 있었다는 사실이 중요하다. 훗날 두 사람의 관계가 역전되면서 큰 갈등요인이 되기 때문이다. 조일전쟁이 터졌을 때만 하더라도 두 사람 사이는 나쁘지 않았던 것으로 보이니 원균이 서둘러 이순신의 도움을 요청한 데서 짐작할 수 있다.

원균이 경상우수사로 임명된 것은 1592년 2월, 조일전쟁 발발 두 달 전이었다. 전쟁 준비는 물론이고 관내 순시도 제대로 못 한 상태에서 적을 맞은 셈이다. 이순신이 전쟁 발발 1년 전에 전라좌수사로 임명돼 충실한 준비를 할 수 있었던 데 비해 원균은 운이 좋지 못하였다. 더욱이 원균이 지휘하는 경상우수영 수군은 일본 해군의 1차 상대였다. 울산·동래 일대의 경상좌수영 수군은 적이 상륙하는 순간

육상기지가 함몰되면서 괴멸돼 버렸기 때문이다. 경상우수영도 김해와 가덕도, 웅천, 진해 등 동부 지역은 일본군이 물밀듯이 밀려들면서 경상좌수영과 마찬가지로 수군의 기반이 절반 이상 녹아내린 상태였다. 경상우수영은 조선 수군 가운데 가장 많은 병력과 함대를 보유한 최강의 수영이었지만 15만 대군 앞에는 힘을 쓸 수 없었다. 고성과 사천, 거제, 남해 등 서부의 수군기지는 아직 적에게 점령되지 않았지만 상당수의 격군들이 난리 소식을 듣고 달아난 탓에 운용할 수 있는 배는 그리 많지 않았을 것이다.

　절망적인 상황임에도 전란 초기 원균은 대응은 차분한 편이었다. 전쟁발발 소식을 각 도의 병영과 수영, 감영 등지로 전하는 한편 경상우수영 관내의 각 장수들을 거제도 가배량 본영으로 불러들였다. 그런 다음 거제와 고성,
사천, 곤양, 남해 등 아
직 침공을 받지 않은 지
역의 장정들을 징집해서
수군을 정비해 나갔던
것으로 여겨진다. 일본
군이 적극적으로 서진(西
進)에 나서지 않은 탓도
있고 해서 5월 초순까지
자신의 관할 영역을 절
반 이상 지켜낼 수 있었

경기도 평택 사당에 있는 원균 영정

다. 하지만 무너진 수군으로 넓은 해역을 방어하기는 역부족, 원균은 조정에 연락해 전라도 수군의 경상도 해역 진출을 요청한다. 이는 진관체제의 한계를 뛰어넘는 적절한 조치였다. 조정은 전라도 수군의 경상도 해역진출을 승낙했다. 온전한 전력을 보전했던 이순신과 이억기의 전라도 수군이 경상도 해역으로 진출해 연합작전을 펴게 되면서 일본 해군의 서진은 저지되고 해상보급로 구상은 좌절된다. 따라서 원균의 초기 대응을 평가한다면 탁월하지는 못했지만 그리 나무랄 정도는 아니라고 하겠다.

　그러나 1597년 정유재란 시기, 원균의 면모는 조일전쟁 초기와는 사뭇 다르다. 이순신이 왕의 눈 밖에 난 점을 활용해 2대 통제사 자리에 올랐지만 조정의 기대와 달리 일본군과의 전투에는 소극적이었다. 참고로 원균은 1597년 1월 28일 '경상우수사 겸 경상도통제사'라는 어색한 직명으로 이순신과 대등한 '통제사'가 되었다가 2월 말 이순신이 조정을 기망한 죄로 의금부로 압송돼 가면서 '전라좌수사 겸 삼도수군통제사'가 되었다. 원균은 부산 출동을 공약하고 제2대 삼도통제사에 올랐지만 한산도로 가보니 호언과는 달리 부산 공격은 사실상 불가능한 상황이었다. 1592년과 달리 이때는 일본군이 부산포로 가는 해역 인근에 왜성(倭城) 등 튼튼한 육상기지를 구축한 상태였기에 무작정 진격하는 것은 자살행위였다. 이순신이 그랬던 것처럼 원균도 두 차례나 부산 출전의 부당함을 보고했지만 조정의 강압에 밀려 1597년 6월 18일 출격에 나섰다. 이튿날 웅천 안골포에서 적선을 빼앗는 등 소소한 승리를 거뒀지만 보성군수 안홍국이 일본군 총에 맞아 전사하는 등 피해도 적지 않았다.

1597년 6월 하순, 원균이 한산도로 후퇴하자 도원수 권율은 원수부로 압송해 가서는 '적을 놓친 죄'를 물어 곤장을 때렸다. 커다란 모욕을 당한 원균은 자포자기 심정에서 또다시 부산 앞바다로 출전하게 된다. 7월 13일쯤으로 추정된다. 원균의 최후는 명확하지 않다. 7월 14일 부산포 입구인 가덕도 동쪽 해상에서 강한 조수를 만나 일부 함선을 잃었고, 결국 함대를 뒤로 물린다. 조선 수군이 우왕좌왕

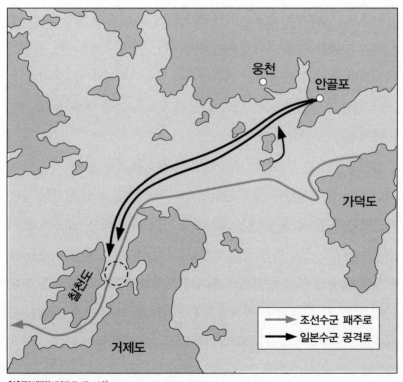

칠천량해전(1597.7.15~16)

하는 것을 목도한 일본군은 천여 척의 함대를 총동원해 공격하였다. 조선 수군은 7월 15일 오후 가덕도에 식수를 구하고자 상륙했다가 복병한 일본군의 공격으로 적잖은 피해를 본 뒤 거제도 북방 칠천도로 밀려난다. 날이 저물어 조선 수군은 칠천도 해협에서 밤을 샐 작정이었는데, 자정을 넘긴 시간(즉, 7월 16일 새벽) 일본 함대가 좁은 칠천량을 포위공격하였다.

　조선 수군의 장기는 함포사격이다. 대낮의 포격전엔 절대적으로 우세했지만 야간전투나 근접전에는 자신이 없었다. 밤이 되면 피아 구분이 되지 않는 데다 적선과의 거리나 방향마저 알 수 없으니 함포공격은 불가능하다. 스포츠이건 전쟁이건 모든 싸움에서 '감독'의 실력은 승패를 가르는 결정적인 변수이다. 만약 주장(主將)이 이순신이었다면 조선 수군은 결코 야간전투에 말려들지 않았을 것이다. 그러나 원균은 칠천량 좁은 해역에서, 그것도 심야에 천여 척의 일본 함대에 완전 포위돼 버렸다.

　칠천량 전투는 일본군의 조총에 조선군이 활로 대결하다가 종국엔 조선 판옥선의 갑판 위에서 근접전으로 이뤄졌다. 조선 함대는 일본 해군에 포위된 채 불에 타 소멸하였다. 선전관 김식은 '조선의 많은 전선들이 타는 불꽃이 하늘을 덮었다'고 조정에 보고하였다. 원균은 포위망을 뚫고 고성 춘원포로 후퇴해 상륙하였지만 추적해 온 일본군의 칼을 받고 숨졌다. 전사일은 1597년 7월 16일로 추정된다. 삼도수군통제사로서 원균의 재임 기간은 채 5개월에 못 미친다.

칠천량해전(1597.7.15.~16) 표지석　칠천량해전은 거제 칠천도 부근에서 벌어진 치열한 전투였다. 당시 삼도
수군통제사 원균이 지휘하던 조선 수군은 가덕도와 영등포 등에서 일본군의 습격으로 손실을 크게 입고 후퇴하여
7월 15일 밤, 이곳 철천량에 정박하였으나 새벽에 일본 수군의 기습 공격을 받아 패하였다. 이로써 남해안의 제해
권을 일본에 빼앗기자 조선 조정은 백의종군하던 이순신을 다시 삼도수군통제사로 임명하여 제해권을 회복하도
록 하였다.

　이순신에게 많은 고민과 분노를 안겨준 원균이지만 나라를 위해
자신은 물론 외아들의 목숨까지 바쳤다는 사실은 인정해 줄 만하다.
2대 통제사 원균은 전투에는 제법 용맹했지만 전쟁의 전모를 파악해
전략적인 대응을 하기에는 국량(局量)이 부족했다. 또 경쟁심과 출세
욕이 강한 반면 감정절제력이 부족해 이순신을 수없이 험담하고 공
격한 사실은 훗날 그의 평가가 추락한 결정적 요인이다. 결론적으로
원균의 '역사적 불행'은 자신보다 뛰어난 인물을 인정하지 않고 시
기한 극히 인간적인 약점에서 비롯됐다고 생각된다.

칠천량 전경

그러나 당시 군주는 원균을 신뢰하고 높이 평가하였으니, 선조 36년(1603년) 이순신 · 권율과 함께 선무공신 1등으로 책록하였고 숭록대부 의정부좌찬성 겸 판의금부사 원릉군(崇錄大夫議政府左讚成兼判義禁府事原陵君)으로 추증하였다. 난중일기 등의 영향으로 현시대 원균에 대한 평가는 매우 저열한 편이지만 당대인들은 '모범적이고 성공한무인'으로 인식하였던 것이다.

조일전쟁을 경험한 통제사들

4대 통제사(1599.1~1602.1) 이시언(李時言 전주이씨 ?~1624)
전쟁 직후 남해바다 관리···이괄의 난에 관련돼 사형당하다 이시언은 이순신이 3대 통제사로 재임하다 노량해전에서 전사하자 그 뒤를 이은 통제사이다. 조일전쟁 때 경주탈환전에서 공을 세웠다. 1594년 전라병사를 역임했고 1596년 충청병사 재임 중, 이몽학이 홍산에서 반란을 일으키자 관군을 이끌고 난을 진압하는데 앞장섰다. 조일전쟁 직후의 혼란한 시기에 남해바다를 무난히 다스린 인물이다.

이시언이 통제사에 임명되기는 이순신의 전사가 조정에 보고된 직후인 1598년 11월 25일의 일이다. 이때는 전라좌수사가 본직이고 통제사는 겸직이었던 시절이다. 이시언은 1599년 1월 여수의 전라좌수영에 부임한 것으로 사료되는데 조일전쟁 종전과 함께 고금

진남관(鎭南館) 이순신이 전라좌수영의 본영 지휘소로 삼았던 진해루 터 자리에 세운 수군의 중심 기지가 진남관이다. 조일전쟁 종료 이듬해인 1599년, 이순신의 후임 통제사 겸 전라좌수사 이시언이 정유재란 때 불타버린 진해루 터에 75칸의 대규모 객사를 세우고, 남쪽의 왜구를 진압하여 나라를 평안하게 한다는 의미에서 진남관(鎭南館)이라고 이름 지었다.

도 군영의 역할이 다했기 때문이다. 여수에 머무르는 동안 진남관(鎭南館)이란 전라좌수영 객사를 짓는 한편 1601년 충무공을 모신 사당인 충민사를 건립하는 등 이순신 성웅화 사업에 힘을 기울였다.

선조 34년(1601년) 5월 3일자 실록에는 이시언을 경상우수사로, 배흥립을 전라좌수사로 임명한다는 기사가 있다. 이때부터는 전라좌수사가 아닌 경상우수사가 수군통제사를 겸한다는 것을 의미한다 (1607년 5월이 되면 삼도수군통제사가 본직, 경상우수사가 겸직으로 바뀐다). 이시언은 여수를 떠나 거제도 남쪽 오아포(烏兒浦, 현재 거제시 동부면 가배리)로 임지를 옮겨 이듬해 2월까지 머물렀다. 당시 경상우수영은 거제도 오아포(가배량)에 있었다.

이시언은 키가 작고 풍채가 볼품이 없어 초기에는 기용되지 못했으나 뛰어난 능력 덕분에 성공하였다. 도체찰사 이항복은 이시언을 "영민하고 비범하며 날카로운 기상이 있다."고 평가하였다. 1597년 12월~1598년 1월, 조명연합군이 가토(加藤淸正)가 주둔 중인 울산 도산성(島山城)을 공격할 때 '뒤에 처진 자는 참(斬)한다'는 군령(軍令)이 있었는데 어떤 수령이 조금 후퇴하자 충청병사 이시언이 직접 수령의 머리를 베어 조리를 돌릴 정도로 강단이 있었다. 또 한성판윤(서울시장 격)이던 1602년, 백주대낮에 많은 사람이 보는 가운데 차고 있던 칼로 다른 사람의 노비를 찔러 죽여 사헌부의 탄핵을 받기도 하였다. 생사를 넘나드는 수많은 전투를 치른 탓인지 불같은 성정의 소유자였음을 유추할 수 있다. 선조 36년(1603년) 1월 17일자 실록에는 이시언에 대해 "키는 작달막하지만 다부지고 사나우며 담략(膽略)

이 남보다 뛰어났다."고 적고 있다.

통제사 재임 시절인 1600년, 제주 앞바다에 출현한 일본 선박을 나포하고 일본인을 죽인 사건을 조정에 보고하고 있다.

> "통제사 이시언이 치계(馳啓)하였다. 6월 13일에 왜선 1척이 갑자기 정의(旌義, 제주 동부의 고을) 앞바다에 나타났으므로 군선 11척을 내어 서여서도(西餘鼠島)와 사수도(斜數島) 사이로 추격하여 배를 격파하고 왜인을 사로잡았으며 왜인 20급(級)을 참하였습니다. 중국인 6명도 생포하였는데 문초하니 답하기를 왜노(倭奴)가 중원의 변지에 침입하여 사람과 재물을 약탈하여 일본으로 돌아가다가 풍파에 표류하여 여기에 이르렀다 하였습니다."
>
> ―조선왕조실록 선조 33년(1600년) 7월 9일자

광해군 때는 포도대장과 함경북병사, 평안병사, 훈련대장, 공조판서 등을 지내면서 군부의 중심이 되어 후금의 공격에 대비하였다. 광해군 10년(1618년) 전흥부원군(全興府院君)이라는 거창한 군호(君號)를 받았고, 정권이 바뀐 인조 초에는 순변부원수(巡邊副元帥)에 오를 정도로 탄탄한 위상을 구축한 듯 보였다. 그러나 1624년 이괄의 난이 일어나자 아들 이욱이 깊숙이 관련된 탓에 기자헌 등 38명이 처형될 때 함께 참형을 당했으니 말년 운수는 사나운 편이었다.

5대 통제사(1602.1~1603.2) 류형(柳珩 진주류씨 1566~1615)
원리원칙에 충실해 주변이 두려워했던 '이순신의 명참모'

공조판서를 지낸 류진동(柳辰仝)의 손자이며 경원부사를 지낸 류용(柳溶)의 아들이다. 소년시절부터 칼 쓰기와 말 타기를 즐겨했고 집에서는 글을 읽어 문무를 겸전하고자 노력했다. 27살이 되던 1592년 조일전쟁이 일어나자 창의사 김천일(金千鎰)을 따라 강화에서 활동하다가 의주 행재소(行在所, 왕이 머물던 임시궁궐)로 가서 선전관에 임명되었다. 1594년 무과에 급제해 선조로부터 나라를 위해 힘써 달라는 당부의 말을 듣고 감격해 '진충보국(盡忠報國)' 넉 자를 등에 문신으로 새겨 나라의 은혜를 갚겠다고 맹세했다고 한다. 훈련도감에서 군사훈련에 힘쓰다가 남해현감으로 나가 이순신의 최측근 막료가 되어 수군재건을 위해 노력하였다.

칠천량 패전 이후 이순신이 조선 수군을 훌륭히 재건한 데는 류형이라는 유능한 참모가 있었기에 가능하였다. 1598년 노량해전 직전 광양만 전투에서 명나라 진린(陳璘)제독이 이끄는 함대가 썰물에 갇혀 일본군의 화공(火攻)을 받을 위기에 처하자 류형이 아군의 전선을 일제히 밧줄로 연결해 끌어냄으로써 진린을 구하였으니 기지가 뛰어났음을 알 수 있다. 노량해전에서는 왼쪽 갈빗대 등에 적의 총탄을 여섯 발이나 맞는 중상을 입고서도 연거푸 활시위를 당기다가 기절하기도 하였다. 이순신이 적탄에 쓰러진 뒤 정신을 차린 그는 통제사의 북소리가 들리지 않자 이순신의 사망을 알고는 슬픔을 억누르고 공격을 명하는 북을 쳐 도주하는 적을 잡도록 독려하였다. 1615년 운명 직전, 충무공의 전공이 그때까지 현창되지 않은 것을 원통히 여겨 "이순신 장군의 전공비가 서기 전까지는 내 비를 세우지 말라."고 유언할 정도로 충무공을 흠모했다고 한다.

종전 이후 부산진첨절제사에 발탁되었다가 1600년 경상우수사로 승진하였다. 1601년 5월 전라좌수사 겸 삼도수군통제사였던 이시언이 경상우수사 겸 삼도수군통제사로 바뀌면서 류형은 경상우수사에서 물러난다. 그러다가 이듬해인 1602년 37살의 나이에 경상우수사 겸 삼도수군통제사로 복귀하였다.

4대 통제사 이시언의 후임을 놓고 류형과 이운룡, 이경준 등이 물망에 올랐다. 비변사는 통제사란 중책을 수행하기 위해서는 위망(威望)이 높은 인물이어야 한다며 이운룡을 1순위, 류형을 2순위로 추천했으나 왕은 류형이 기질이 날카롭고 일에 성의를 다한다는 점을 높이 사서 특별히 통제사로 임명하였다. 1602년 1월, 5대 통제사로 부임한 류형은 거제도 오아포 가배량에 있던 경상우수영(1601년 5월, 이시언이 경상우수사 겸 통제사가 된 이후부터는 통제영 역할을 수행하고 있었다.)을 고성현 춘원포(현재 통영시 광도면 황리)로 옮겼다. 그러나 '춘원포 통제영 시대'는 6대 이경준 통제사가 1604년 9월 두룡포에 새군영을 건설하면서 2년 만에 막을 내리게 된다.

기골이 장대하고 성격이 괄괄했던 류형은 자신은 물론이고 타인에게도 지나치게 엄격한 것이 약점일 정도로 원리원칙에 충실한 인물이었다. 실록에 이런 기사가 있다. "이덕형이 아뢰기를 류형은 국사에 마음을 다하였지만 제장(諸將, 여러 부하장수)을 대함이 너무 엄격하고 사나워서 군졸들은 좋아해도 장수들은 싫어합니다."(선조실록 1602년 12월 29일자) 그의 엄정한 성격은 조정에까지 알려질 정도였던 모양이다.

통제사 시절의 행위와 관련해 10년이 지난 훗날에 탄핵을 당하기
도 하였다.

"대사간 박건이 아뢰기를, 류형은 성품이 본디 교만스럽고 망령된데
다가 탐욕스럽고 악독합니다. 지난번에 통제사가 되었을 때는 백성들
이 눈앞에서 고통을 당하고 있는데도 풍악을 날마다 울렸으며 백공(百
工)들을 벌려놓고 갖가지로 영위(營爲)하였습니다(통제영 공방에서 제품을
만들어 외지에 판매한 것을 말함). 그런데다가 소행마저 잔학하여 안장을 만
든 것이 뜻에 맞지 않는다는 이유로 군관을 독촉하여 목매어 죽게 하
였습니다. 웅천현감(熊川縣監) 조익(趙翼)은 류형과 일찍이 말로 인해 혐
의진 일이 있었는데 류형이 순시하는 때를 당해서 조익이 으레 마중
하는 곳으로 가서 기다리고 있었습니다. 그러자 류형은 사잇길로 가
고서는 마중하지 않았다는 핑계로 곤장을 무수히 때려 운명하게 하였
습니다. 이에 남쪽 변방의 대소 관원들이 지금까지도 원통하다고 하
고 있습니다."
                                    －조선왕조실록 광해군 4년(1612년) 9월 10일자

통제사를 역임한 뒤에는 충청병사를 거쳐 1609년 함경북병사 겸
회령부사에 임명되어 여진족의 움직임에 대비하였다. 북병사 시절
에 올린 보고서에 대한 왕(선조)의 반응이 흥미롭다.

"매번 북도(北道)의 장계(이때의 보고서는 여진족 내부의 부족분쟁에 관한 내용이
대부분이었다.)가 들어올 때에는 비록 정신을 다 쓰고 반복하여 연구해
보지만 이해하지 못하겠다. 그러므로 지금까지 단서를 잡지 못하고

한낱 마음만 상할 뿐이다. 나는 늘 류형(柳珩)의 문장은 주역(周易)보다도 어렵다고 여긴다… (중략) …류형은 지혜가 짧고 문장이 옹졸한 듯하니 그의 장계를 약간 수정하고 축약해서 내가 쉽게 알도록 하라."

-조선왕조실록 선조 40년(1607년) 12월 28일자

무장이었던 만큼 류형의 문장력은 그리 좋지 못했던 모양이다. 이어 경상병사, 평안병사를 역임하였고 1615년 황해병사로 재임 중 50세에 죽었다. 류형은 명나라 척계광의 기효신서를 읽고 거병(車兵, 전차병), 기병, 보병의 합동야전술 교범을 만드는 등 용병에 능했으며 진지구축에도 열심이었다. 통제사로 재임할 때는 통제영의 각종 무기설비에 주력하였고 함경북병사 재임시절에는 회령과 경성에 성을 쌓아 적의 침공에 대비했다. 황해병사 시절에도 당시로서는 적지 않은 50세의 나이에 밤낮으로 축성공사를 이끌던 중 공사장에 쓰러져 숨졌다. 타계 후 영의정에 증직되었다. 고양시 행신동의 야산에 위치한 그의 무덤은 진주류씨 종중이 관리하고 있다.

6대 통제사(1603.2~1605.9), 9대 통제사(1609.7~1611.7)
이경준(李慶濬 한산이씨 1560~1620)
삼도수군통제영을 두룡포로 옮긴 '통영시 창설자'

이경준은 통제영을 두룡포로 옮기고 통제영 객사(客舍)인 세병관을 건립한 통제사로 유명하다. 조선시대 객사는 왕권을 상징하는 건물로써 모든 관청의 중심이었기에 이경준은 객사인 세병관부터 지어 통제영이라는 신도시(新都市)의 기틀을 마련하였다. 1603년 2월 고성

춘원포로 부임한 이후 신군영 건설작업에 매진한 끝에 이듬해 9월 통제사 본영(本營)을 두룡포로 이전하였다. 한마디로 '통영시의 창설자'라고 할 수 있다.

그는 조일전쟁 때 평안도 곽산군수로 있다가 왕을 호종하면서 출세의 기회를 잡았다. 이경준은 5대 통제사직을 놓고 류형, 이운룡과 경쟁하다 밀렸지만 류형이 물러난 뒤 후임으로 발탁되었다. 그는 키가 작고 체격도 볼품이 없었지만 사람됨이 진실하고 성실하였다. 실록의 기록을 보자.

> "상(上, 왕)이 이르기를 사람 알기가 그리 쉬운 게 아니다. 이경준과 이시언이 선전관이 되었을 때 대간(臺諫)들은 그들이 키가 작다고 논하여 태거(汰去, 문제가 있어 몰아냄)하였는데 그때 웅위(雄偉, 체격이 크고 당당함)한 자들은 모두 성공한 것이 없는 반면 논박을 당한 자는 오히려 성공하였으니 대체로 겉모양으로만 사람을 취해서는 안 될 것이다."
>
> —선조실록 1601년 1월 17일과 같은 해 5월 27일에 두 차례 나옴

당시에도 선전관이라는 엘리트 장교가 되기 위해서는 건장한 체격이 유리했던 모양이다. 이경준과 이시언 등은 풍채가 없어 서러움을 받았지만 실력으로 이를 극복했던 것이다(이경준과 이시언의 키가 작았다는 것은 장수치고는 작달막했다는 의미이지 체구가 왜소했다는 뜻은 아니라고 여겨진다. 참고로 전통시대의 무인은 무거운 무기를 자유자재로 다뤄야 했기에 체격과 힘은 기본이었다. 왜소하거나 허약한 신체로는 무과에 합격하기조차 쉽지 않았다. 따라서 대부분의 무인들은 현대의 스포츠맨처럼 체격과 근력에서 평균을 능가하였다. 참고로 2002년 충남 태안군의 의령남씨(宜寧南氏) 묘역에서 81대 통제사 남오성(南五星)의 묘가 발굴됐는데 피부가 살색 그

대로인 미라 상태였다. 남오성의 키를 측정해 보니 190센티미터였다. 미라는 실제보다 신체가 줄어드는 만큼 생전의 키는 195센티미터 정도로 추정되었다. 조선시대 성인남성 평균 보다 30센티미터쯤 더 큰 셈이다. 당시 무인들의 체격을 짐작할 수 있게 해주는 사례가 된다).

훗날 이경준의 보좌관을 지낸 19대 통제사 구인후가 두룡포기사비를 세워 그의 공적을 기렸으니 기사비에 나오는 이경준 관련 기록을 옮겨보자.

"…공(公, 이경준)은 비록 무예로써 몸을 드러내었으나 경서(經書)와 사기(史記)에 널리 통하였고 시(詩)와 예(禮)에도 조예가 깊었다. 태도가 온화하여 옛 선비 같은 장수의 기풍이 있었다. 그래서 이르는 곳마다 명성을 얻었다. 평안절도사를 두 번 지냈고 황해절도사도 두 번 지냈으며 충청병사를 한 번 지냈다. 군과 백성들이 부모처럼 그를 공경하고 신명같이 위엄을 느꼈다… 이런 까닭으로 조정에서 그를 중히 여겨 요직을 맡겼고 두 번이나 통제사로 삼았다… 충무공 이순신 장군이 앞서 적을 파하여 나라를 다시 일으킨 업적을 세웠고 공이 뒷날 진영을 설치하여 만세토록 이로움을 주었으니 전후 두 이씨(이순신과 이경준)의 출현이 때를 맞추었다고 말할 만하다…"

칭찬 일변도의 글이긴 하지만 보좌관 출신인 구인후가 이 같은 존경의 뜻을 표한 것 자체가 이경준의 넉넉한 인품을 짐작케 해준다. 사실 이경준의 성격은 비교적 합리적이었던 모양이다. 영의정 이덕형이 왕의 면전에서 언급한 평이다.

"(이경준이)평안병사로 있을 적에 처신이 검소하고 맡은 일을 잘 조처하였으므로 군졸들이 많이 좋아하였습니다. 상하의 장졸이 모두 아끼고 받들 줄 압니다."

-선조실록 1602년 12월 29일자

이경준은 6대에 이어 9대 통제사(1609.7~1611.7)를 한 번 더 역임할 정도로 실력을 인정받았다. 통제사 재임 시절 기상 관련 보고를 자주 올렸는데 흥미로운 점이 적지 않다.

"통제사 이경준이 치계하였다. 이달 3일 이경(二更, 밤 10시쯤) 사나운 바람이 불고 소나기가 퍼부었는데 천지가 어두워서 지척도 분별하기 어려웠고 인가가 모두 날아가고 나무가 뽑혔으며 파도가 하늘까지 닿고 사나운 물결이 산더미와 같았습니다. 군기(軍器)와 잡물(雜物)은 태반이나 유실되었고 격군 9인이 빠져 죽었으며 진중에 있는 전선은 원수(元數)가 19척인데 7척이 부서졌습니다. 풍변(風變)이 참혹하기가 싸움을 치른 것보다 심하여 방어가 몹시 약해졌으니 매우 염려됩니다."

-조선왕조실록 선조 36년(1603년) 7월 26일자

"통제사 이경준이 장계하기를, 12월 19일 밤 초경(初更)에 하늘의 동쪽과 서북쪽에 빛은 불꽃같고 형상은 피륙을 누인 것 같은 적기(亦氣, 붉은 기운) 두 줄기가 하늘 끝까지 뻗기도 하고 하늘 가운데까지 뻗기도 하며 나타났다 사라졌다 하다가 2경에 사라졌으니 이번이 비상합니다."

-조선왕조실록 선조 37년(1604년) 1월 14일자

"통제사 이경준이 치계하였다. 7월 18, 19일에 비바람이 크게 불어 각

진의 건물과 여염집이 모두 날아가 버렸고 공사(公私)의 배들은 모두
부서져 남은 것이 없으며 사람들이 익사하고 해변의 벼들은 마치 서
리를 맞아 말라죽은 것 같습니다…"

-조선왕조실록 광해군 1년(1609년) 8월 10일자

7대 통제사(1605.9~1607.6) 이운룡(李雲龍 재령이씨 1562~1610)
전란 초기 원균 휘하 장수…아산에서 풍악 울렸다가 혼쭐나다

명종 11년(1562년) 경상도 청도에서 남해현령을 지낸 이몽상의 아
들로 태어났다. 1592년 31살에 거제도 옥포만호로 재임하던 중 조
일전쟁을 맞았다. 경상우수사 원균의 휘하로 있으면서 이순신의 전
라좌수영에 지원요청할 것을 건의하는 등 전쟁 초기에 발 빠른 대
응을 한 인물로 기록돼 있다. 옥포해전과 고성 적진포해전에서 우
치적(禹致績)과 함께 선봉을 맡아 적선을 다수 격파하는 등 해전에서
공을 세웠다. 이순신이 삼도수군통제사로 부임하자 막하로 들어가
이룬 업적이 많았고 1596년에는 이순신의 천거로 정3품 절충장군
에 오르고 경상좌수사를 제수받았다.

전쟁이 끝난 뒤인 1602년 5대 통제사 후보로 올랐다가 류형에 밀
렸으나 1604년 선무공신 3등에 봉해져 식성군(息城君)이란 군호까지
받았다. 삼도수군통제사는 선무공신에 봉해진 이듬해에 임명됐다.
통제사로 제수받고 통제영으로 가는 길에 충무공의 부인 온양방씨
(溫陽方氏)에게 인사를 드리고자 충청도 아산 이순신 본가를 방문했
다. 이때 휘하 의장대를 이끌고 풍악을 울리며 행진했다가 방씨에

게 혼쭐이 난 일화가 유명하다. 방씨 부인은 어려서부터 슬기롭고 대담한 여인이었다. 아버지 방진(方震)이 전라도 보성군수로 있던 어느 날 화적떼가 관아를 습격하였다. 방 군수가 명궁(名弓)임을 알았던 도적들은 관아의 계집종과 내통해 군수의 화살을 모두 숨긴 뒤였다. 방 군수가 도적을 쫓기 위해 활을 들었지만 화살이 없어 발만 굴리고 있었다. 이때 군수의 12살 난 외동딸이 베틀에 쓰는 대나무 가지 한 아름을 바닥에 쏟으면서 큰 소리로 "아버님 화살이 여기 있사옵니다."라고 소리치자 놀란 도적떼가 줄행랑을 쳤다는 이야기가 전해 온다. 이처럼 담대하고 지혜 높은 방씨는 "이순신 장군을 모셨던 부하장수로서 충무공의 묘소 근처에서 풍악을 울리며 화려하게 행진을 하다니 그러고도 장군의 막료라 칭할 수 있겠소?" 하며 호되게 질책했다고 한다. 방씨의 지적에 이운룡은 즉시 잘못을 인정하고 용서를 빌었다고 한다. 방씨의 경우 바른 성격과 함께 실수를 인정하는 이운룡의 성품이 잘 드러난 일화라고 하겠다. 통제사 이운룡은 1606년, 이순신 장군을 배향하는 사당인 충렬사(忠烈祠)를 창건하였다.

　이운룡이 통영에 있던 시절 통제사의 격이 한층 높아졌다. 그때까지 경상우수사가 본직이면서 삼도수군통제사를 겸하였던 데서, 통제사를 본직으로 하되 경상우수사를 겸하게 한 것이다. 경상전라충청, 삼도의 관찰사가 통제사를 얕보고 절제하려 들 가능성을 차단하기 위함이었다. 선조 40년(1607년) 5월 6일자 실록의 기록이다.

통영 충렬사

"비변사가 아뢰기를, 통제사를 처음 설치할 때 체면(통제사의 비중과 위상)이 가볍지 않은데도 깊이 생각하지 않고서 수사(水使)를 본직으로 삼고 통제사를 겸하게 하였으므로 구습이 오래되어 지금까지 그렇게 하고 있습니다. 만약 그렇다면 수사가 순찰(관찰사) 아문의 절제를 받아서 문서를 보내거나 호령을 할 때에 서로 다투게 될 듯합니다. 조정에서 설립한 본의가 어찌 그렇겠습니까? 지금 이후에는 통제사를 본임으로, 수사를 겸임으로 삼아서 사체를 높이고 해방(海防)의 직임을 중하게 해야 합니다."

통제사를 역임한 뒤 이운룡은 여진족의 움직임이 심상치 않은 가운데 함경남병사가 되어 변방을 지켰고 이어 포도대장에 올랐다.

그러나 최소 3차례 탄핵을 받는 등 정치적 기복도 적지 않았다. 광해군 2년(1610년) 사헌부는 이렇게 이운룡을 탄핵하고 있다.

"전일에 통제사가 되었을 때 큰 배를 새로 만들어 쌀과 재물을 가득 실어다가 권간(權奸)에게 뇌물을 주니 사람마다 통분해 하지 않는 이가 없었는데 이로써 추천을 받아 (함경도)남병사에 제수되어 군병과 백성을 침학하여 탐욕을 자행하였습니다. 변방의 걱정이 급해지는 때인데도 임기가 다 되도록 방비에 관한 기구는 전혀 염두에 두지 않아 한 물건도 수선한 것이 없으며 국상(國喪) 때는 공공연하게 거문고와 노래를 듣고 날마다 술에 취하는 것으로 일을 삼았으니, 비록 무관으로 공로가 있는 재상 반열의 사람이라고는 하지만 어찌 감히 임금을 잊고 나라를 등지기를 이처럼 심하게 할 수 있습니까…"

-조선왕조실록 광해군 2년(1610년) 1월 16일자

이 같은 거센 탄핵을 무관 이운룡은 받아들이기 힘들었던 모양이다. 벼슬에서 물러나 귀향했다가 그해, 49살 나이에 타계하니 탄핵의 충격과 억울함 탓이 아닌가 싶다. 사후에 병조판서로 추증되었다.

10대 통제사(1611.8~1614.4) 우치적(禹致績 단양우씨 1560~1628)
노량해전 때 이순신을 지근 보좌…함경북병사 시절 진중에서 사망

조일전쟁 당시 거제도 영등포 만호로서 이운룡과 함께 원균의 대표적인 막료장수로 여러 해전의 선봉에 섰다. 옥포·적진포·합포해전 때 제일 먼저 적선에 올라타 적을 죽이고 포로로 잡힌 백성들을 구해내는 등 용맹을 떨쳤다고 한다. 한산대첩 등 각종 해전에서 세운 전공 덕분에 거창현감과 순천부사 등을 역임했다. 1597년 7월 칠천량해전 때는 순천부사로서 참전했으나 대패하여 통제사 원균과 전라우수사

이억기, 충청수사 최호 등 많은 장수가 전사할 때 어렵사리 탈출하여 훗날을 도모할 수 있었다. 우치적은 명궁(名弓)으로 1598년 노량해전에서는 적장 한 명이 큰 활을 쥐고 누선(樓船, 누각을 올린 대형 전선) 위에서 전쟁을 지휘하는 것을 보고 쏘아 잡는 등 많은 적을 죽였고 통제사 이순신을 지근에서 보좌하였다. 이순신이 총탄에 쓰러진 뒤에는 우치적이 실질적으로 전투를 지휘해 승리로 이끌어 칭송을 받았다.

1601년 충청수사를 역임함으로써 통제사에 오를 수 있는 경력을 갖췄다. 통제사 재임 시절 부정부패 혐의로 탄핵을 받기도 하였다.

"사헌부가 아뢰기를… 군량을 갖춘다는 핑계 하에 군관을 열읍(列邑, 여러 고을)에 나누어 파견하여 사소한 소금과 미역 등의 물건까지 싸가지고 옵니다. 그리고 미곡 약간 석(石)을 강제로 배정하면 수령들은 맞추어 마련할 길이 없으므로 부득이 민결(民結, 백성들의 땅)에 나누어 배정하여 기한을 짧게 잡아 독촉해 징수합니다. 이미 징수한 뒤에는 본읍에 그 미곡을 남겨두는데 혹 해를 넘기기도 합니다. 그러다가 이식이나 축이 날 것 같으면 또 본읍의 민결로 바꿔 이식을 거두고 명목이 없는 세금을 내게 합니다. 이처럼 불법적인 징수가 끝이 없으므로 얼마 남지 않은 백성들의 원망과 울부짖음이 하늘에 이르고 있습니다. 군기를 갖춘다는 핑계하에 삼로(三路) 열읍의 재능이 있는 공장(工匠)들을 모두 (통영에)모아놓고서는 각종 기구를 제작하게 하여 남에게 뇌물을 써 명예를 구할 터전을 삼고 있습니다. 듣는 사람들이 모두 놀랍고 분하게 여기지 않는 이가 없습니다. 통제사 우치적을 파직한 뒤 추고하여 나머지 사람들을 경계시키소서. 미곡을 바꾸기 위해 강제로 배정하는 일과 삼로의 공장들을 모아 부역을 시키는 폐단은 본도 감사로 하여금 각별히

망일루(望日樓) 광해군 3
년(1611년)에 통제사 우치적
이 지었으나 화재로 소실된
것을 영조 45년(1769년) 통제
사 이국현이 복원한 건물로
망일루에는 커다란 종을 달
아서 주민들의 통행금지와
해제를 알려 종루라고도 불
렸다.

금지하게 하소서."

－조선왕조실록 광해군 5년(1613년) 8월 18일자

그러나 왕(광해군)의 신임 덕분인지 별문제 없이 지나갔다. 통제사 역
임 뒤에는 순변부원수, 평안도병사를 거쳐 함경북병사로 재임하던 중
진중에서 사망했다. 통제사 재임 중 통제영에 망일루(望日樓)란 누각을
세웠는데 훗날 망실됐던 이 건물을 2000년 통영시에서 재복원하였다.

15대 통제사(1617.4~1619.9), **17대 통제사**(1621.4~1622.2)
정기룡(鄭起龍 진주정씨 1562~1622)
조일전쟁 때 의병장으로 활약…정승의 품계로 통제사직 수행

정기룡은 흔히 의병장으로 알려져 있지만 관군의 장수로 더 많이
활약하였다. 경상도 하동에서 좌찬성을 지낸 정호의 아들로 태어났

으며 후일 곤양정씨(昆陽鄭氏)의 시조가 되었다. 원래 이름은 무수(茂壽)였지만 선조 19년(1586년) 25살에 무과에 급제하자 왕이 '기룡(起龍)'이라는 이름을 지어주었다. 기룡이란 이름을 갖게 된 데는 이런 이야기가 전해지고 있다. 선조 19년 10월의 어느 날, 왕이 잠을 자는데 흰구름이 종루를 자욱하게 에워싸더니 거대한 용이 종루 기둥을 칭칭 감으며 올라가고 있었다. 눈에는 푸른빛이 형형하고 비늘은 황금빛이었다. 왕이 놀라 소리를 지르자 용은 왕을 돌아보며 하늘로 날아가는 것이었다. 왕이 고함을 지른 끝에 잠에서 깨었다. 용꿈은 상서로운 징조였던 만큼 왕은 호위무감(護衛武監)을 불러 종루로 나가 무슨 일이 있는지 알아보라고 지시하였다. 잠시 후 무감은 칠척장신에 초라한 형색을 한 청년을 데리고 돌아왔다. 청년의 눈빛이 꿈에서 본 용의 눈처럼 형형하였다. 종루에는 별일이 없고 웬 청년이 종루 기둥에 기대어 잠을 자고 있어 데려왔다고 무감은 말하였다. 왕이 청년에게 왜 종루에서 자고 있었는지 물다. "소인은 경상도 하동에서 태어나 지금은 상주에서 살고 있는 정무수라 하옵니다. 무과에 응시하였는데 방이 붙기를 기다리던 중에 노자가 부족해 숙소에 들지 못하고 종루에서 눈을 붙이고 있던 중이었습니다."라고 우렁찬 목소리로 대답하였다. 왕이 "훌륭한 장군감이다. 앞으로 기룡이라 부르도록 하라"면서 이름을 지어주었다고 한다. 왕의 꿈 내용은 정확히 알 수 없지만 선조가 기룡이란 이름을 내린 것은 사실이다.

등과(登科) 이후 신립의 막하에 들어갔다가 1591년에 훈련원 봉사가 되었다. 조일전쟁이 일어나자 경상우도 방어사 조경(趙儆)의 휘하로 출전하였다. 첫 전투인 거창에서 기병 수십기를 거느리고 일본군 500여 명을 격파하였고 금산싸움에서는 포로가 된 조경을 필마단기로 구출하면서부터 '조자룡'이란 별명을 얻게 되었다. 처음 그가 거느린 군사들이 정규군이 아니었기에 정기룡은 의병장으로 불리기도 하지만 1592년 9월 곤양의 수성장이 되면서부터는 관군장수가 되었다. 상주성을 점령하고 있던 적군을 물리치고 성을 되찾으니 상주는 이로부터 평안을 되찾았다. 곧바로 상주목사에 임명되었다. 지금도 상주 충의사(忠毅祠)에서 정기룡 장군을 배향하고 있다. 1597년 정유재란 때는 토왜대장, 경상우병사 등에 임명돼 고령과 성주, 합천, 초계, 의령 등 여러 고을을 되찾았고 경주성과 울산성을 회복하는 데 앞장섰다. 명나라 부총병 이절이 전사하자 명나라 황제가 정기룡을 총병관으로 제수하니 조선의 장수가 명나라의 장군직을 받기는 처음 있는 일이었다. 선조는 "기룡이 아니면 영남이 없고 영남이 없이는 오늘 나라가 없었을 것이다"라고 칭찬하였다. 이런 정기룡이 역임한 최고위직이 삼도수군통제사였으니 통제사가 지닌 위상을 알 수 있다.

정기룡은 통제사를 제수받은 이듬해(1618년) 숭록대부(崇祿大夫)에 오르니 종1품에 해당하는 고위 품계였다. 또 3년 뒤 1621년에는 보국숭록대부(輔國崇祿大夫)로 특진하니 정1품 최고위 품계였다. 의정부에 비기면 정승의 품계에 해당된다. 원래 통제사는 종2품 가선대부(嘉善大夫)가 임명되는 직책이었지만 정기룡처럼 높은 품계를 지닌 사람이 통제사 직을 수행한 경우가 허다하였다. 고품계의 관리가 낮은 직책을 수행하는 것을 행직(行職)이라 부르는데 통제사 가운데는 유독 행직이 많았으니 정치적 · 군사적 비중이 컸기 때문이다.

정기룡은 15대와 17대 두 차례에 걸쳐 통제사를 지냈다. 두 번째 통제사직을 수행하던 중 광해군 14년(1622년) 봄에 진중에서 환갑의 나이로 숨을 거두니 무인으로서는 영광된 죽음이었다. 뿐만 아니라 다행스런 죽음이었으니 그가 타계하고 1년 뒤 인조반정이 일어나 정국이 바뀌었기 때문이다. 정기룡은 광해군에게 나전팔첩대병(진주빛 조개껍데기, 즉 나전으로 만든 8폭짜리 큰 병풍)을 만들어 바치는가 하면 활과 화살을 대량으로 제작해 조정에 올려 보내는 등으로 해서 왕의 총애를 많이 입었고 말년에 그를 비방하는 무리가 없지 않았다. 만약 인조반정 때까지 살아 있었다면 친(親)광해군파로 분류돼 무슨 해를 입었을지 알 수 없다.

인조반정으로 운명 바뀐 통제사들

18대 통제사(1622.5~1623.3) **원수신**(元守身 원주원씨 1573~1625)
광해군 후궁의 부친…인조반정으로 통제사직에서 쫓겨나다

광해군의 후궁 원씨의 아버지로서 전라우수사 등을 역임해 수군지휘 경험이 풍부했던 통제사이다. 제1장에서 언급했던 것처럼 인조반정 당시 반정군 핵심인 구인후에게 통제사 직을 빼앗긴 불운한 인물이다. 딸을 왕에게 바칠 정도로 권력자와 지나치게 가까웠던 것이 그의 운명을 해친 요인이었다고 하겠다. 참고로 원수신의 딸 후궁 원씨는 인조반정 직후 궁에서 쫓겨나 중도부처(中途付處, 유배지로 가는 중도에 지내게 하는 형벌) 되었다는 기록이 있다. 인조반정 당시 원수신의 선택은 매우 중요한 의미를 지니고 있지만 그에 대한 기록은 부실하기만 하다.

다만 인조 2년(1624년) 11월, 선조의 일곱째 아들 인성군(仁城君)을 새로운 왕으로 세우려다 적발됐다고 하는 '박홍구 역모 사건' 공초에 원수신의 이름이 거론된다. "무장 원수신(元守身)과 문신 정문부(鄭文孚)에 대해서는 장차 설득하여 참여시키려 하였으며…" 역모에 적극 참여했다는 기록은 아니지만 이름이 거명된 것 자체가 불길하다. 이로 미뤄 볼 때 통제사에서 쫓겨난 이후에도 원수신의 처지는 꽤나 고달팠을 것이 틀림없다. 원주원씨 가문에서도 그의 후일 행적에 대한 자세한 기록이 없으니 역사적 패배자인 까닭에 후손이 흥성하지 못한 데다 관련 기록도 많이 망실된 탓이라고 하겠다.

19대 통제사(1623.4~1625.4), 25대 통제사(1633.5~1633.11)
구인후(具仁垕 능성구씨 1578~1658)
인조반정의 실세…두룡포기사비를 건립한 훗날의 좌의정

구인후의 행적에 대해서는 앞서 수차례 언급했기에 통제사 취임 이후의 발자취를 살펴본다. 통제사에 임명된 이듬해(1624년) 이괄의 난이 일어나자 구인후는 수하병력 5백 명을 이끌고 경상우병사 신경유와 함께 서둘러 상경하였다. 한양으로 가는 길에 구인후는 경상감사 민성휘(閔聖徽)에게 일러 양산에 귀양 가 있던 광해군의 측근 권진(權縉)을 죽이도록 사실상 명령하였다. 광해의 총애를 받던 권진이 이괄과 연계하면 곤란하다는 판단에서였다. 사대부를 재판 없이 죽이는 것은 당시로서는 생각하기 힘든 일이었지만 경상감사 민성휘는 구인후의 요구에 반대하지 못하고 청도군수를 보내 목을 베게 하였다. 경상감사에게 권진을 죽이도록 지시한 이 일화를 통해 구인후가 법규에 얽매이지 않는 과감한 인물임을 짐작할 수 있을 뿐 아니라 통제사의 실제 권력이 경상도 관찰사를 능가했음을 알 수 있다.

1627년 정묘호란이 일어나 왕이 강화로 피난했을 때는 주사대장(舟師大將)이 되어 후금의 군사를 막았고 이후 한성부윤과 훈련대장, 전라병사, 포도대장 등을 역임하였다. 1628년 훈련대장 재임 시절 네덜란드인 '얀 벨테브레'(Jan J. Weltevree, 훗날 박연(朴淵)으로 개명함)가 표류해 오자 그를 휘하에 넣어 서양식 대포 제작법과 사용법을 가르치게 함으로써 조선군의 화력을 증강시키는 등 열린 사고를 가지고 있었다. 구인후는 1633년에 다시 한 번 삼도수군통제사로 부임한다. 훈련대장으로 군의 최고 실세였기에 얼마든지 다른 직책을 가질 수 있었던 그가 통제영을 다시 찾은 것은 10년 전(1623년~1625년)의 통제사 시절을 그리워했기 때문으로 추정할 수 있다.

1636년 병자호란이 일어나자 군사 3천 명을 거느리고 남한산성에 들어가 왕을 호위하였고 종전 후에는 어영대장과 도총부 도총관, 비변사 제조, 의금부 판사 등을 역임했다. 훈련대장 겸 어영대장으로 있던 1644년 심기원(沈器遠)의 역모를 적발해 진압한 공로로 영국공신(寧國功臣) 1등에 책록되고 능천부원군(綾川府院君)이란 군호를 받았다.

심기원은 인조반정에 참여했을 뿐 아니라 이괄의 난이 일어나자 한남도원수(漢南都元帥)로서 반군을 진압하는데 큰 역할을 한 인물이다.

이괄이 왕으로 추대한 흥안군(興安君) 이제(李瑅)를 목매달아 죽인 것으로도 유명하다. 심기원이 반역을 시도한 이유는 잘 알려지지 않았지만 1636년 병자호란 때 제도도원수(諸道都元帥)로서 패전의 책임을 지고 죄를 받은 일로 마음이 상했기 때문으로 추정된다. 평소 심기원은 거사를 도모함에 있어 구인후를 가장 두려워했고 이 때문에 매일같이 문안인사를 하며 눈을 속이려 했지만 구인후는 일찍부터 그를 의심하고 있었다. 그러던 중 1644년 3월 심기원의 막료장수 황헌(黃瀗)과 이원로(李元老) 등이 야밤에 구인후를 찾아 역모를 실토하자 그는 재빨리 대궐로 달려가 뿔피리를 불어 군사를 모으고 장교를 여러 곳으로 파견해 심기원 일당을 체포하였다. 황헌과 이원로는 심기원의 역모를 고변한 공로를 인정받아 훗날 차례로 통제사에 오른다(황헌 37대, 이원로 38대). 심기원의 무리를 심문한 결과 모두가 구인후를 가장 꺼려해서 거사일에 장사 40명을 별도로 파견해 구인후를 먼저 죽이고자 했다고 진술하였다.

구인후는 인조반정과 이괄의 난, 심기원의 역모 등 역사의 굽이가 바뀌는 대형사건마다 언제나 승자의 편에 서 있었고 그 결과 크게 성공할 수 있었다. 실제로 모든 통제사는 구인후처럼 생사가 걸린 싸움에서 이긴 쪽에서 배출되었다.

구인후는 이후 훈련대장과 공조판서, 병조판서를 거쳐 1653년 우의정으로 정승반열에 오르고 이어 좌의정까지 역임하였다. 구인후는 공조판서와 병조판서를 역임하는 동안에도 훈련대장, 어영대장, 금위대장 등 각종 실권을 겸직하여 막강한 권력을 휘둘렀는데 대개 그의 막내숙부 구굉과 군부의 핵심요직을 주고받았다. 요직의 한가운데서도 구인후는 인조의 큰며느리 소현세자빈 강씨(姜氏)의 신원을 요구하다 죄를 입은 김홍욱이란 인물을 옹호해 삭직을 당하는 등 나름의 원칙을 지녔고 할 말은 하는 장수였다고 한다.

그는 '장신에 기골이 장대했으며 호랑이 상의 머리에 원숭이처럼 팔이 길어 무인의 풍모가 역력했다'고 기록돼 있다. 1652년 효종 3년 왕이 한양 서쪽 교외에서 열병식을 할 때 훈련대장이던 구인후는 71살의 고령이었지만 말을 달리고 빙빙 돌거나 이리저리 몰고 다니는 과정에서 조금의 실수가 없어 왕이 매우 기뻐했으며 좋은 말을 하사했다는 일화가 있을 정도로 나이 들어서도 강건하였다. 효종 5년(1654년) 2월, 77살의 고령에 사은사가 되어 북경을 다녀올 정도로 강건하였다. 구인후는 81살에 세상을 떠났는데 당시로서는 꽤나 장수한 셈이다.

구인후는 1625년 두룡포기사비(頭龍浦記事碑)를 세워 6대 통제사 이경준이 세병관을 세우고 통제영을 건립한 경위를 후세에 남겼다. 구인후는 일찍이 이경준의 보좌관을 역임하면서 상관의 신임을 크게 받았다고 한다. 옛 상사의 공적을 기리는 기념물을 남겼다는 점에서 그가 주변 사람들을 잘 챙겨주는 스타일이었음을 짐작할 수 있다.

20대 통제사(1625.5~1627.8) 이수일(李守一 — 경주이씨 1554~1632)
공조판서 역임 후 통제사에 오른 '이완 대장의 부친'

충주 서촌, 오늘날 충북 음성군 감곡면 경주이씨 가문에서 출생하였다. 서른 살이 되던 선조 16년(1583년) 무과에 급제해 훈련원에 배속

되었다가 1590년 선전관이 되면서 두각을 나타내기 시작했다. 1591년 경상도 장기현감이 되었다가 이듬해 조일전쟁이 일어나자 적과 열심히 싸워 전공도 세웠으나 예천에서는 패전도 경험하였다. 1593년 밀양부사가 되었고 이어 경상좌수사와 경상우병사를 역임하며 벼슬이 높아졌다. 광해군 4년(1612년) 평안병사가 되었고 이후 세 차례나 함경북병사를 역임하며 여진족의 침공을 격퇴하였다.

인조반정의 핵심세력은 아니었지만 반정에 내응한 공으로 신정부의 공조판서에 임명되었다. 이듬해 이괄의 난이 일어나자 이괄의 직책이었던 '평안병사 겸 4도부원수'가 되어 난군을 무찌르는데 공을 세웠다. 이괄이 난을 일으킨 원인 가운데 하나가 자신의 공이 이수일보다 큰 데도 이수일은 공조판서에 제수된 반면 본인은 한성판윤(곧이어 평안병사)에 임명된 것에 불만을 품은 때문으로 알려져 있었으니 이수일로서는 이괄과의 전투에 목숨을 걸지 않을 수 없었다. 서울 외곽 길마재(안현, 鞍峴)에 진을 치고 이괄의 군대를 무찔러 한양을 수복한 공으로 진무공신(振武功臣) 2등에 책록되고 계림부원군(鷄林府院君)이란 군호를 받았다. 이괄의 난 이듬해 삼도수군통제사가 된 것도 진압의 공로덕분이다. 통제사로 제수돼 통영으로 떠나기 전 하직인사를 올리니 왕(인조)이 72살의 이수일에게 활과 화살, 호피(虎皮) 등을 하사했다는 기록이 있다. 통제사에게 활과 화살을 내리는 것은 계속된 전통이지만 호피까지 준 것은 왕의 신임이 그만큼 돈독했다는 뜻으로 풀이된다. 통제사에서 물러난 이듬해인 1628년 형조판서가 되었고, 후금의 압력이 강해지던 시절 1631년 수어사(守禦使)가 되어 남한산성 방어태세를 강화하였다. 훗날 좌의정에 추증되었다. 시호는 이순신 장군과 같은 충무(忠武)를 받았다.

아들은 훈련대장과 우의정을 역임한 이완(李浣) 대장이니 아버지보다 약 20년 뒤에 역시 삼도수군통제사에 취임한다. 일찍이 이완이 아버지 이수일에게 "무관 아무개가 기생의 부모를 위해 제 손으로 그 집에 울타리를 해 주었으니 그와는 사귀지 않으려 합니다."라고 말했다. 이를 들은 이수일은 "자기 몸에 허물이 없는 연후에야 가히 남을 꾸짖을 수 있을 것이다. 네 아버지가 젊었을 때에도 역시 그런 일이 있었느니라." 하니 이완이 감히 친구를 허물하지 못했다고 한다. 이는 이긍익의 연려실기술에 나오는 내용이다. 이수일은 아들이 지나치게 경직된 사고를 갖는 것을 경계하고자 이 같은 충고를 했던 것 같다. 이수일은 인조 9년(1631년) 6월, 갓 30살 된 이완이 평안병사에 임명되자 '저의 아들은 미숙하니 중책을 맡겨서는 안된다' 는 취지의 상소를 올릴 정도로 자식에게 엄격하였다.

22대 통제사(1629.7~1631.8) 구굉(具宏 능성이씨 1577~1642)
인조의 외숙부…조선 군권을 주도한 '실세 통제사'

좌찬성을 지낸 구사맹(具思孟)의 아들이요 인헌왕후(仁獻王后, 인조의 어머니로 인조의 부친 정원군이 원종으로 추존되자 왕후로 추봉되었다.)보다 한 살이 많은 오빠다. 따라서 인조의 외숙부가 된다. 1595년 명나라 사신으로 뽑힌 큰형님 구성(具宬)을 따라 19살의 나이에 중국에 다녀왔고 22살이던 1598년 목장을 관리하는 감목관(監牧官)으로 관직에 올랐다. 이후 선전관, 도총부도사 등을 거쳐 1605년 고창현감이 되었고 32살이던 1608년에야 비로소 무과에 급제하여 다시 선전관이 되었다. 당시 무관 가운데는 조상 덕에 관직에 올랐다가 뒤늦게 무과에 급제해 위치를 다지는 경우가 더러 있었다. 1615년 외조카인 능창군이 죽게 된 '신경희의 옥사', 1617년 인목대비 폐모론(廢母論) 등에 분노해 이서, 신경진, 구인후 등과 함께 외조카 능양군(綾陽君)을 새로운 왕으로 세우자는 반정을 모의하였다. 1623년 인조반정 때 역할을 해서 정사공신(靖社功臣) 1등으로 능성부원군(綾城府院君)에 봉해졌다.

1624년 이괄의 난 때는 공주까지 왕을 호종하였고 한성판윤을 거쳐 1627년 정묘호란이 일어나자 왕을 호위하여 강화도로 간 탓에 종1품 하계(下階) 숭정대부(崇政大夫)에 오르고, 이어 1629년 삼도수군통제사에 취임하였다. 통제사로는 장조카 구인후보다 후임이다. 통제사 시절 구굉은 통제영 소속 둔전(屯田)의 면세를 요청하였고, 호조(戶曹)는 이에 반대하는 내용이 실록에 나온다.

"통제사 구굉이 통영의 둔전에 대해 예전대로 급복(給復, 면세)해 주어서 둔전군을 잘 보살피도록 청하였는데 호조가 답변하기를 '통영의 둔전은 처음에 군량이 모자랐기 때문에 공한지에만 설치하였는데 그 뒤 연해에 까지 파급되었고 내지에도 퍼지게 돼 그 폐단이 한이 없습니다. 원전(元田, 둔전이 아닌 원래부터 있던 농지)을 경작하는 자들이 둔소(屯所)에 위탁하여 면세 받는 발판을 삼아서 둔전이 없는 데가 없으니 세입이 줄어들고 민역(民役)이 균등하지 못한 것은 전적으로 여기에 그 이유가 있습니다. 만약 변통하지 않을 경우 앞으로 그 폐해를 구제하기 어려울 것이니 이순신이 둔전을 설치한 뜻에 따라 연해와 가까운 지역에만 설치하도록 하고 먼 지역에 설치되어 있는 둔전을 적당히 헤아려 혁파하소서.' 하였다."

-조선왕조실록 인조 7년(1629년) 9월 26일자

1631년 형조판서를 거쳐 종1품 상계(上階) 숭록대부(崇祿大夫)로 승차하였다. 1636년 병자호란 때는 공조판서로서 경기도의 군사를 이끌고 왕을 호종하여 남한산성을 지켰다. 형조판서 3번, 공조판서 4번, 병조판서 2번을 역임하는 등 55세 이후의 일생을 현직 판서로 살았다. 판서로 재직하는 동안에도 도총관, 의금부판사, 훈련대장, 어영대장, 포도대장, 총융사 등 조선군의 주요 포스트를 장조카 구인후와 함께 돌아가며 맡았다. 66세로 세상을 떠났는데 조금 더 살았으면 조카 구인후가 그랬듯이 정승의 자리에 올랐을 것이 분명하다.

23대 통제사(1631.8~1632.1) 신경원(申景瑗 평산신씨 1581~1641)
신립의 5촌 조카…병자호란 때 청군의 포로가 되다

우의정을 지낸 개(槩)의 후손이며 아버지는 신성확(申成確)이다. 신립장군의 5촌 조카로서 신경진, 경유, 경인 형제와는 6촌 사이다. 25살이던 1605년 무과에 급제하여 선전관에 등용되었다. 함경도 온성판관을 거쳐 온성부사로 승진하였으며 1619년에는 영유현령으로 평안도의 민생을 구휼한 공으로 벼슬이 높아졌다. 인조반정에 별다른 공이 없었지만 한집안이었던 신경진 형제와 뜻이 맞았을 것으로 보인다. 1624년 이괄의 난 때는 함경남병사로서 군사 8백 명을 이끌고 난을 진압하고자 황해도로 달려갔다. 황해도 황주의 신교(薪橋)에서 패전한 관군을 수습하여 서울 안현(鞍峴, 길마재)에서 반군을 격파하는데 공을 세웠다. 진무공신 3등으로 녹훈되고 평녕군(平寧君)에 봉해진 뒤 다시 함경도로 갔다. 함경남병사 시절 군액(軍額)에 빠져 있던 장정 550여 명을 찾아내 군포를 부과한 것으로 유명했다. 함경도 산골을 샅샅이 뒤져 군포를 부담시켰다고 봐야 한다.

통제사가 된 것은 1631년 51살의 완숙기였고 이즈음이 그의 인생에서 절정기였다. 그러다가 1636년 병자호란이 일어났을 때는 부원수로서 평안도 맹성의 철옹성을 지키다가 적군에 생포되어 수십일 동안 단식으로 항거했으나 종전 이후 패전의 죄로 귀양길에 올랐다. 1638년 석방돼 이듬해 총융사 겸 포도대장이 되었으나 전쟁 때 입은 상처가 악화돼 자주 앓다가 1641년 환갑 나이에 세상을 떠났다.

26대 통제사(1634.1~1636.2), 28대 통제사(1637.3~1639.4)
신경인(申景禋 평산신씨 1581~1641)
신립 장군의 3남에 인조반정 공신…신중·청렴한 무장으로 호평

조일전쟁 때 충주 탄금대에서 적을 막다 전사한 신립(申砬) 장군의 셋째 아들이다. 아버지가 전사했을 때 불과 3살이었다. 집안의 배경에 힘입어 1615년 26살에 무과에 급제하자마자 엘리트 보직인 선전관을 제수받았다. 그런데 같은 해 황해도 수안군수로 있던 사촌형 신경희(申景禧)가 반역을 도모해 능창군(綾昌君)을 왕으로 세우려 했다는 무고를 받아 옥사하고 능창군도 죽게 되자 큰형 경진(景禛), 둘째형 경유(景裕)와 함께 광해군 정권을 전복시키기로 결심한다. 신경희는 이들 형제의 사촌형이 되고 능창군은 신경인 형제에게 외조카가 되는 사이였기에 이들이 느낀 분노는 대단하였다 (제1장에서 설명했듯이 신경인 삼형제의 누이가 선조의 넷째아들 신성군에게 출가했는데 아들이 없어 능창군을 양자로 입적했다. 따라서 능창군은 이들에게 누이의 양아들, 외조카가 된다).

신경인 삼형제는 인조반정의 최고 실세인 김류(金瑬)와 절친해서 마음을 터놓고 정변을 모의했는데 김류의 아버지 김여물(金汝岉)이 신립의 종사관으로 탄금대전투에서 함께 전사했기 때문이다. 이들은 능창군의 큰형 능양군(綾陽君)을 왕으로 세우기로 뜻을 모았다. 신경인은 인조반정 당일인 1623년 3월 12일 밤, 둘째형 경유와 함께 수하의 군졸을 이끌고 능양군 호위부대에 합류해 대궐의 창의문에 제일 먼저 돌입하였다. 반정 직후 교동현감에 제수되었다가 곧 연안부사로 발탁되고 부임하기도 전에 경기수사에 올랐다. 정사공신 2등에 책록되고 동성군(東城君)에 책봉되었다.

1624년 이괄의 난에는 인조를 공주까지 호위하였으며 이어 전라병사로 갔다. 1627년 정묘호란이 일어나자 왕명을 받아 1만 명의 군사를 이끌고 북상하였으나 시일을 끌어 제때 당도하지 못한 죄로 파직되었다. 그러나 강원도 횡성에서 이인거 등의 역모가 일어나자 호위대장으로 특차된 형 경유의 뒤를 따라 토포사로 재기용되었다. 그 뒤 황해병사, 수원부사에 이어 1634년 45살에 제26대 통제사를 역임하면서 최고위급 무관으로 입신하였다. 1635년 포도대장이 되었고 1636년 병자호란 때는 남한산성에서 왕을 방어한 공적을 인정받아 1637년 제28대 통제사로 재임명되었다.

인조반정의 공신 구인후가 그랬던 것처럼, 왕의 인척이자 군부의 실력자인 신경인이 머나먼 통제영을 두 번씩이나 찾은 것은 통영의 기후와 음식이 그리웠던 탓이 아닐까 추정해 본다. 이 시절 신경인은 두룡포의 지리적 우월성을 조정에게 보고하면서 통제사로서의 존재감을 드러내고 있다.

"이곳(두룡포)은 내지에 있는 듯하지만 남쪽으로는 대양(大洋)으로 통해 있고 북쪽으로는 육지와 연결되어 있으며 서쪽으로는 굴량(堀梁)을 제어할 수 있고 동쪽으로는 견내량에 임해 있어 호남과 부산 사이에 있는 관방(關防)의 요해처로 이보다 나은 곳이 없습니다."

－조선왕조실록 인조 16년(1638년) 1월 15일자

1641년 호위대장과 포도대장을 겸임하던 중 큰형 신경진이 영의정이 되자 상피제(相避制)에 저촉돼 경기수사로 밀려났다가 경진이 죽자 어영대장으로 특차되었다. 조일전쟁 때 전사한 신립 장군의 아들이라는 집안 배경에다 인조반정의 공신이었던 탓에 형님 경진, 경유와 함께 조선의 군권을 쥐락펴락하였다. 경인의 큰형 경진은 아버지가 탄금대에서 싸우다 강물에 뛰어들어 숨진 탓에 평생 물고기를 입에 대지 않은 것으로 유명하다. 물고기들이 아버지의 육신을 뜯어먹었을 것이기 때문이란 설명이었다. 신경진과 경유가 자신들의 공을 믿고 부정비리를 저지르는 등 방자한 태도를 보인데 반해 경인은 신중하고 청렴함으로써 좋은 평판을 얻었다. 일찍부터 군략과 전술지리에 능하고 사졸을 잘 다뤄 촉망받는 장수였다고 한다.

후금·청(淸)과 관련 깊은 통제사들

29대 통제사(1639.4~1640.11), 32대 통제사(1642.2~1642.10)
류림(柳琳 진주류씨 1581~1643)
사촌형(류형)의 도움으로 성장, 형을 뒤이어 통제사 2회 역임

현감을 지낸 류회(柳淮)의 아들로서 일찍 부모를 여의고 사촌형 류형(柳珩)의 집에서 성장하였다. 류형은 이순신 장군을 잘 보좌했으며 5대 통제사를 역임한 무장이다. 1603년 23살에 무과에 급제하였지만 체격이 왜소하여 어려움이 많았다. 1609년에야 그를 알아본 이항복의 인정을 받아 훈련도감의 종9품 초관(哨官)에 임명되었다. 1611년 6품관에 승진하여 함경도 이성현감이 되고 이어 평안도 이산군수로 승진하였다. 1618년 충청수사가 되고 이듬해 황해병사가 되어 해주성을 쌓는 등 무비(武備)에 충실하였다. 전라도 수사로 재임하던 1630년 평안도 가도(椵島)에서 도망쳐 온 명나라 장수 유흥치(劉興治) 등이 난을 일으키자 수군을 이끌고 가서 평정한 이후 영변부사를 거쳐 평안도병사가 되어 후금의 침공에 대비하였다.

평안병사 시절인 1631년 류림은 그리 아름답지 못한 일을 저지른다. 후금의 병사들이 청천강 이북에 들어오자 숲속으로 달아났던 가산군(嘉山郡)의 촌민들이 흩어져 있던 후금 병사들을 잡아 죽였다. 후금에서 이를 알고 가산군수 방식(方軾)을 추궁하자 방식은 부원수 정충신과 병사 류림에게 사형수를 대신 죽여 보상하자는 꾀를 냈다. 평안감사 민성휘가 반대했지만 정충신과 류림이 제안을 받아들여 사형수를 죽여 후금에 보상을 했다가 이 일이 조정에 알려져 정충신과 류림은 죄를 추궁 받았다.

이후 오위도총부 부총관, 포도대장, 경상좌병사를 거쳤고 1636년 다시 평안병사가 되었다가 병자호란이 일어나자 청군을 뒤쫓아 추격하였다. 1639년 사촌형 류형이 거쳐 간 통제사 직에 올랐다. 1641년 청나라가 명나라를 공격할 때 출병을 요구하자 왕명을 받아 임경업과 함께 원병장으로서 요서의 금주(錦州)로 출정하였는데 고의로 참전을 회피하고 싸움에도 소극적으로 임해 청나라의 문책을 받았다. 1642년 제32대 통제사로 한 번 더 취임하였으나 부패혐의로 탄핵받아 파직되는 수모를 겪었다.

"간원이 아뢰기를… '통제사 류림(柳琳)은 전후로 직임을 받았을 때 탐욕을 부리고 방자한 짓이 심하여 미포(米布)를 경강(京江, 한강)으로 운반해서는 요로에 있는 자에게 뇌물로 주었는가 하면(통제영의 풍부한 물력은 통제사들이 정계실력자에게 인사청탁을 할 수 있는 바탕이 되었고, 이런 이유로 무관들은 통제사직을 선망하였다.) 또 부임할 적에 도성 문을 나가자마자 버젓이 가마를 타기도 하였습니다. 이런데도 다스리지 않으면 그 버릇을 징계할 수 없으니 파직하고 서용하지 말 것을 명하소서' 하였다."

—조선왕조실록 인조 20년(1642년) 9월 4일자

"간원이, 통제사 류림이 염선(鹽船, 소금싣는 배)으로 뇌물을 실어온 죄를 다스릴 것을 청하니 상이 따랐다."

—조선왕조실록 인조 20년(1642년) 9월 21일자

이듬해 복권되어 포도대장에 임명되었으나 교지를 받기 전에 죽었다. 후일 좌의정에 추증되었다.

31대 통제사(1641.6~1641.12) 이확(李廓 전주이씨 1590~1665)
청황제 즉위식에서 무릎 꿇지 않은 '강골'…이괄의 난 때 구사일생

신장이 8척이나 되고 목소리가 큰 종소리 같았으며 힘이 장사였다고 한다. 이항복의 추천으로 무과에 급제하여 선전관이 되었다. 한때 궁중의 금원(禁苑) 숲속에 들어온 호랑이를 잡은 일도 있었다.

인조반정 당시 34살 나이에 훈련도감의 부사령관 격인 도감중군(都監中軍)으로 돈화문 밖에서 수비하고 있었다. 밤에 반정군이 이르자 대세가 결판난 것을 재빨리 눈치채고는 진압을 포기했다. 당시 이확이 목숨을 걸고 반정군과 싸웠다면 성공하기가 쉽지 않았을 것이란 분석도 있다. 반정세력들이 거사 성공 후 그를 잡아 죽이려 하자 이귀(李貴)가 길을 비켜준 공을 역설해 목숨을 건졌다.

이듬해인 1624년 이괄의 난 때는 평산부사가 되어 반군과 맞서 싸웠다. 도원수 장만의 휘하에서 여러 장수들과 함께 평산 땅 저탄(猪灘)이란 곳을 지키려 했으나 이괄 군에 크게 패했다. 방어사 이중로를 비롯해 일곱 장수의 목이 잘렸을 정도의 대패였다. 이확은 자신의 말을 일부러 죽인 뒤 그 피를 온몸에 바른 다음 수많은 인마(人馬) 시체더미 속에 몸을 숨겨 목숨을 구하였다. 이 일화에서 이확이 제법 기지가 있었음을 알 수 있다. 이괄의 난이 진압되고 난 후 목숨을 걸고 싸운 공적이 인정되어 비로소 인조 신정부에서 출세가도를 달릴 수 있었다. 1633년 제주목사를 역임했고 1636년 후금이 국호를 청(淸)으로 고치자 이를 축하하기 위한 사절로 심양에 갔다.

그런데 후금이 국호만 고친 것이 아니라 황제국임을 칭하고 홍타이지 한(汗)이 황제 위(位)에 오른다는 천제(天祭)를 올렸다. 식장에서 청은 조선 사신들에게 무릎을 꿇을 것을 요구하였지만 이확 등은 조선은 청의 신하국이 아니라며 저항하다 청 신료들에게 구타까지 당하였다. 조선의 입조를 요구하는 청 태종 홍타이지의 국서를 받았지만 그대로 보고했다가는 처벌받을 것을 우려해 국서내용만 베끼고 실제 국서는 중도에 버리고 귀국하였다. 그러나 조선의 척화신료들이 '참담한 내용의 국서를 받고서도 그 자리에서 자결하지 않았다'는 이유로 벌주기를 요청하는 상소를 잇따라 올리자 이확은 평안도 선천으로 유배를 가야 했다. 그러다가 심양에서 무릎 꿇지 않은 사실이 알려져 석방되었다. 병자호란 때는 남한산성 농성전에 참전하였고 종전 후 충청병사를 거쳐 1641년 52살에 삼도통제사가 되었다. 통제사로 제수받은 뒤 불과 사흘 만에 사헌부에서 직권남용과 부패 등의 혐의로 탄핵하였지만 왕의 신임을 받은 덕분에 그대로 임명될 수 있었다.

"사헌부가 아뢰기를, 통제사 이확은 지나치게 형벌을 쓰고 마구 거둬들여 가는 곳마다 낭패를 보게 하였으니 통제사의 직임이 어찌 이런 사람에게 합당하겠습니까. 제수 명단이 발표되자 모두 놀라고 있으니 먼 지방 백성들의 실망을 상상할 수 있습니다. 파직시켜 서용하지 마시고 대임자를 엄밀히 가려 보내소서 하였는데, 여러 번 아뢰었으나 (왕이)따르지 않았다."

-조선왕조실록 인조 19년(1641년) 5월 19일자

훗날 병조판서로 추증되었다.

34대 통제사(1644.4~1646.3) 이완(李浣 경주이씨 1602~1674)
북벌운동을 주도한 '평생 훈련대장'

20대 통제사를 역임한 이수일의 아들이다. 23살이던 1624년 무과에 급제한 뒤 반정공신으로 군권을 쥐고 있던 이서(李曙)의 추천으로 만포첨사에 임명돼 무관의 길을 걷기 시작했다. 1627년 평안도 영유현령, 상원군수, 이듬해 숙천부사를 지내고 1631년 불과 30살에 평안병사에 올랐으니 무과급제 7년 만에 이룬 폭풍성장이었다.

1636년 병자호란이 일어나자 도원수 김자점(金自點)의 별장으로 출전해서 정방산성(正方山城)을 지켜 공을 세웠고 1638년 함경남병사로 옮겼다. 이듬해인 1639년 무관으로서는 드물게 동부승지에 임명되었는데 문관들이 독점해 온 직책에 무신이 임명되자 문관들의 반발이 심했다고 한다. 1640년 황해병사로 있으면서 청의 요구에 따라 임경업과 함께 명나라 공격에 나섰으나 명나라 장수와 연락해 양쪽에 사상자가 나지 않도록 조처했다. 이 때문에 청의 미움을 사서 이듬해 귀국한 뒤 한동안 벼슬에 나가지 못했다. 이후 대표적인 대청(對淸) 강경론자가 되었고 훗날 북벌운동을 실질적으로 수행하는 역할을 맡았다.

1643년 양주목사로 부임했다가 한 달 뒤 경기수사 겸 삼도수군통어사가 되어 수도권 해안경비에 전력하였고 이때의 수군경력을 바탕으로 1644년 삼도수군통제사로 기용되었다. 통제영에 재임하는 동안 통제사 집무실인 운주당(運籌堂)과 강무당(講武堂, 무예를 강론하던 건물), 호소각(虎嘯閣, 이순신 장군을 추모하는 사당)을 건설하는 존재감을 보여주었다. 실록에서도 통제사 이완의 이름이 자주 발견된다.

"비국(비변사)이 아뢰기를, 금년의 흉작은 공청도(충청도)와 경기의 해안 고을이 더욱 심한데, 내년 봄이 된다면 백성의 목숨은 어떻게 구제하겠으며 농사의 파종거리는 어디에서 나오겠습니까. 들건대 호남에 있는 통영의 미곡이 1만여 석에 달한다고 하니 지금 호서지방의 구호곡으로 옮겨 쓴다면 굶주린 백성을 살릴 수 있을 것입니다… (중략) …그 뒤에 통제사 이완(李浣)이 비변사의 공문을 보고 벼 6천 석을 경기와 충청우도에 나누어 줄 것을 청하니 상이 윤허하였다."

―조선왕조실록 인조 23년(1645년) 10월 23일자

이듬해에는 "통제사 이완이 쌀 1만 석을 경강(京江)에다 실어다 놓고 치계하기를 '서울에는 기근이 심각한데 본영(本營)에는 저축된 쌀이 넉넉합니다. 쌀을 베와 바꿀 때에 비록 값을 낮추어 판매한다 하더라도 본영은 이익을 얻을 수 있고 도성 백성들은 살 수 있습니다. 비국으로 하여금 상의해 결정하고 지휘하도록 하소서' 하였는데 비국이 아뢰기를 '피차가 모두 유익하고 공사(公私)가 둘 다 편리합니다' 하니

상이 따랐다."는 기록이 있다. (조선왕조실록 인조 24년(1646년) 1월 18일자)

당시 통제영은 군량미가 넘쳐나던 시절인데, 서울과 경기·충청 일대에 기근이 들자 1만 석의 쌀을 보내 베와 교환하게 함으로써 백성도 먹이고 통제영의 재정도 늘리고자 하였던 것이다. 이완이 군사방면 뿐만 아니라 경제 분야에도 눈을 뜨고 있었음을 짐작할 수 있다.

1649년 효종이 등극하자 북벌의 선봉부대인 어영대장에 기용돼 청나라와 일전을 벌이기 위한 군비확충에 주력하였고 김자점의 모반사건을 해결하기 위해 포도대장을 겸임하는 등 왕의 돈독한 신임을 받았다. 특히 효종 4년(1653년)에는 종래 반정공신이나 왕의 외척이 독점하던 관례를 깨고 훈련대장에 임명돼 현종 때까지 16년 동안 다른 자리를 옮기면서도 훈련대장만은 계속 역임하였다. 훈련대장을 겸할 수 있는 한성판윤이나 공조판서, 형조판서 등은 맡았지만 병조판서는 훈련대장직을 겸임할 수 없어 두 차례나 임명받고도 나아가지 않았다. 이 때문에 '이완=훈련대장'으로 알려지게 되었다. 그러나 말년에 우의정에 올라 공신이 아닌 무관으로서 정승에 오른 드문 기록을 세우기도 했다. 야심찬 북벌운동을 실질적으로 수행한 대장이란 점에서 허생전 등에 실명으로 등장하는 등 야사와 설화에 이름이 많이 오르내렸다.

이완 대장 부인의 비범한 능력과 관련한 야사가 유명하다. 부인이 형편없는 박색이어서 이완은 소실(小室)을 들여 살고 있었다. 어느 날 한밤중에 입궐하라는 왕명을 받게 되었다. 조복(朝服, 조정에서 입던 관리의 예복)을 입고 입궐하려는데 부인이 옷자락을 잡고 어디를 가느냐고 물었다. 보기에도 미운 부인에게 심통이 난 이완은 발로 툭 차면서 "이거 왜 이래?" 하였으나 부인은 "아무리 한밤중의 입궐이라도 명색이 무관인데 조복은 안 될 말입니다." 하면서 장군복으로 갈아입으라고 재촉하였다. 못생긴 얼굴은 밉지만 부인의 말은 옳다고 여겨 이완은 무장(武裝)을 갖추어 출발하였다. 대궐에 도착해 문을 들어서는데 양쪽의 우거진 숲에서 화살이 날아와 투구에 꽂혔다. 그때서야 이완은 부인의 비범함을 알아차렸다. 대궐 안을 걸어가는 중에도 화살이 날아와 가슴에 꽂혔다. 내색하지 않고 걸어 들어가자 왕(孝宗)이 문간에 나와 있었다. 북벌을 맡길 만한 인물인지 시험해 본 것이었다. 왕이 이완을 반갑게 맞이해 안으로 들이고서는 술상을 차려놓고 이런저런 담화를 나누었다. 이완이 집으로 돌아갈 즈음에 왕이 벼루와 붓을 주며 "사신이 중국에서 귀한 것이라고 하여 가져왔는데 경과 나누어 써야겠소." 하였다. 집에 도착하자 이완은 소박만 해온 부인에게 그동안의 잘못을 사과하고 용서를 빌었다. 부인의 선견지명 덕분에 목숨을 구했기 때문이다. 부인이 이완의 말을 듣고 나더니 "상감께서 혹시 하사하신 것이 없습니까?" 하고 물었다. "벼루와 붓한 자루를 내리셨는데 집안의 가보로 삼읍시다." 하면서 보여주었다. 부인이 이리저리 살펴보더니 다듬잇돌에다 붓을 놓고 방망이로 내리쳤다. "부인, 이게 무슨 짓이오?" 이완은 깜짝 놀랐으나 부인은 태연한 얼굴로 붓통 속에서 가늘게 말은 종이쪽지를 꺼냈다. 부인은 이인(異人)이었다. 왕이 문신이 아닌 무장에게 붓과 벼루를 내린 것이 부자연스럽다고 보아 붓통을 세밀히 살핀 것이었다. 붓통 속에 든 것은 왕의 밀서였다. 왕은 북벌의 뜻을 밝히면서 구체적인 계획을 만들어 올리라고 지시하였다. 왕의 하사품을 가보로만 여겨 제대로 살피지 않았더라면 성지(聖旨, 왕의 뜻)를 알지 못했을 것이다. 왕이 마지막까지 시험한 것이었으나 이완은 총명한 부인 덕분에 은밀한 왕명을 봉행할 수 있었다는 야사이다.

이완의 훈련대장 임명과 관련해 다음과 같은 일화가 연려실기술에 전한다. 76세의 구인후가 훈련대장직을 수행하기 힘들어 정승이 되면서 영의정 정태화의 천거로 이완이 후임 대장이 되었는데 늙은 대장 아래에서 해이해 있던 훈련도감의 기율이 갑자기 엄해졌고 불평하는 무리가 많아졌다. 그래서 대궐문이나 성문에 이완을 음해·비방하는 글귀가 자주 내걸렸다. 왕이 염려하자 정태화는 편안하던 장졸이 새 장수의 기율이 엄한 것을 두려워해서 헐뜯는 말을 전파할 뿐이라며 자신의 가족을 담보로 이완을 책임지겠노라 두둔하였다. 과연 몇 달이 지나자 이완은 왕이 크게 신뢰할 수 있도록 훈련도감을 강한 군대로 바꿨다고 한다.

북벌계획에 깊이 관여하여 신무기의 제조와 성곽 개수·신축작업에 힘을 쏟았고 정치에서도 비중 있는 역할을 담당하였다. 그의 성품은 강직하고 깨끗하며 용감하고 결단력이 있어 매사에 시비가 분명했다고 최명길이 평한 바 있다. 말먹이를 직접 줄만큼 확고한 무장의 자세를 견지했으며 자기의 뜻이 옳다고 생각하면 왕 앞에 병부(兵符, 발병부라고 하는데 군사를 동원할 수 있는 장수의 권한을 상징하는 패)를 풀어놓고 대들 정도로 강직한 면모를 갖추고 있었다. 수어사(守禦使)로 재임하던 중 한 관리가 죄를 범하여 장차 죽게 되었다. 이때 대비전(大妃殿)의 시녀가 관리의 누이였으므로 대비가 이완의 인척에게 시집 간 공주를 시켜 관리를 살려달라고 민원을 넣었다. 그러자 이완은 "내 비록 대비의 명령을 친히 받았더라도 법을 굽힐 수 없는데 샛길로 전해 온 말에 뜻을 숙이리오. 공주는 다시는 이 같은 청을 하지 마시오."라고 질타해서 대비까지 부끄러워했고 왕도 그를 공경하고 두려워했다는 기사가 전한다. 반면 장교나 서리들이 자신에게 건의할 일을 아뢰면 혼자 독대를 하지 않고 두 사람 이상이 함께 찾아오게 함으로써 막료들이 남의 중상을 입지 않도록 배려하는 신중한 면모도 있었다고 한다.

35대 통제사(1646.3~1648.3) 김응해(金應海 안동김씨 1588~1666)
후금과의 전투에서 전사한 형 덕분에 출세한 장수

고려의 명장 김방경(金方慶)의 후손이며 영의정에 추증된 김응하(金應河)의 아우이다. 강원도 철원 출신으로 광해군 8년(1616년) 29살에 무과에 급제해 선전관을 거쳐 희천군수, 강계부사, 부령부사, 인동부사, 정주부사 등 지방수령직을 돌며 경력을 쌓았는데 청렴결백하다는 칭찬을 받았다고 한다. 그의 입신에는 형 김응하의 죽음이 크게 뒷받침되었다. 김응하는 1619년 2월 명나라가 후금을 칠 때 조선에 원병을 요청하자 도원수 강홍립을 따라 압록강을 건너 전선에 합류하였다. 강홍립은 광해군의 밀지에 따라 후금군에 항복해 목숨을 건졌으나 김응하는 휘하 3천 명을 이끌고 끝까지 싸우다가 패하

지과문(止戈門)　지과문은 '창을 거둔다'는 의미와 전쟁을 끝내고자 하는 염원이 담겨져 있다.

여 전사하였다. 명 황제는 김응하의 죽음에 대한 보답으로 조서를 내려 요동백(遼東伯)에 봉하고 처자에게 백금을 하사했다. 그러자 조선 조정에서는 요동백에 걸맞은 영의정을 추증했던 것이다. 이런 형님 덕분에 김응하는 순조롭게 무장으로 성장하였고 1636년 병자호란 때는 이완과 함께 황해도 정방산성을 지켜 공을 세웠다.

1646년 59살의 늦은 나이에 통제사로 임명됐고 이후 어영대장으로 중앙군 대장에 올랐다. 통제사로 있던 1646년 세병관 규모를 키우면서 입구에 지과문(止戈門, 지과란 창을 그만두고 내린다는 뜻이니, 전쟁이 그치고 평화를 바라는 마음을 담았다.)을 세웠는데 일제 때 헐렸으나 1967년 복원됐다.

통제사 시절 김응해는 표류한 중국 장사꾼에게서 획득한 남명(南明)

정권의 정보를 조정에 보고하고 있다.

"통제사 김응해가 표류해 온 복건(福建)의 장사치 51인을 잡았는데 공작
새 3마리와 검창(劍槍) 8자루를 얻었다. 김응해가 역관을 시켜 물으니
서승(徐勝)이라는 자가 말하기를 '나는 배 주인으로 복건 진강현(晋江縣)
사람이다. 중원이 어지러워 양경(兩京, 북경과 남경)이 함락되고 숭정황제
도 붕어하였으며 복왕(福王) 또한 패하였다. 정지룡(鄭芝龍)과 정지봉(鄭芝
鳳)이 당왕(唐王)을 받들어 황제 위에 나가게 하고 도읍을 복건으로 정하
고 융무(隆武)라 개원(改元)하였다. 당왕은 신종(神宗)의 24번째 아들로 숭
정황제의 숙부이다. 천하는 13성인데, 오랑캐가 9성을 함락하여 융무
가 거느리는 땅은 절강 · 복건 · 광동 · 광서 4성 뿐이다…' (중략) …남경
과 북경이 청나라에게 함락되면서부터 중원의 소식이 오랫동안 끊겼다
가 이때에 와서 비로소 듣게 되었다."

-조선왕조실록 인조 25년(1647년) 7월 18일자

또 통제영이 소금판매 이익을 독점한다는 이유로 통제사 김응해가
사헌부의 탄핵을 받기도 하였다.

"헌부가 아뢰기를… 통영은 삼남을 제어하는 곳인데 이익을 꾀해 백성
을 병들게 하는 일이 매우 많습니다. 근래에는 소금의 이익을 송두리째
관리하고 사상(私商)을 금하니 이 때문에 소금값이 올라 백성들의 원망
이 작지 않습니다. 통제사 김응해를 중히 추고하고 양남(兩南)의 감사로
하여금 특별히 금지시키도록 하소서."

-조선왕조실록 인조 25년(1647년) 11월 16일자

변사기는 인조-효종 연간의 무장이다. 1648년 35대 통제사 김응해에 이어 삼도원수가 되었다. 변사기 통제사의 행적과 관련해서는 실록에 이런 기사가 나온다.

"과거에 중국배가 통영 앞바다를 지나가는 것을 통제사 변사기가 병선을 보내어 잡아왔는데 배에 타고 있는 장사치 대부분이 산서(山西)·하남(河南)·형주(荊州)·양양(襄陽) 사람이었다. 배에 실린 재화(財貨)와 약재의 값어치가 여러 천금(千金)이었는데 조정에서 상인과 재화를 청나라 사신에게 주어 북경으로 보내게 하였었다. 이때에 와서 한인(漢人)이 또 일본으로 장사하러 가는 길에 도서(島嶼)에 배를 대고 나무와 물을 보충하려 하다가 갑자기 우리나라 배를 만나자 남만홍모적(南蠻紅毛賊)으로 오인하고서 와서 싸우므로 우리나라 사람이 마침내 그들을 다 잡았다."

－조선왕조실록 효종 즉위년(1649년) 7월 16일자

당시 동아시아의 해상무역 실태를 보여주는 흥미로운 기사이다. 앞서 김응해 통제사 재임시기에도 확인되지만 중일 간에 해상무역이 활발하였고 통제영 휘하 수군에게 적발된 사례가 적지 않았음을 알 수 있다. 조선 수군이 우리 해상에서 포획된 외국 무역선을 그때마다 곱게 돌려보내진 않았을 것이다. 상품을 빼앗고 인명을 해쳤을 가능성도 충분히 상상할 수 있지만 그랬을 경우엔 상부에 보고조차 하지 않았을 것이니 진상을 모두 알기는 어렵다.

어쨌든 위의 기록을 통해 '통제사 변사기'는 실존했음이 확인되지만 역대 통제사 명단인 한산도선생안(閑山島先生案)에는 그의 이름이 없다. 이유는 1651년 '김자점의 역모'에 연루돼 죽임을 당하면서 통제사 명단에서 영구히 퇴출됐기 때문이다. 실제로는 변사기가 36대 통제사이지만 공식명단에는 후임 류정익(柳廷益)이 36대 통제사로 등재돼 있다.

조선은 역적의 흔적을 지우는데 부지런했던 왕조이다. '역적 변사기' 관련 기록은 충실하지 않다. 1643년 평안병사, 1646년 훈련도감 중군에 이어 1648년 3월부터 이듬해 11월까지 통제사를 역임했고 1650년 수원부사가 되었음을 알 수 있다. 김자점은 정변을 시도할 경우 한양에서 가까운 수원의 군사를 동원할 심산으로 측근 변사기를 수원부사로 보냈다고 한다. 1651년 12월 역모가 적발돼 변사기는 문초를 받다 곤장에 맞아 죽었고 두 아들과 동생은 유배되었으니 멸문지화를 당한 셈이다. 역적으로 지목돼 통제사 명단에서 삭제된 인물은 변사기가 유일하다. 그렇지만 변사기 역시 현직 통제사 시절에는 조정에 충성하는 '체제측 무장'이었다.

40대 통제사(1656.1~1656.12) 류혁연(柳赫然 진주류씨 1616~1680)
승지로 발탁된 특이한 무장, 당쟁에 희생됐다 사후에 사면

5대 통제사를 지낸 류형(柳珩)의 손자이며 50대 통제사 류비연(柳斐然)의 4촌 형님이다. 대대로 무신집안인 진주류씨 가문에서 태어나 예정된 수순처럼 무과에 급제하였다. 1644년 29살 때의 일이다. 이후 덕산현감, 선천부사를 역임하고 1653년 황해병사로 승진하면서 중진의 반열에 들었다. 1654년 수원부사로 재임하던 중 군병과 무기를 잘 정비해 효종으로부터 내구마(內廐馬)를 하사받는 영광을 누렸다. 용모가 탁월하고 웅대한 기개가 있는데다 문장에도 재주가 있어 무신으로는 드물게 승지(承旨, 국왕의 비서)로 발탁됐다. 여러 문신들의 반대에도 불구하고 왕이 승지로 발탁한 것은 북벌(北伐)을 염두에 두고 측근에서 보좌할 무장을 찾던 중 류혁연이 최적임자라고 판단한 결과였다. 류혁연은 훗날 이완(李浣)과 쌍벽을 이루면서 효종의 북벌계획에 적극적으로 참여하였다.

1655년 40살에 충청병사를 거쳐 이듬해 삼도수군통제사로 부임했다. 통제사에 이어 공조참판, 어영대장으로 승진했고 훗날 공조판서, 형조판서, 훈련대장, 포도대장 등 중앙의 요직을 두루 역임했다. 하지만 당쟁과정에서 남인계열로 지목돼 송시열 등 서인들의 집중견제를 받았다. 1680년 경신대출척으로 남인들이 숙청될 때 연루돼 경상도 영해로 유배되었다가 사약을 받고 죽었다. 뒤에 사면되어 영의정에 추증되었다.

무예에 뛰어나 활쏘기 시합에서는 언제나 1등을 차지했으며 전략과 군사행정 면에서 재능이 있었다. 북쪽지방에 나무를 무성하게 심어 기마족의 내습을 막자고 건의하였고 화차(火車)의 사용을 권장하고 병서연구를 강력히 주장하였다. 글씨와 그림에도 일가견이 있는 등 무장임에도 문인의 기질이 다분하였는데, 그가 지은 한시와 시조가 전한다.

赴關西防咏懷(부관서방영회)

(관서방어사로 부임하면서 회포를 읊다)

獵風驅雪曉來深(영풍구설효래심) 눈보라 치는 새벽이 깊은데

寒透將軍病臥衾(한투장군병와금) 추위 속 장군 병들어 이불에 누웠네

平明强起彈弓坐(평명강기탄궁좌) 날 밝아 억지로 일어나 활을 당겨 앉으니

惟有陰山大獵心(유유음산대렵심) 오직 음산에서 큰 사냥할 마음이라

-대동시선(大東詩選) 권5

닷난말 셔셔

닷난말 셔셔 늙고 드는 칼 보믜거다

(잘달리는 말 서서 늙고 잘드는 칼은 녹이 꼈다)

무정세월(無情歲月)은 백발을 재촉ᄒ니

(무정한 세월은 백발을 재촉하니)

성주(聖主)의 누세홍은(累世鴻恩)을 못갑흘가 ᄒ노라

(임금님 큰 은혜를 못 갚을가 하노라)

-청구영언

무인치고는 문장에 조예가 깊고 정치적 소신이 뚜렷했다는 사실
이 그를 당쟁의 희생으로 끌고 간 한 배경이 되었다고 추측된다.

제7장

전성기 통제영,
의욕 넘친 통제사
(1662~1751)

三道水軍統制營

07

1603년 두룡포에 삼도수군통제영이 들어선 이후 60년의 세월이 흐르면서 통제영 시스템은 완벽히 제도화된다. 이 시기는 조선이 두 차례 대전란의 충격에서 벗어나 왕권이 강화되고 사회적으로도 다시 한 번 안정을 이루는 시절인데다 전란의 기억은 여전했던 만큼 해방(海防)의 중심인 통제영에 대한 사회적 기대와 지원은 충분한 편이었다. 현종과 숙종을 거쳐 영조 초기에 이르는 이즈음, 통제영의 재정(財政)은 풍성하기까지 하였으니 가히 통제영의 전성기라고 할 만하였다.

실력으로 입신(立身), 실수로 망신(亡身)한 통제사들

45대 통제사(1662.3~1664.3) 김시성(金是聲 청도김씨 1602~1676)
호랑이를 잡아 죽여 성공한 무장

1637년 36살의 늦은 나이에 무과에 급제했고 1644년 소현세자와 봉림대군을 배종해 청국의 초기 수도 심양에 다녀왔다. 귀국해 평안도 용천부사에 임명됐을 때 호랑이 2마리가 나타나 고을 사람들을 해치므로 활로 모두 쏘아죽여 피해를 막았다. 조선시대에 호랑이를 잡았다면 담력과 용력이 대단한 장수로 인정받았다. 훈무세가 집안 출신이 아니면서도 충청수사와 강계부사, 함경남북도 병사, 어영중군을 거쳐 통제사에 이를 수 있었던 데는 호랑이를 잡은 자랑스러운 경력이 작용했다고 보여진다.

통제사 시절, 이순신 장군을 모신 사당인 통영 충렬사의 현판을 계청하여 사액받은 기록이 있다. 그러나 실력자의 부탁을 받고 통영의 물산을 보냈다가 탄핵을 받기도 하였다.

통영 충렬사 현판

"앞서 청풍부원군 김우명(金佑明, 현종의 장인)이 상(上, 국왕)이 편찮을 때 전복을 통영에다 사사로이 구하였는데 통제사 김시성이 역말에 실어 보내었으며 그 뒤에 정부현(鄭傅賢)도 그렇게 하였다. 이때에 이르러 대사간 남구만 등이 아뢰기를 '신하가 위에 공상함에 있어서는 바른 길이 있습니다. 한 번 사사로이 바치는 길이 열리면 뒤 폐단을 막기 어렵습니다. 지금 생전복을 진헌했다는 말이 드러났으니 국가의 체모에 있어서 내버려 두고 논하지 않아서는 안 됩니다. 청풍부원군 김우명을 추고하소서' 하니 따랐다. 또 아뢰기를 '외방에 있는 장수가 사사로운 길을 통하여 진헌하는 것은 공법(公法)의 죄를 면할 수 없습니다. 또 함부로 역말을 내어 짐을 실어 수송하였으니 놀랍습니다. 전후의 통제사인 김시성과 정부현을 모두 파직하소서' 하니 상이 김시성만 파직하였다."

-조선왕조실록 현종 5년(1664년) 11월 19일자

호를 금포(錦浦)라 했는데 금포실기(錦浦實紀)란 저서를 남길 정도로 글에도 밝았다. 고향인 경북 경산시 하양읍에는 김시성을 향사하기 위해 건립한 남호서당(南湖書堂)이 있다.

48대 통제사(1667.1~1669.3) 이지형(李枝馨 전의이씨 1608~1669)
전의이씨 무장가문 출신, 왕에게 왜구 방책을 제시하다

전의이씨 무장가문 출신답게 일찌감치 무인의 길에 나섰을 것으로 추정되지만 무과는 인조 22년(1644년) 37살의 늦은 나이에 등과하였다. 다만 장원으로 합격하였으니 이후 비교적 순탄한 행보를 했을 것으로 추정된다. 1667

년 통제사로 제수받은 뒤 현종을 알현한 자리에서 왜구를 막을 방책을 묻는 왕의 질문에 대해 "동래 금정산성은 형세가 험해 잘 보수하면 쓰임새가 있겠습니다."는 답변을 한 기록이 전한다. 통제사 재임 시절 세병관을 중수하고 1668년에는 고마창(雇馬倉)을 신설하여 병마(兵馬)를 잘 관리하였다고 한다. 65대 통제사 이세선(李世選)이 아들, 79대 통제사 이창조(李昌肇)가 손자, 110대 통제사 이의풍(李義豊)이 증손이니 직계 4대를 잇는 통제사직 승계의 시작이었다. 또 54대 이지원(李枝遠) 통제사가 친동생이니, 형제가 나란히 삼도원수(三道元帥)에 오른 셈이다.

50대 통제사(1669.8~1670.3) 류비연(柳斐然 진주류씨 1627~1685)
외조부의 후광 입었지만 당쟁 와중에 파란 겪어

부친은 선전관을 지낸 류신걸(柳信傑)이며 모친은 영의정으로 추증된 김응하의 딸이다. 진주류씨 무장가문의 후손인데다 '후금 공략전의 영웅' 김응하의 외손자라는 사실이 그의 성장에 큰 배경이 되었음을 짐작할 수 있다. 김응하의 동생이며 35대 통제사를 지낸 김응해는 그에게 외종조부가 된다. 1646년 20살의 이른 나이에 무과에 급제해 여러 관직을 역임한 뒤 1664년 함경북병사가 되면서 두각을 나타냈다. 이후 전라우수사, 충청병사, 우포도대장으로 경력을 쌓은 다음 1669년 통제사에 올랐다. 그러나 이듬해 전라도관찰사 김징(金澄)의 부모 회갑잔치에 통영산 해산물을 선물로 보냈다가 서인계 노련한 정치가 김석주(金錫胄)의 탄핵으로 파직되었다. 1672년 함경남병사로 복직되었다. 평안병사를 거쳐 1675년 훈련대장에 올랐으나 1680년 경신대출척 당시 남인으로 몰려 파직당하는 등 당쟁 와중에 파란곡절이 심했다. 40대 통제사 류혁연의 4촌 동생이다.

51대 통제사(1670.3~1670.10) 김경(金鏡 경주김씨 1610~?)
삼도수군의 총수에서 일반 병졸로 강등된 불운한 무장

이순신 장군을 배향한 통영 충렬사에 동재(東齋)와 서재(西齋)를 지었다는 기록이 전한다. 통영의 유명한 우물인 명정(明井)샘을 판 통제사로도 알려져 있다. 처음에는 하나의 우물만 있었는데 물이 탁하고 수량도 적어, 김경 통제사가 바로 옆에 새 우물을 팠더니 물이 맑아지고 수량도 늘었다는 전설이 있다. 각각 일정(日井)과 월정(月井)으로 불리던 두 우물을 통칭하여 '명정(明井)'이라고 이름 지었다는 이야기이다 (그러나 2009년 박형균 전 충렬사이사장이 45대 통제사 김시성의 문집인 금포실기(錦浦實紀)에서 명정서당기(明井書堂記)를 찾아냈는데, 여기서 1663년에 이미 '명정(明井)'이란 지명이 확인되고 있다. 이 기록을 근거로 명정샘은 1606년 제7대 이운룡 통제사가 충렬사를 창건할 당시에 함께 조성되었을 것이란 풀이도 나온다. 명정샘은 박경리의 소설 『김약국의 딸들』과 백석(白石)의 시 '통영', 김춘수의 시 '명정리'에 그 이름이 거론되면서 문학작품의 무대가 되었다).

통제사로 재임하던 중 조정에 진상할 조총(鳥銃)을 제조할 때 제대로 감독하지 않아 정교하게 만들지 못하였다. 통영에서 만든 조총을 받아본 현종이 노해서 체포, 심문하도록 특명을 내린 데 이어 남해현에 유배해 '충군(充軍)의 율(律)'에 처하게 하였다(조선왕조실록 현종 11년 (1670년) 11월 22일자). 삼남을 호령하던 장수가 하루아침에 군졸로 배치되는 수모를 겪은 셈이다.

명정샘

통제사 역임 후 경영대장(京營大將)에 오르다

53대(1671.7~1672.3), 66대 통제사(1689.6~1691.5)
신여철(申汝哲 평산신씨 1634~1701)
통제사를 두 번 역임한 서인정권의 핵심 무장

인조반정의 공신으로 영의정을 지낸 신경진(申景禛)의 손자이다. 26대 통제사 신경인(申景禋)은 작은 할아버지가 된다. 당초 성균관에 입학하여 문관의 길을 준비하였지만 효종이 북벌을 준비하면서 외척과 공신의 자제들에게 무예를 닦게 하자 무신의 길로 접어들었다. 현종이 등극한 후 선전관이 되었다가 나중에 무과에 급제하였다. 현종 10년(1669년)에 충청수사에 올랐고 이어 38살에 통제사를 역임하였으니 집안 배경이 크게 작용한 탓으로 여겨진다. 통제사에서 물러난 뒤에는 평안병사를 거쳐 병조참판이 되었고 인조반정의 공신이란 집안

내력으로 해서 1680년 경신대출척(남인이 몰락하고 서인이 집권세력이 된 사건) 때는 총융사가 되어 서인 편에서 활동하였다. 뒤에 공조판서를 거쳐 1688년, 55살 나이에 형조판서로서 훈련대장을 겸했으니 사법권과 군권을 한 손에 쥔 셈이었다.

군권과 사법권을 한 손에 쥐고 전국을 호령하던 신여철이 이듬해인 1689년, 기사년(己巳年)에 다시 한 번 통제사가 된다. 기사년 6월 신여철의 두 번째 통영행은 의미심장하다. 그해 10월 장희빈의 아들을 원자로 삼는 문제로 인해 서인이 몰락하고 남인이 집권하는 '기사환국'이 일어나기 때문이다. 서인파 무장의 핵심인 신여철이 한양을 떠난 것이 경쟁에 밀린 탓인지, 심상찮은 정국 분위기를 간파한 의도적 도피인지 알 수 없지만 정치적 치명상을 피할 수 있는 기회가 되었다.

그러나 통제사 시절 남인정권의 견제에 시달렸다.

> "(간관들이)통제사 신여철을 논박하기를 '지난날 군사를 거느리는 장수로서 죄를 더하지 아니하고 관문을 지키는 책임을 맡겼으니 진실로 감격하여 임지로 나아가야 할 것인데 도리어 노여워하는 안색(顔色)에 분해하는 말을 하는가 하면 비국(備局, 비변사)의 여러 재상에게도 작별인사도 아니하고 거만스럽게 교자(轎子)를 타고 갔으니 지극히 교만하고 방자하였습니다… (하략)"
>
> ―조선왕조실록 숙종 15년(1689년) 12월 1일자

통영에서 2년간 절치부심 이를 갈던 신여철은 귀경한 후 1694년 4월, 남인이 몰락하고 서인이 재집권하는 갑술환국 때는 판의금부사로 재기해 장희빈의 오빠 장희재(張希載) 등 남인 일당을 제거하는데

앞장섰다. 1695년 62살에 다시 형조판서, 1700년 호조판서를 역임했고 이듬해 다시 훈련대장과 공조판서를 겸임하는 등 당쟁의 와중에 병권을 독점하며 서인정권의 핵심 축으로 역할했다.

56대 통제사(1675.3~1677.1) 신류(申瀏 평산신씨 1619~1680)
흑룡강에서 러시아군을 무찌른 '나선정벌(羅禪征伐)'의 주인공

경상도 인동(仁同) 태생으로 아버지 신덕우(申德祐)는 이곳 출신 장현광(張顯光) 휘하의 문인이었다. 본인도 어려서부터 글을 잘해 문관의 길을 걷고자 하였으나 문과에 번번이 낙방한 뒤 27살이 되던 1645년 무과에 응시해 합격하였다. 선전관 등 여러 직책을 거친 뒤 1656년 38살에 국경도시 혜산진첨절제사로 나갔으며 1년 만에 함경북도 병마우후(兵馬虞候, 병마절도사 바로 아래 부사령관 격)가 되었다.

1658년 청나라의 원군 요청으로 함경도 조총병 200명과 지원병 등 265명을 거느리고 북만주 흑룡강 일대에서 벌어진 '제2차 나선정벌(羅禪征伐)'에 참전하였다. 이때 신류가 거느린 조선군은 청군과 합세해 강상전투(江上戰鬪)에서 스테파노프(Stepanov) 장군이 이끄는 러시아 선대(船隊) 10여 척을 불태우고 스테파노프 이하 러시아군 270여 명을 사살하는 전공을 세웠다. 신류는 5개월에 걸친 이 원정의 전말을 '북정일기(北征日記)'라는 기록으로 남겼다. 이 전투기록은 17세기 조선과 러시아 간 최초의 접촉을 다뤘다는 점에서 사료적 가치를 높이 평가받고 있다.

조선은 신류에 앞서 1654년에도 청의 요청을 받고 함경북도 우후

변급(邊岌)을 지휘관으로 한 150여 명의 조총병 부대를 1차로 파견한 바 있었다. 러시아군이 흑룡강을 거쳐 송화강 줄기를 타고 만주 일대로 남하하고 있었기 때문이었다. 당시 조선의 조총병은 함경도 일대에서 모병으로 충당했는데 참가자에게는 불과 무명 15필을 주었을 뿐이었다. 하지만 수년간의 흉년으로 인해 무명 15필에 목숨을 건 지원자들이 많았으니 이 소식을 들은 효종 임금이 "측은한 일이다"라고 언급했다고 한다. 변급이 거느린 조선 조총병 부대는 청군과 연합해 러시아군을 송화강 일대에서 몰아내는데 성공했지만, 이 승리는 결정적인 것이 아니어서 러시아는 계속해서 진지를 구축하며 만주로의 남하를 시도하고 있었다. 이에 청나라는 대규모 반격전을 염두에 두고 조선에 또다시 원병을 요청하니 이때 신류가 참전하게 된 것이다. 모병으로 충당했던 1차 정벌군과 달리 신류의 2차 정벌군은 사격술이 뛰어난 포수 출신으로 구성됐고 그 결과 선진화기로 무장한 러시아군을 패퇴시키는데 결정적 공헌을 하였다. 이때 거둔 성과는 당시 북벌을 준비하던 조정으로 하여금 조선군의 전투력을 신뢰하고 자신감을 갖도록 만드는 계기가 되었다.

신류는 이때 러시아 소총 1정을 어렵사리 구했는데 이는 불을 붙이는 길다란 심지, 즉 화승(火繩)을 사용하던 조총보다 진보된 총이었다. 러시아군이 쓰던 소총은 화승 대신 부싯돌을 맞부딪쳐 일어난 불꽃으로 화약에 점화하게 하는 수석식(燧石式) 총이었다. 화승식 조총보다 다루기가 한층 편리하고 또 안전했던 것이다. 하지만 조선에서 이 총을 토대로 총기를 개량하려한 움직임은 찾아볼 수 없었다. 당시 조선에서는 북벌준비가 한창이었고 훈련도감에는 표류한 네덜란드인 벨테브레(박연)가 배속돼 서양식 대포 제조술과 발포술을 가르치고 있었기에 조정에서 적극 관심을 갖고 노력했더라면 이때 조선군의 소총 개량이 가능할 수도 있었다. 만약 일본이었다면 조선과 다른 반응을 보였을 것이 분명하다.

어쨌든 전쟁이 없던 시기에 실전경험을 쌓았고 또 청나라에 조선군의 실력을 과시한 성과를 거둔 덕분에 신류는 이후 순탄한 승진가도를 달렸다. 김해부사, 경상좌수사, 경상좌병사, 황해병사를 거쳐 1675년 57살에 삼도수군통제사라는 중책을 제수받았다. 통제사로 떠나기 전 왕을 알현한 자리에서 나눈 대화가 실록에 전한다.

> "통제사 신류가 사조(辭朝, 부임전 왕에게 올리는 하직인사)하니 왕이 인견(引見)하여 '주집(舟楫, 배)을 수선하고 사졸(士卒)을 훈련하여 뜻밖의 일에 대비하라'고 명하고… (중략) …왕이 이어서 명하기를 '이제 중진(重鎭)에 부임하니 삼가지 않는 수령(守令)을 낱낱이 아뢰고 전일처럼 하지 말라'하였다."
>
> −조선왕조실록 숙종 1년(1675년) 2월 21일자

1677년 통제사직을 마치고 상경하여서는 포도대장을 맡았다.

57대 통제사(1677.1~1679.3) 윤천뢰(尹天賚 함안윤씨 1617~1695)
통영성(統營城)을 쌓은 '축성의 달인'

27살이 되던 1643년 무과에 급제한 뒤 선전관이 되어 순조로운 무

관의 길을 걸었다. 금군별장(禁軍別將, 국왕 호위부대장)이던 시절 궁궐의 말 가운데 뒷발질을 하고 물어뜯는 말이 있어 사람들이 매우 꺼려하였다. 효종의 지시로 윤천뢰가 그 말을 타고 달렸는데 몇 바퀴를 돌아도 보통의 말과 다름없으니 왕이 주위를 돌아보며 삼국지의 명장 마초(馬超)에 비유할 정도였다고 한다. 효종이 상으로 내구마를 내리며 술을 하사하자 연달아 큰 술잔에다 부어 다 마셨다. 이에 왕이 '술을 절제하지 못하면 맡은 일에 지장이 있을 것이니 경계해야 할 것이다' 고 하자 감격한 윤천뢰가 이때부터 술을 끊어버렸다고 한다.

하지만 1654년(효종 5년) 치마별장(馳馬別將)으로서 왕이 군사를 사열할 때 부하들이 왕 앞에서 금위영의 군사와 패싸움을 벌인 일로 책임을 지고 투옥되는 등 어려움을 겪기도 했다. 그 뒤 정상이 참작되어 용서를 받고 1657년 충청병사에 올랐고 1662년에는 어영청의 2인자인 어영중군(御營中軍)을 역임했다. 이어 함경남병사와 충청병사, 함경북병사 등 무관외직을 두루 역임한 뒤 61살 환갑나이에 통제사에 올랐다. 이후 내직으로 들어와 5위도총부 도총관(都摠管), 훈련대장을 역임했다.

윤천뢰는 통제사 시절 통영성(統營城)을 쌓은 인물이다(통영성에는 동쪽에 춘생문, 서쪽에 금숙문, 남쪽에 청남루, 북쪽에 의두문 등 4대문과 2협문, 3포루가 있었다. 지금 성문은 모두 없어지고 초석만 몇 개 남아 있다. 동·서·북 3포루는 복원되었다.). 윤천뢰는 이밖에도 동지중추부사로 재임하면서 경기도 개성의 대흥산성(大興山城)을 증축하고 도정(都正)으로 있을 때는 강화도 돈대(墩臺) 공사를 잘 감독한 공으로 품계가 오르는 등 축성에서 능력을 발휘하였다.

북포루

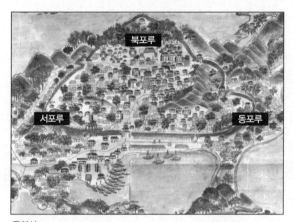

통영성

서포루

동포루

59대 통제사(1679.7~1680.10) 전동흘(全東屹 천안전씨 1610~1705)
장화홍련전의 모델이 된 '담대한 무인'

1651년 42살의 늦은 나이에 무과에 급제하였으나 용맹성을 인정받아 효종 임금에게 발탁됐다. 내외의 무관직으로 역임한 뒤 수령이 되어 여러 고을을 다스렸다. 1673년 함경남병사가 되어 4년간 봉직하면서 함경도 군량미 환곡의 부족분 7천 7백여 석을 탕감시켜 백성들의 칭송을 들었다. 통제사에 이어 총융사, 포도대장에 이르렀다.

전동흘에게는 특이한 사연이 있으니 1656년 평안도 철산부사 시절에 겪은 이야기이다. 당시 철산고을에 억울하게 죽은 장화(薔花)와 홍련(紅蓮)이란 자매가 있었는데 부사 전동흘이 그 원혼을 풀어주었고 이 일이 각색돼 장화홍련전이란 고대소설에서 전동흘은 '정동우(鄭東祐)'라는 이름(판본에 따라선 정동호라고도 한다.)으로 등장하게 된다. 장화홍련전에서 정동우 부사와 관련된 내용은 대략 다음과 같다.

"평안도 철산고을 배무룡(裵武龍) 좌수의 후처로 들어온 허씨 부인은 전처 소생의 딸 장화와 홍련을 미워해서 자신이 낳은 아들 장쇠를 시켜 장화를 연못에 빠뜨려 죽이고 홍련도 자살하게 만든다. 이에 억울하게 죽은 장화와 홍련의 원귀가 고을부사에게 나타나 원한을 풀어줄 것을 하소연하지만 담력이 약한 부사들은 하루를 못 넘기고 잇따라 4명이 숨진다. 이 때문에 아무도 후임 부사로 부임하려 들지를 않는다. 이때 담대한 정동우란 인물이 철산부사를 자원하였다. 정동우는 동헌에서 자던 중 밤중에 귀신이 된 홍련으로부터 자초지종을 듣고는 원통한 죽

음의 진상을 밝혀낸다. 정동우 부사는 장화와 홍련의 보은 덕분에 벼슬
이 높아져 '통제사'에 이르게 된다."

전동흘이 정동우 부사의 모델이 되었다는 점에서 그의 담대함이
꽤나 유명세를 탔음을 짐작할 수 있다. 실제로 전동흘은 당시 이상진
(李尙眞), 소두산(蘇斗山)과 함께 3걸로 불릴 정도였다. 또 장화홍련의 보
답으로 정동우가 통제사란 벼슬에 오르는 것으로 보아 당시인들에게
삼도수군통제사는 꽤나 선망받는 자리였음을 알 수 있다.

2017년 4월 강화도 양도면에 위치한 방어시설인 건평돈대에서 불랑
기포 1문을 발굴했는데 포신에 기록된 명문(銘文)에서 통제사 전동흘이
란 이름이 나왔다. 즉, "숙종 6년(1680년) 2월 삼도수군통제사 전동흘 등
이 강도돈대에서 사용할 불랑기 115문을 만들어 진상하니 무게는 100
근이다…"는 내용이다. 전동흘 통제사가 열심히 일한 흔적이 수백 년이
지나 확인된 셈이다. 아울러 통제영에서 불랑기포 등 각종 무구류를 제
작하여 삼도수군 관내는 물론이고 멀리 강화도까지 보급하였던 사실도
알 수 있다.

65대 통제사(1687.10~1689.6) 이세선(李世選 전의이씨 1628~1698)
부친, 본인, 아들, 손자 4대가 통제사에 오르다

48대 통제사 이지형(李枝馨)의 아들이다. 30살이 되던 1657년 무과
에 급제해 6년 만인 1663년 당상관에 오르고 1680년 종2품 가선대
부가 되었다. 여러 도의 병사와 통제사, 총융사, 어영대장 등 내외의

중요한 무관직을 두루 역임하였고 5위도총부 총관으로서 한성부 좌우윤을 겸임하였다. '풍모(豊貌)가 우람하고 도량이 너그러워서 듬직하고 자상한 장자(長者)같은 사람이었다'는 평가가 있다.

통제사로 재임 중 통영항에서 서남쪽으로 27킬로미터쯤 떨어진 해중의 섬 욕지도에 진(鎭)을 설치해 백성들을 옮겨 살게 하는 문제를 모색하고자 친히 배를 타고 다녀가기도 했다. 욕지도 천황산(天皇山) 산정 암벽에 이세선 통제사가 다녀갔다는 기록이 암각돼 있다. 숙종 14년(1688년) 8월, 제주에 표류한 중국상선을 붙잡고서는 상인 이름과 거주지, 화물명단 등을 파악해 조정에 보고한 사실이 승정원일기에 나온다. 상인들은 북경으로 보내주었다.

당대 명장(名將) 30인에 피선되었고 훗날 한성부우윤과 좌윤을 거쳐 병조참판에 이르렀다. 부친과 아들(79대 통제사 이창조), 손자(110대 이의풍) 등 4대가 연속으로 통제사를 지낸 유일무이한 가문으로 유명하다. '제5장 역대 삼도수군통제사' 편에서 언급했지만 전의이씨(全義李氏) 진경계(眞卿系)는 13명의 통제사를 배출해 일명 '통제사파'로 불리기도 하는 명문 무장집안인데, 이세선은 진경계 3대째 항렬이다.

잦은 환국(換局)…통제사 출신들 명암 교차

71대(1695.8~1695.11), 92대 통제사(1718.10~1720.1)
김중기(金重器 안동김씨 1653~1735)
잦은 파직·탄핵에 이어 결국은 처형된 비운의 무장

1619년 후금과의 전투에서 사망해 영의정으로 추증된 김응하의 증손자이다(35대 통제사 김응해는 증종조부가 된다). 조상의 음덕을 적지 않게 받았다고 여겨진다. 1676년 24살에 무과에 급제한 이후 첫 통제사로 부임한 1695년 43살까지의 행적은 분명하지 않은 반면 통제사 이후의 경력이 자못 화려하다. 1703년 51살에 함경남병사가 되었으며 1706년 총융사가 되어 북한산성 축조를 건의해 이를 실현하였다. 그러나 작업과정에서 부정축재의 혐의가 드러나 파직되었다가 1713년에 포도대장이 되었고 1718년 두 번째로 통제사가 되었다. 43살 젊은 나이에 거쳐갔던 통영을 23년이 흐른 66살에 다시 찾았으니 옛날 생각이 많이 났을 것 같다. 2차 통제사 시절에 충렬사에 숭무당(崇武堂)을 중건한 기록이 있지만 역시 탐학한 관리라고 탄핵을 받았다.

"사헌부에서 또 말하기를… 통제사 김중기는 망령되고 패악한 성품으로 간활(奸猾)한 술책을 써서 본직을 제수받자 거만하게 가마를 타고 다녔으며 동래부의 대상(大商)과 결탁하여 심복을 삼고는 수천 금의 재화를 내주어 식리(殖利)한 것이 셀 수가 없는데 간 곳이 분명하지 않으니 파직하고 다시 등용하지 마소서… (중략) …사신(史臣)은 논한다. 당시의 여러 장수들이 김중기와 윤취상이 가장 교만하고 탐욕이 많아서 법에 어긋난다고 아뢰었는데, 김중기는 통곤(統閫)의 지위에 나아간 후 교만하고 외람됨이 더욱 심해져서 거리끼는 바가 없었다. 대간(臺諫)이 사실에 의거하여 탄핵하였으나 끝내 윤허하여 따르지 않으니 시론(時論)이 이를 한스럽게 여겼다."

−조선왕조실록 숙종 45년(1719년) 4월 26일자

통제사가 '물 좋은 자리'인 것은 이미 언급하였지만 동래의 무역상을 심복처럼 거느리며 돈놀이를 한 사실까지 확인되는 대목이다 (당시 조선의 문무관리 가운데 부패로부터 자유로운 사람은 그리 많지 않은데 역대 통제사들도 예외는 아니었다. 평균보다 더 탐학을 저질렀다는 것이 솔직한 평가이다).

어쨌든 두 번째 통제사직을 다 채운 이후 한성우윤과 포도대장, 병조참판, 한성좌윤, 어영대장, 훈련대장 등 중앙군의 요직을 잇따라 역임하였다. 영조 즉위 직후 소론으로 취급돼 파직되었다가 1727년 노론이 물러난 뒤 정미환국으로 75살의 고령에 총융사로 재기용되었다. 1728년 이인좌의 난이 일어나자 순토사(巡討使)로 출정 명령을 받았지만 타고 갈 말이 없다는 핑계를 대며 시간을 끈 데다 반란 주동자의 한 사람이며 사돈인 이유익(李有翼)을 숨겨준 죄로 의금부에 구금되었다가 감옥 벽을 뚫고 왕래한 혐의를 받아 83살 나이에 처형되었다.

72대 통제사(1695.11~1696.6) 이기하(李基夏 한산이씨 1646~1718)
무과를 거치지 않고 대장(大將)이 된 복 많은 장수

어영대장을 지낸 이여발(李汝發)의 아들이다. 무관 집안의 자제라 하여 무과가 아닌 문음(門蔭)으로 입사하여 여러 무관직을 역임한 뒤 1694년 49살에 총융사에 발탁되었다. 이때 수원과 남양, 장단 등 한양 외곽의 수비태세를 갖추기 위해서는 이곳 수령들을 무신으로 삼아야 한다고 건의해서 문무교체를 관철시켰다. 50살이 되던 1695년 통제사에 오르고 1697년에는 한성군(韓城君)이란 군호를 받았다. 통제사로 재임한 시기는 7개월에 불과한 만큼 특기할 활동상은 없다.

이어 한성부좌윤, 어영대장을 거쳐 1701년 훈련대장에 발탁됨으로써 무과를 거치지 않고 조선 중앙군의 최고 직책에 올랐다. 이어 형조참판, 병조참판을 거친 다음 다시 훈련대장이 되었다. 우포도대장을 지냈다가 또다시 훈련대장을 맡는 등 훈련대장직을 4번이나 역임하였고 포도대장과 총융사를 연임하기도 하였다. 실록의 사신(史臣)은 평하기를 "중외의 무관직을 여러 차례 맡으면서 뚜렷한 업적을 세우지도 못했지만 왕(숙종)의 총애를 입어 20여 년이나 중앙군의 통수권을 장악한 복장(福將, 복이 많은 장수)이다."라고 하였다.

85대 통제사(1711.11~1713.5) 김중원(金重元 안동김씨 1653~1716)
고아로 자립한 통제사…굶주리는 백성 구휼에 힘쓰다

35대 통제사 김응해(金應海)의 증손자로서 무장집안 후손이다. 63대 통제사 김세익의 조카이기도 하다. 일찍이 고아가 되었지만 자립하여 학문수양에 전력하였다. 24살에 무과에 급제하였고 1697년 좌의정 윤지선(尹趾善)의 천거를 받았다. 여러 무관직을 거쳐 59살에 삼도통제사에 올랐다. 통제사 재임 시절 영남에 큰 가뭄이 들어 백성들이 굶주리자 통제영의 창고를 열어 구휼에 힘을 쏟았다. 이즈음 통제영의 재정이 그만큼 넉넉하였기 때문이다.

숙종 38년(1712년)에는 통제사 김중원이 어민들의 편리를 위하여 통제영에 해현고(海縣庫)라는 어물창고를 세웠다. 같은 해 1월, 품질이 좋지 못한 청어를 궁궐에 진상했다는 이유로 사옹원(司饔院, 왕의 식사와 궁중의 음식 업무를 담당한 관서)에서 통제사 김중원을 추궁할 것을 요청한 기록이 전한다. 김중원은 병기를 수리하고 군사 기강을 바로잡는 일에도 노력했다고 알려져 있다. 숙종 38년(1712년) 2월에는 경상·전라 양도 수군의 합동훈련을 19년째 하지 못했다면서 통제영 앞바다에서 춘조(春操)를 실시하게 해달라고 장계를 올렸다. 무인이지만 글씨에도 뛰어나 초서와 예서를 잘 썼다고 알려져 있다.

88대 통제사(1714.12~1716.3) 이택(李澤 전주이씨 1651~1719)
시조에 조예 깊은 문신 같은 무장

참판을 지낸 이진백(李震白)의 아들로서 26살이 되던 1676년 무과에 급제해 선전관을 거쳐 평안도 압록강변 고산진첨절제사로 나갔다. 이후 남구만(南九萬), 이상진(李尙眞) 등 이름난 문신들과 교유하였는데 이들의 추천으로 도총부경력(都摠府經歷)이 되었다. 이후 전라좌수사를 역임하였고 64살에 통제사에 올랐다. 그러나 비변사는 숙종 41년 (1715년) 12월, 통제사 이택이 신병을 이유로 1년간이나 막중한 공무를 제대로 수행하지 않고 있다며 교체할 것을 보고하고 있다.

통제사를 마친 뒤 평안병사에 제수되어 재임하던 중 진중에서 병사하였다. 충남 서산시 운산면 여미리 고향에 묘소가 있다. 품성이 순결하고 청렴한 인물로 이름 높았다. 또 부친과 절친한 노인들을 초대하여 시와 노래로 즐겁게 해드리는 등 효자로 칭송받았다고 한다. 무관이지만 문예에도 조예가 깊었고 청구영언, 해동가요 등에 그가 지은 시조 2수가 전한다.

감장새 쟉다고

감장새 쟉다고 대붕(大鵬)아 웃지마라
(굴뚝새 작다고 대붕(大鵬)아 비웃지마라)

구만리장천(九萬里長天)을 너도 늘고 저도 늘다
(구만리 먼 하늘을 너도 날고 그도 난다)

두어라 일반비조(一般飛鳥)니 네오 긔오 다르랴
(두어라 똑같이 나는 새이니 너나 그나 다를까)

낙양재자 못드신 곳에

낙양재자(洛陽才子) 못드신 곳에 향촌무사(鄕村武士) 들이 간이
(서울선비 모이신 곳에 시골무사 들어가니)

백옥(白玉) 싸힌듸 돌덧임 ㄱ다만은
(백옥(白玉) 쌓인 곳에 돌덩이 같다마는)

두어라 문무일체(文武一體)니 놀고 갈까 ᄒ노라
(두어라 문무(文武一體)이니 놀고 갈까 하노라)

89대 통제사(1716.윤3~1717.10) 윤각(尹慤 함안윤씨 1665~1724)
백두산 경계를 정하는 데 기여한 무관…죽음 앞에서도 '의연'

35살이던 1699년 무과에 급제해 선전관이 되고 비변사낭관, 도총부도사, 초계군수 등을 역임했다. 전주영장을 거쳐 전라좌수사에 이르렀다. 1710년 해적이 준동하자 금위영(禁衛營) 중군(中軍)이 되어 공

을 세웠다. 1712년 함경남병사로서 청국 오라총관(烏喇摠管) 목극등(穆克登)과 함께 백두산의 경계를 정하는 일에 관여하였고 백두산 남쪽 산천의 형태를 그려 조정에 바쳤다. 이런 공로로 1715년 51살에 삼도통제사에 올랐다. 그러나 외직으로 나가면서 대관(臺官, 사헌부)에게 하직인사를 하지 않았다고 해서 탄핵을 받기도 하였다. 제법 꼿꼿한 성격이었음을 추정할 수 있다. 숙종 42년(1716년) 12월에는 궁궐의 음식을 책임진 사옹원의 비난을 받았다. '시중에는 이미 청어가 나돌고 있는데도 통영에서는 입춘 전에 올려야 할 청어를 아직 진상하지 않고 있으니 통제사 윤각을 엄중 추궁해 달라' 는 내용이었다. 숙종 43년(1717년) 6월에는 거제 지세포 등 8개 진에서 송전(松田)이 불에 탔다며 죄를 청한다는 장계를 올리기도 하는 등 통제사 시절 제법 파란을 겪었다.

통영에서 상경한 이후 병조참판을 거쳐 총융사가 되었다. 상벌이 분명하여 군기가 확립되었으나 1721년 신임사화 당쟁에 연루돼 절도(絶島)에 안치되었고 1724년 60살 때는 의금부에 투옥돼 매를 맞고 죽었다.

여러 해 동안의 유배와 옥고, 모진 고문에도 태연하였으며 죽음에 이르러 유서를 쓰는데 자획 하나 틀림이 없었다고 하니 뱃심이 두둑한 무장이었던 모양이다. 충남 연기군 동면 합강리에 묻혔다. 영조가 즉위하여 그가 신원(伸寃)되자 부인 김씨는 "내가 진즉에 죽지 않은 것은 오늘을 기다리기 위함이었다."고 말하고는 스스로 곡기를 끊고 죽으니 왕이 그녀의 절개를 표창하였다. 신원이 된 이후 병조판서에 추증되었다.

93대 통제사(1720.1~1722.3) 이수민(李壽民 청해이씨 1651~1724)
여진족 퉁두란의 후손…당쟁에 희생된 무장

조선 개국공신 이지란(李之蘭, 여진족 출신의 이성계 측근. 본명은 퉁두란)의 후손이다. 1676년 26살에 무과에 급제해 선전관이 되고 훈련원주부, 도총부도사, 도총부경력을 거쳐 고원군수와 낙안군수, 장흥부사 등을 역임했다. 이어 전라좌수사, 장단방어사, 전라병사를 거쳐 1719년 어영중군이 되었고 이듬해 70살 고령에 통제사로 임명되었다.

통제사 시절, 경상감사의 사노비가 통제영으로 달아난 사건을 놓고 감사와 충돌해 비변사의 탄핵을 받기도 했다. "통제사는 삼로(三路)를 통솔하니 체모가 순찰사(巡察使, 감사)와 같아 수사(水使)를 겸했다 하여 업신여길 수가 없는 법입니다. 그런데 감사 홍우전(洪禹傳)이 추노하는 사객(私客)을 원문에 들여보내고 즉시 돌아가는 것을 허락하지 않았다 하여 통제사의 군관을 곤장으로 쳐서 스스로 체모를 잃었고, 통제사 이수민은 장교(將校)를 시켜 감사가 있는 곳으로 돌입(突入)하여 갇힌 하인을 빼앗아 돌아오게 하였으니 지극히 놀라운 일입니다. 청컨대 홍우전은 종중추고(從重推考, 죄과를 엄히 따지어 살피다)하고 이수민은 파직하소서 하니 임금이 그대로 따랐다."는 기록이 그것이다.(조선왕조실록 경종 1년(1721년) 11월 23일자)

1721년 신임사화로 노론의 영수였던 영의정 김창집(金昌集)이 거제로 유배되던 도중 통영을 지나자 원문(轅門)에 나가 환송을 하려다 주변이 말려 그만두고 대신 비장을 시켜 김창집을 호위하게 하였다. 이 때문에 소론의 탄핵을 받아 파직되고 제주도에 유배되었다가 1년 만에 죽었다. 관련 기록은 다음과 같다.

"사헌부장령(司憲府掌令) 이기성(李基聖)이 아뢰길, 전(前) 통제사 이수민은 통영에 있을 때 권세에 의지하여 탐욕스러움이 방자하였는데 당시 암행어사(暗行御史)의 장계에는 군무(軍務)를 완전히 폐지하고 요리(料理)만 일삼고 있다고 말하기에 이르렀습니다(역대 통제사들이 통영의 음식을 좋아했다는 것은 잘 알려진 사실이다. 이수민은 유달리 통영 음식을 즐겼던 모양이다). 그 사당(私黨)이 죄상을 줄여준 것이 이럴 정도이니 탐욕스럽고 직무를 태만히 한 죄를 환히 알 수 있습니다. 그리고 흉적(凶賊, 김창집을 말함)이 귀양지로 떠나는 날에는 원문(院門)을 나가 영송하려고까지 하였습니다. 통제사가 원문을 사사로이 나갈 수 없음은 법례에 정해져 있는데 비록 주변에서 말려 계획을 중지하였으나 그 마음 씀씀이가 적괴(賊魁)를 편든 정상이 명백합니다… (중략) …청컨대 먼 곳으로 귀양 보내소서."

–조선왕조실록 경종 2년(1722년) 6월 15일자

앞서 1679년, 58대 통제사 이인하가 거제로 유배 가는 '서인(西人)의 영수' 송시열을 마중했다가 삭직된 일이 있으니 이수민의 사례와 유사하다. 1725년 신원되어 병조판서에 추증되었다.

명문가 후예, 잇따라 통제사에 오르다

94대 통제사(1722.3~1723.3) **이봉상**(李鳳祥 덕수이씨 1676~1728)
충무공 이순신의 후손…이인좌에 죽임 당해 가문 번창

충무공 이순신 장군의 5세손이다. 1702년 무과에 급제하였으니 27살 때였다. 경종 재위 중에 포도대장과 훈련원도정을 거쳐 47살에 통제사에 올랐고 이어 총융사와 한성부우윤 등을 역임했다. 영조가 등극하자 1725년 형조참판으로서 훈련대장과 금위대장을 겸직하였다. 이때 이광좌, 조택억 등의 죄를 논하다가 정미환국으로 이들이 정권을 잡자 어영대장에서 좌천되어 충청병사로 나갔다.

1728년 이인좌가 반란을 일으켜 충청병영이 있던 청주가 함락되자 작은 아버지 홍무(弘茂)와 함께 반란군에게 붙잡혀 죽었다. 이인좌가 항복을 권했지만 충무공의 후예로서 그럴 수 없다며 항변하다 죽임을 당했다. 영조는 이를 듣고 정려(旌閭)를 세우고 좌찬성에 추증하였다. 이후 이순신 가문은 무장가문으로 더욱 번창하는데 이봉상의 절개로 사직에 대한 충성심을 거듭 인정받았기 때문이다. 참고로 충무공의 직계 후손 가운데 통제사만 12명에 이르며 정3품 절충장군 이상만 55명에 이를 정도였다.

101대 통제사(1729.12~1731.7) 이수량(李遂良 전주이씨 1673~1735)
이인좌의 난에 전공 세워 통제사로 출세

아버지는 67대 통제사 이성뢰(李聖賚)이다. 1699년 27살에 무과에 급제해 함경도 덕원부사와 평안도 삼화부사 등을 거친 뒤 여러 도의 병마절도사를 역임하였다. 1728년 마방별장(馬房別將)으로 궁성을 지키던 중 이인좌(李麟佐)의 난이 일어나자 4도도순무사(四道都巡撫使)인 병조판서 오명항(吳命恒)을 따라 출정하면서 성공의 기회를 잡았다.

반란은 많은 사람들에게 희비가 교차하는 계기이다. 중종반정이나 인조반정처럼 성공하면 참가자들이 공신이 되어 권세를 누리지만 실패하면 목숨과 재산을 잃게 된다. 반면 관군의 편에 선 무리는 전공을 세워 출세가도를 달리게 된다. 이인좌의 반란은 실패했지만 이수량과 같은 무관들에게 입신의 기회가 되었다. 이수량은 경기도 평택 진위현에서 반란군을 무찌르고 난군 핵심 가운데 한 명인 김성옥(金聲玉)의 목을 베는 데 성공했고 청룡산에서도 박종원(朴宗元)의 목을 베고 설동린(薛同麟)을 생포하였다. 이어 죽산에서 두목인 이인좌를 사로잡는 데 공을 세웠다. 덕분에 분무공신(奮武功臣) 3등에 녹훈되어 종2품 가선대부에 올랐고 여세를 몰아 이듬해 통제사에 임명됐다. 그러나 통제사 시절 직무를 태만히 하고 있다는 암행어사의 탄핵을 받았다.

"경상도 암행어사 이흡(李潝)이 복명하였다… 병사(兵使) 최명주는 청백(淸白)하게 봉공(奉公)하는 반면 통제사 이수량은 한갓 한가롭게 노는 것만 일삼고 있으니 마땅히 한 사람은 포상하고 한 사람은 벌을 주어야 합니다."

—조선왕조실록 영조 7년(1731년) 2월 27일자

그러나 관운은 좋아서 후일 포도대장으로 발신(發身)한 데 이어 평안병사 등을 역임하였다.

107대 통제사(1739.7~1741.3) **조경**(趙儆 평양조씨 1677~1743)
한산도 제승당을 중건한 통제사

영조 3년(1727년) 전라병사, 영조 9년(1733년) 금군별장(禁軍別將)으로서의 활약상이 실록에 전한다. 통제사를 역임한 뒤인 영조 19년(1743년)에는 평안병사에 제수되었다. 영조 15년(1739년)에 한산도 제승당(制勝堂)을 중건한 통제사로 이름이 남아 있다. 당초 이순신 장군은 조일전쟁 때 한산도에 삼도수군통제영의 군영을 건설하면서 그 본영 건물을 운주당(運籌堂)이라고 이름지었다. 이는 '운주제승(運籌制勝)'에서 나온 말이었다. 운주(運籌)란 산가지를 움직인다는 뜻이니 군사작전을 일컫는 전통용어이다. 결국 운주제승이란 '작전을 잘 세워 전쟁에서 승리한다'는 뜻을 담은 말이다. 이 운주당은 원균의 칠천량 패전으로 한산도를 일본군에게 빼앗길 때 불에 탄 이후 140여 간 방치돼 왔다. 통제사가 운주당을 재건하기로 결심하였으나 세월이 흘러 정확한 위치를 알지 못하였는데, 소를 먹이는 한산도의 목동들에게 물어 운주당 옛터를 찾아냈다는 이야기가 전한다. 조경은 폐허가 된 운주당을 중건하고 한산대첩을 기념하는 유허비도 세웠다. 그런데 건물명을 운주당이란 본래 이름 대신 '운주제승'의 뒷글자를 따 제승당이라 명명했다. 옛 이름을 그대로 살리지 않은 이유는 두룡포에 건설한 통제영 본영 건물 가운데 통제사가 휘하 장수들과 작전회의를 하는 곳을 운주당이라고 이름붙인 상황이었기 때문이다.

영조 15년(1739년) 11월에는 '통영에서 진상한 생대구가 상처가 많아 왕에게 올리기 어려우니 통제사 조경을 엄중히 문책해 달라'는 사옹원(司饔院, 궁궐의 음식과 요리를 책임진 관서)의 탄핵을 받기도 하였다. 조경 통제사는 통영 충렬사의 장서를 마련해 기증했는가 하면 해변 백성

제승당 현판   거제도 오양리에 있는 조경의 선정비

들을 다스리는 데도 착하고 어진 면모가 많았다고 한다. 거제도 사등
면 오양리에는 그의 선정비가 있으니 당시 오양역(烏壤驛)의 역리(驛吏)
와 인근 주민들이 세운 것이다. 약 40년 뒤에 그의 아들 조심태(趙心泰)
가 142대 통제사로 부임해 왔을 때 문제의 선정비가 서 있는 것을 확
인하고는 주민들에게 부담을 주기 싫어했던 부친의 뜻을 감안해 이
를 농지 가운데 묻었는데 1976년 경지사업 때 발굴되어 다시 복원하
였다.

110대 통제사(1744.5~1745.12) 이의풍(李義豊 전의이씨 1693~1754)
'아녀자 칼'에 찔려 파직됐다가 재기한 명문 무장가문 출신

증조부는 48대 통제사 이지형(李枝馨), 조부는 65대 통제사 이세선(李
世選), 부친은 79대 통제사 이창조(李昌肇)이니 4대가 연속으로 통제사
를 역임한 유일한 사례이다. 명문 무장가문의 후예답게 정해진 코스
처럼 무과에 급제하여 관직에 나가 황해도 봉산군수와 경상좌수사를

거쳐 1733년 61살에 함경남병사로 발탁됐다. 이때 공납을 마구 거둬들였다는 혐의로 사헌부의 탄핵을 받았으나 전임자의 소행으로 밝혀져 자리를 보전했다. 이듬해에는 죄를 지어 매 맞아 죽은 배수현(裵守賢)이란 장교의 아내 '자근례(者斤禮)'가 남편의 원수를 갚겠노라며 칼로 그를 찔렀으나 다행히 왼쪽 엉덩이를 다치는데 그쳤다. 변방의 장수가 일개 아녀자의 칼을 피하지 못하고 찔려 상처를 입었다는 사실이 조정에 알려지자 크게 부끄러운 일이라며 엄하게 처벌해야 한다는 논의가 분분했지만 파직에 그쳤다.

이후 든든한 집안 배경에다 그의 재주를 아낀 병조판서 박문수(朴文秀) 등의 천거에 힘입어 여주목사와 경상우병사 등을 역임한 뒤 72살의 고령에 통제사에 취임하였다. 영조 15년(1739년) 3월 16일 "사간원에서 '통제사 이의풍이 형벌을 남용하고 가렴주구가 심하다' 며 파직을 청하였으나 왕이 허락하지 않았다."는 기록이 있다. 그런데 1739년은 이의풍이 통제사에 임명되기 5년 전이므로 착오가 있는 듯하다. 이밖에 특기할 활약상은 발견되지 않지만 '통제사 이의풍 사적비' 가 다른 전의이씨 통제사들의 선정비와 함께 땅에 묻혔다가 2014년에 발굴되었다. 오위도총부 도총관에 이어 1754년 82살에 어영대장으로 등단(登壇)하였지만 그해에 죽었다.

113대 통제사(1749.9~1751.6) 정찬술(鄭纘述 연일정씨 1684~1766)
조선 중앙군 대장에 오른 '정몽주의 후손'

고려 말 충신 정몽주(鄭夢周)의 11대 손이다. 1725년 전라병사가 되었고 1728년 이인좌의 난 때 포도대장으로 발탁되었다. 1743년 평안 병사가 되었다가 파직되었는데 동지사(冬至使) 사신단이 귀국할 때 영접하지 않았다는 죄목이었다. 그러나 평안감사 이종성(李宗城)이 훌륭한 장수임을 역설해서 구제되었다.

63살이던 1746년 7월, 정찬술은 두 가지 행운을 잡았다. 첫 번째 행운은 영의정 김재로(金在魯)의 요청으로 그의 증손이 정몽주의 제사를 받드는 사손(祀孫)으로 지정된 사실이다. 이즈음 정몽주는 조선 건국을 반대한 역신이 아니라 '충신의 상징'으로 재평가되고 있었던 만큼 충신의 후손이라는 점이 확인되면서 출세가도가 활짝 열린 셈이다. 두 번째는 춘당대(春塘臺, 창경궁 후원의 넓은 마당) 무과의 시험관으로 뽑히면서 왕의 눈에 드는 기회를 잡은 것이다. 영조실록을 보자.

"왕이 춘당대에 나아가 관무재(觀武才, 조선후기의 특별무과)를 행하였다. 전 병사 정찬술이 시관(試官, 과거 책임자)으로 입시하자 왕이 서북지방의 정세를 물었는데 정찬술이 변방의 정세를 매우 자세히 말하니 기특하게 여겼다. 뒤에 경연할 때 이에 대해 신하들에게 물었는데 원경하(元景夏)가 대답하기를 '찬술은 신의 마을에 사는 무부(武夫)인데 사람됨이 꾸밈이 없고 활쏘기와 말타기를 잘합니다.' 하였다. 정찬술은 장수다운 재국(才局)이 있어 '무신년의 변란'(1728년 이인좌의 난) 때에는 변군(邊郡)의 수령으로 있으면서 적정을 예측하여 승리를 이끄는 방략(方略)이 보통 사람보다 뛰어났으나 당시 재상들이 그의 강개한 논변을 꺼려서 이를 숨긴 채 계문(啓聞, 왕에게 글로서 아뢰다)하지 않았으니 식자들이 한스럽게 여겼다."
—조선왕조실록 영조 22년(1746년) 7월 21일자

국왕의 신임을 얻은 '충신의 후예'는 66살에 통제사에 올랐다. 정찬술의 통제사 흔적은 통영시 도남동의 '동개섬'에 남아 있다. 동개섬은 현재는 매립되어 육지의 동산으로 변했지만 원래는 섬이었다. 1750년 통제사 정찬술이 이곳에서 휘하 장수들과 함께 활을 쏜 것을 기념해 '통개도(筒箇島, 통개란 활과 화살을 꽂아 넣도록 둥글게 만든 물건)'라고 이름 지었는데 훗날 동개섬이란 토박이 지명으로 바뀌었다. 정찰술이 어물창고인 해현고를 통영성 남문 밖 해변으로 옮긴 다음 선현고(鮮顯庫)로 이름 지었다는 기록도 있다.

동개섬

'통개도' 글씨를 새긴 동개섬 암각화

통제사를 역임한 뒤 1752년에 총융사에 오른 데 이어 금위영과 어영청의 대장(大將)을 겸직하는 한편 좌포도대장까지 제수받으면서 일약 군부 최고실력자로 부상하였다. 그러나 좋은 일이 있으면 나쁜 일도 있게 마련, 통영에서 상경할 때 장수가 말이 아닌 교자(轎子, 가마)를 탔다는 사실이 뒤늦게 드러나 1753년에 직산현으로 유배되었다. 또 부하를 제대로 검칙하지 못했다는 탄핵을 받아 고신(告身, 관리의 신분증)을 환수당했는가 하면 무고한 백성을 죽게 한 탓으로 파직되었다. 1755년 우변포도대장으로 재기하였고 이후 어영대장, 총융사에 복귀하였다.

제8장

원숙기 통제영, 관료화된 통제사

(1751~1849)

三道水軍統制營

1750년 영조 26년에 시행된 균역법(均役法)은 백성들의 군역 부담을 크게 완화한 훌륭한 정책이었지만 통제영에는 아닌 밤중에 홍두깨 같은 날벼락이었다. 통제영 재정의 주요 축 가운데 하나였던 해세(海稅)징수권이 균역청으로 넘어가게 된 것이다. 균역법 시행 이후 통제영에 대한 국가적 지원은 감축되고, 통제영의 실질적인 관할범위도 경상·전라·충청 3도가 아닌 경상·전라 양도로 축소되는 경향을 보인다. 제도적 의미에서 통제영의 역사는 한층 원숙해졌지만 재정난이 심화되면서 통제영의 위상과 역량은 점차 하락세로 접어들었다.

영조 시기 균역법·금주령으로 고생한 통제사들

병조판서를 역임한 구성임(具聖任)의 아들이고 22대 통제사 구굉(具宏)의 5세손이다. 한마디로 능성구씨 무장 명문가의 후예이니 요즘말로 '금수저' 인 셈이다. 무과에 급제한 뒤 1739년 전라좌수사를 거쳐 황해병사를 지냈다. 비교적 이른 43살에 통제사에 올랐다. 통제사 시절, 균역법 시행으로 통제영 재정상황이 크게 악화된 사정을 보고하면서 바다에서 나오는 이득을 다시 통영으로 넘겨달라고 요청하였다.

"삼도통제사 구선행이 상서하기를… (통영의)형세를 논하자면 삼도의 요충지이니 큰 관방(關防)을 여기에 설치하고 널리 살아갈 길을 열어 어염(魚鹽)의 이권을 전속시키고 상선(商船)을 관장하며 백성을 불러 모아 큰 진보(鎭堡)를 만든 것은 넉넉한 이웃고을과 연계하여 목숨을 바쳐서라도 버리지 말라는 뜻에서 나온 것입니다. 그러나 나라가 오래도록 평화롭자 인심이 안일해져 삼남의 바다 이득(海利)이 축소되니 진영이 파탄되고 군민(軍民)의 실업자가 10에 7, 8을 차지하였으므로 식자들이 걱정하고 탄식한지 오래되었습니다. 군포(軍布)를 감면해 준 뒤로(균역법 시행을 의미함) 전국의 군민은 너나없이 은혜를 입어 봄기운과 단비와 같은 혜택이 사망자와 어린아이에게까지 미치고 있건만 유독 신의 진영만은 크게 삭감을 당하여 4천 호(戶)의 군민이 먹고 살 길이 끊기고 살고 싶은 마음마저 잃어 마치 물이 스며드는 배 안에 있는 것과 같습니다… (하략)"

－조선왕조실록 영조 28년(1752년) 3월 3일자

통제사를 역임한 뒤 훈련도감정(訓練都監正)과 금군별장(禁軍別將, 국왕 경
호부대인 용호영의 주장)이 되었고 이어 1754년 금위대장(禁衛大將, 경호실장격)
을 지냈다. 이듬해 좌변포도대장이 되었다가 다시 금위대장에 취임
했다. 구선행은 당시 무관들이 무예는 연마하지 않고 자리 구하기에
만 급급한 폐단을 지적하기도 했다.

"(왕이)병자호란 때의 일을 언급하며 여러 장수들에게 힘써 노력할 것을
단단히 당부하였다. 금위대장 구선행이 말하기를 '근래 무인이 병서를
읽지 않고 사장(射場)에 나가지 않으며 다만 재상의 문(門)에서 벼슬을
구하는 데 분주할 뿐이니 쓸 만한 인재가 없습니다' … (하략)하였다."

－조선왕조실록 영조 32년(1756년) 1월 14일자

1759년 어영대장, 1760년 훈련대장에 이어 1761년 아버지에 이어
병조판서에 올랐으니 부자(父子) 병조판서가 탄생한 것이다. 1763년
한성판윤에 취임하였고 1767년 총융사, 이듬해 포도대장 등 무관중
책을 잇따라 역임했다. 1769년 평안병사가 되어 청천강변에 남당성
(南塘城)을 축조했으며 그 공으로 의금부판사(義禁府判事)에 임명됐다. 이
후에도 훈련대장과 병조판서, 금위대장 등 예전에 이미 역임했던 직
책들을 또다시 지냈다. 그의 아들 구현겸(具顯謙)도 무장으로 입신해

평안병사와 131대 통제사를 맡는 등 아버지가 역임한 중요 무관직을 이어받았다.

공조판서를 지낸 이중경(李重庚)의 아들이다. 30살이 되던 1743년 사리평(沙里坪)에서 무술훈련을 할 때 실력을 인정받아 크게 부각되었고 국왕 영조로부터 표범모피를 하사받았다. 용력이 좋고 병서에 정통하며 특히 활쏘기를 잘해서 장수의 재질이 있다고 좌의정 송인명(宋寅明)의 칭찬을 받았다고 한다. 55살이던 1768년 금위대장 시절 국왕이 주재한 융무당(隆武堂) 활쏘기 대회에서 유엽전(柳葉箭)과 편전(片箭)을 과녁에 적중시켜 상을 받았다. 또 일흔 나이에 모화관(慕華館)에서 날아가는 고니를 활을 쏘아 맞춘 일은 꽤 유명하였고 활과 화살을 상으로 받기도 했다.

통제사는 불과 2달간 역임했을 뿐이다. 을해년(乙亥年 영조 31년, 1755년) 5월에 치뤄진 과거시험 답안에서 조정을 비방하는 글이 나오면서 확대된 '을해옥사'의 파장 때문이다. 훈련대장 등 고위무관이 귀양가면서 3월에 통영으로 갔던 이장오가 5월에 총융사에 임명돼 부랴부랴 상경하였다. 1761년 금위대장에 임명되었으나 부하들을 단속하지 못해 이듬해 영종도의 진(鎭)에 배속되었다가 곧 석방되었다.

1771년에는 간관의 탄핵을 받았고 사관(史官)도 이장오의 행실을 질타하여 실록에 기재하였다.

"정언 안정대(安鼎大)가 상소하여 '이장오는 천박하고 경솔한 데도 오랫동안 병권을 맡아 정령(政令)이 뒤집히기 일쑤였으며 행동거지가 놀랍고도 망령됩니다. 또 탐욕이 많고 사치스러움이 습관이 되어 제도를 어겨가며 여러 백성의 집을 허물어 자신의 집을 키웠으니, 그 방자함이 거리낌이 없는 데 대해서 견삭(譴削, 죄를 꾸짖고 관직을 빼앗는 일)을 하는 것이 마땅합니다.' 하였는데 왕이 그 지나침을 꾸짖고 들어주지 않았다. 사신(史臣)은 말한다. '안정대의 상소는 당론(黨論)이 아니고 온 나라의 공론을 모은 것이었다. 이장오는 경솔하고 거짓되어 다른 사람과 마주앉아 잠시도 편안하게 있지 못하는 등 한 가지도 취할 만한 것이 없었다. 그러나 단지 왕후의 인척과 혼인한 까닭에 병권을 맡은 지 오래 되었으며 군문(軍門)의 재화를 많이 흩어 팔로의 물건을 거두니 전장(田庄)과 노복(奴僕)이 없는 고을이 없었다. 부유함이 왕국(王國)과 같아 날로 교만과 사치가 심해졌으나 왕의 편애가 변함이 없으니 감히 말하는 사람이 없었다."

—조선왕조실록 영조 47년(1771년) 10월 18일자

또 1776년에는 훈련대장이 되었으나 민가를 약탈한 혐의를 받아 교동도에서 일반 병졸로 근무해야 했고 이어 진도에 위리안치되었다 풀려나는 등 파란곡절이 많았다.

123대 통제사(1763.10~1765.윤2) 정여직(鄭汝稷 초계정씨 1706~1769)
73대 통제사 정홍좌(鄭弘佐)의 손자…'금주령'으로 고생한 무장

73대 통제사 정홍좌(鄭弘佐)의 손자이다. 1735년 23살의 비교적 이른 나이에 무과에 급제했다. 함경도 부령부사로 있을 때 암행어사 홍계희(洪啓禧)의 복명에 의해 선치수령(善治守令, 고을을 잘 다스리는 수령)으로 뽑혀 왕의 상을 받았다. 1743년 충청수사로 승진한 뒤 함경남병사와 경기수사, 함경북병사 등 지방군 장수직을 거쳐 1758년 비변사의 추천으로 어영대장에 발탁되었다. 좌의정 김상로(金尙魯)는 "정여직은 가는 곳마다 잘 다스려서 위엄을 표시하지 않아도 엄준(嚴峻)하였으니 진실로 쉽게 얻을 수 있는 인재가 아닙니다."라고 높이 평가하였다. (조선왕조실록 영조 33년(1757년) 10월 1일자)

1759년 어영청 소속 순라군졸이 금주령을 어기고 술을 마신 사실이 적발돼 어영대장에서 파직당했다. 영조 36년(1760년) 춘당대(春塘臺) 활쏘기 대회에서 뛰어난 성적을 내어 왕의 신임을 회복하였고 뒤에 어영대장으로 재기용되었다. 1763년 6월 좌포도대장으로 재직 중 다시 금주령 위배와 관련해 경기도 남양에 유배되었다(영조 시절 금주령은 심히 엄격했으니 술을 몰래 마셨거나 밀주 단속을 제대로 못했다는 등의 이유로 많은 관리가 처벌을 받았다). 그러나 정치적 좌절은 길지 않아서 1763년 10월 삼도수군통제사로 재기하였다. 경위야 어쨌건 중앙군의 대장을 역임한 군부 핵심이 통영으로 왔다는 점에서 통제사의 비중과 위상을 실감할 수 있다. 통제사를 지낸 뒤 서울로 올라가 총융사와 훈련대장, 한성부우윤 등 요직을 지냈다.

125대 통제사(1766.6~1768.5) 이주국(李柱國 전주이씨 1720~1798)
담력이 크고 강직한 무장으로 군제개혁에 주력한 인물

114대 통제사 구선행의 고종사촌 동생이다. 이주국의 모친이 구선행의 부친 구성임의 누이, 즉 구선행의 고모이기 때문이다. 1740년 21살의 어린 나이에 무과에 급제해서 이듬해 선전관에 임명된 뒤 훈련원주부와 판관 등을 지냈다. 1748년 통신사를 따라 일본에 다녀온 뒤 호조좌랑에 임명되니 호조에 무랑(武郞)이 설치되기는 이때가 처음이었다. 1754년 충청수사가 되었고 이듬해 경상우병사가 되었으며 1759년 함경북병사 등을 순탄히 역임한 뒤 47살에 통제사로 올랐다. 통제사 시절, 휘하의 수령·장수들을 평가하면서 포폄(褒貶, 고과)을 '하(下)'로 매긴 사례가 없다는 이유로 도승지(국왕 비서실장)의 비판을 받은 기록이 전한다(조선왕조실록 영조 42년(1766년) 12월 15일자). 자신의 부하들을 온정적으로 평가하는 것은 조선 관료사회에서 흔히 있는 일이었다.

통제사직에 이어 1773년 황해병사를 거쳐 평안병사가 되는 등 외직 무관을 두루 거쳤다. 1776년 총융사에 임명되었고 이해 열린 영조의 장례식 때는 훈련원도정으로 여사대장(輿士大將, 상여 호위군 총수)이 되었다. 그러나 여사군(輿士軍)이 소란을 피워 기율을 바로잡지 못한 죄로 파직되었다. 이후 총융사로 복직되었다가 군량미를 비축하지 못했다고 파직되는 등 곡절이 많았다. 1778년 59살에 평안병사가 되고 환갑 나이인 1780년 어영대장이 되었다. 이듬해 1781년 좌·우포도대장을 역임하였고 1782년에는 형조판서에 올랐다. 1796년 77살에 훈련대장을 사직하면서 군제삼사(軍制三事)를 올렸는데 첫째 번상(番上)으로 인한 경비낭비와 폐단을 고려해 어영청과 금위영의 예산으로 한양 백성을 모병으로 충당할 것, 둘째 궁궐 순찰을 위해 50칸에 군사 4인을 두어 수직(守直)할 것, 셋째 수군과 육군의 지역배치를 고려할 것 등이었다.

이주국은 마음 씀씀이가 크고 담력이 뛰어났다. 뿐만 아니라 용모가 뛰어나고 체격이 건장했으며 성품이 강직하여 권세 있고 부귀한 자에게 아첨하지 않아 아랫사람들로부터 명망이 높았다. 창경궁 춘당대에서 활쏘기를 할 때의 모습이 한겨울에도 잎이 푸른 측백나무와 같다고 하여 왕(정조)이 오백(梧栢)이라는 호를 하사하였다. 그러나 고집이 세서 남과 반목한 때가 많았고 수차례 문신들의 견제를 받기도 했다. 정조 13년(1789년) 부교(浮橋)의 배를 제대로 갖추지 않았다고 하여 섬으로 유배갔는가 하면 정조 16년(1792년)에는 무관들의 복장을 조정의 법규와 달리할 것을 주장하다 백령도에 위리안치되는 험악한 일을 겪기도 하였다.

이주국에게는 몇몇 일화가 전한다. 어느 날 한강에서 병력을 사열하고 진법훈련을 시키려 했는데 몇몇 병사가 늦게 당도했다. 당시 군법대로 군율을 어긴 군졸에게 곤장을 때렸는데 공교롭게도 한 군졸이 숨을 거두고 말았다. 군졸의 처와 아들이 서럽게 우는 것을 본 이주국은 운수소관이라며 모자를 위로한 뒤 군졸의 아들을 자기가 길러 주기로 했다. 군졸의 아들을 친아들처럼 키워주었지만 세월이 가도 그 아들의 얼굴에 살기가 떠나지 않았다. 세월이 흐른 어느 날 밤 이주국은 이상한 느낌이 들어 자리에 죽부인(竹夫人)을 놓아두고 그 위에 이불을 덮어놓고는 병풍 뒤로 숨었다. 잠시 후 군졸의 아들이 시퍼런 칼을 들고 방으로 들어왔다. 아들은 이불을 내려 보며 "비록 소인이 대장의 은혜를 많이 입었지만 어찌 자식으로서 아비의 원수를 잊겠습니까?" 한마디를 한 뒤 이불을 칼로 찌르는 것이었다. 이주국이 병풍 뒤에서 뛰어나와 아들의 팔을 붙잡고는 "그만하면 네 아비의 원수를 갚은 셈이다. 나는 너를 용서하겠다. 그러니 너도 나를 용서해 다오."라고 했다. 군졸의 아들은 눈물을 흘리며 진심으로 용서를 빌었다.

또 다른 일화는 당시 군부 실력자 구선복(具善復)과 관련된 것이다. 구선복은 훈련대장이었고 영조의 신뢰를 받고 있었기에 콧대가 높고 오만방자하였다. 1762년 사도세자가 뒤주에 갇혀 죽었을 때 왕의 명령으로 뒤주를 감시하는 악역을 맡았던 인물이다. 하급무관이던 이주국은 구선복과 내외종 간이었다. 정월이라 이주국이 구선복에게 세배를 하러 갔는데 구선복의 방에 튼튼한 나무로 된 커다란 상자가 눈에 띄었다. 이주국이 뭐냐고 물었더니 "이건 훈련대장 병부가 들어 있는 인궤(印櫃)야. (훈련대장은)네가 아무리 뛰어나도 문벌이 얕아서는 오를 수 없는 벼슬이야."라고 구선복이 말했다. 이주국은

"나중에 내가 형님 자리를 받겠소."라고 호기롭게 말하였다. 잠시 후 호화로운 주안상이 들어왔는데 떡으로 빚은 미녀인형이 있었다. 구선복이 인형의 눈알부터 쏙 빼먹자 이주국이 깜짝 놀라 '아무리 안주지만 사람을 먹다니' 하며 일어나 나와 버렸다. 이주국은 다음날 왕에게 상소문을 썼다. 자신은 구선복과 내외종 간이지만 의절을 할 터이니 나중에 구선복이 죄를 짓더라도 연좌하지 말라는 요청이었다. 구선복을 통하지 않고는 벼슬 한자리 얻을 수 없는 시절이었는데 이주국이 권력자를 비난하는 상소를 올린 것이었다. 화가 난 구선복이 벼슬길을 막아버리자 백수가 된 이주국은 사냥을 하며 하루하루를 보냈다.

어느 날 이주국이 활로 꿩을 쏘았는데 꿩이 당시 노론의 영수였던 홍봉한의 집으로 떨어졌다. 사도세자의 장인이며 영의정을 지낸 인물이다. 이주국이 꿩을 찾아 홍봉한 집의 대문을 두드리자 하인들이 그의 초라한 차림새를 보고는 쫓아냈다. 그러자 이주국은 하인들을 두들겨 패고 꿩을 찾으러 집안으로 들어갔다. 소란을 들은 홍봉한이 달려 나왔고 상황을 파악한 다음 이주국과 술자리를 마련했다. 잡은 꿩을 안주삼아 이야기를 나누던 중 홍봉한은 이주국이 구선복에게 찍혀서 벼슬길이 막혔다는 것을 알게 됐다. 그래서 실력 좋은 젊은이를 위해 힘을 좀 쓰기로 하고 병조판서인 아우 홍인한에게 벼슬자리를 청하는 서신을 써 보냈다. 잠시 뒤 홍인한에게 답장이 왔는데 올해는 인사가 끝났으니 내년에 보자는 것이었다. 이주국은 이 말을 듣고는 바로 집으로 가겠다고 일어서면서 홍봉한에게 아까 바친 꿩 값을 달라고 요구했다. 그것도 턱없이 비싼 값을 불렀다. 갑작스런 무례에 화가 난 홍봉한은 되는 대로 엽전을 집어 이주국에게 던졌다. 이주국이 떠난 뒤 홍봉한은 집사를 불러서 동생에게 말을 전했다. "초저녁에 부탁했던 벼슬자리는 없던 일로 하라."

한편 집으로 간 이주국은 아내에게 벼슬을 받게 됐다며 내일부터 출근하게 군복을 준비하라고 말했다. 아내는 코웃음을 쳤는데 과연 다음날 아침 임명장이 왔다. 이주국은 군복을 차려입고 홍봉한의 집을 찾아갔다. 홍봉한이 어찌된 영문인지 묻자 이주국이 경위를 설명했다. "제가 아무리 실성했기로 대감께 꿩 값을 받겠습니까? 어제 대감께서 약주 김에 아우님께 편지를 보내 제게 벼슬을 주려고 하였으나 동생께서는 듣지 않으셨습니다. 저로서는 이 기회를 놓치면 다시 얻을 수 없을 것이고 대감도 술이 깨면 다시 소인을 생각하지 않을 것 같았습니다. 그래서 권도(權道, 임시방편)로 대감의 분을 돋우면 화가 나서 동생께 벼슬을 시키지 말라는 편지를 보낼 것이요, 동생은 형님의 부탁을 거역한 것도 미안한데 없던 일로 하라는 편지를 받으면 '형님이 화가 단단히 났구나' 하여 반드시 벼슬을 시키려 할 것으로 짐작해 일부러 대감의 화를 돋우었습니다. 오늘 벼슬을 받았으니 소인의 무례함을 용서해 주십시오."라고 하였다.

그 후 이주국은 출세가도를 달렸고 구선복에게 장담했던 대로 훈련대장도 되었다. 한편 권세를 누리던 구선복은 정조 등극 후에 역적으로 몰려 일가친척이 날벼락을 맞았지만 이주국은 앞서 의절상소를 올려 무사했다. 그런데 구선복이 죽은 뒤 이주국은 통곡을 하며 장례를 잘 치러주었다. 이 이야기를 전해들은 왕이 이주국을 불러들여 연유를 물었다. "전에는 이런 일이 벌어질 거라 생각해서 의절했지만 그래도 친척이라 도리를 다하지 않을 수 없습니다."라고 답했다.

그러나 이 이야기는 사실과 많이 다르다. 이주국과 구선복은 연좌에 걸리는 내외종 사이가 아니고 내외재종, 즉 6촌간이다. 이주국은 구선복과 앞서거니 뒤서거니 자리를 주고받던 대등한 무장이었다. 또 이주국이 홍봉한의 천거를 받을 처지도 아닌 것이 이주국은 20대부터 잘나가던 무장이었고 홍봉한보다 7살 적을 뿐이다. 위의 이야기는 이주국 측 누군가가 뒷날에 만들어낸 것으로 짐작된다.

134대 통제사(1777.5~1778.9) 이창운(李昌運 함평이씨 1713~1791)
균역법으로 통제영이 쇠퇴했다며 균역법 폐지를 주장한 무장

26살 되던 영조 14년(1738년) 추천에 의해 선전관이 되고 그 이듬해 무과에 급제한 뒤 빠른 출세가도를 달렸다. 1747년 평안도 상원군수가 되고 1752년 안동영장(安東營將)이 되었으며 1754년 종2품 가선대부가 되어 동지중추부사가 되고 함춘군(咸春君)이란 군호를 받았다.

1777년 65살에 통제사가 되었고 직을 마친 뒤 1779년 왕을 알현했을 때 왕이 통제영이 전보다 쇠퇴한 이유를 묻자 "균역법 실시 이전에는 어염(魚鹽, 고기잡이와 소금 굽는 일)과 미역밭에 내왕하는 모든 배를 통영에서 관리하므로 그곳 주민 3000여 호가 모두 부유하였으나 지금은 수리(水利)를 잃고 쇠퇴하고 있으니 균역법을 폐지해야 합니다."

라고 주장하기도 했다.(조선왕조실록 정조 3년
(1779년) 3월 19일자)

이창운 초상화

그 뒤 평안병사를 역임했고 이어 우포도
대장이 되어서는 국가를 변란 시키려는 음
모를 사전에 적발하는 등 활약이 컸다. 후
일 어영대장과 총융사 등 중앙군 무관요직
을 두루 역임하였다. 군복을 입은 초상화
가 남아 있는 덕분에 얼굴을 알 수 있는 장
수이기도 하다.

숨죽인 무장들…잦은 파직 · 복직에 '파리 목숨'

136대 통제사(1779.3~1781.4) 서유대(徐有大 달성서씨 1732~1802)
파직 · 복직 거듭하며 5군영 대장(大將) 21회…정조 군권 핵심

1757년 26살에 문음(門蔭)으로 선전관이 되었고 2년 뒤 사복시내승
(司僕寺內乘)으로 무과에 급제했다. 1763년 32살에 훈련원정으로 통신
사를 호종해 일본에 다녀왔다. 귀국 후 방어사겸사복장(兼司僕將)을 거
쳐 1768년 충청수사에 임명되었다. 함경병사를 거쳐 삼도수군통제
사에 올랐다.

그러나 정조 4년(1780년) 9월, 전라수영에서 전선(戰船)이 전복돼 익
사자가 나왔는데도 통제사가 제때 보고하지 않았던 탓에 왕의 질책
을 받았다. 또 기한이 차지 않은 전선을 새로 건조하느라 소나무를

많이 소비했다는 이유로 영의정의 비난을 받기도 하였다.

"(영의정)서명선이 또 아뢰기를 '지금 여러 폐단 가운데 가장 근심스러운 것이 송정(松政)입니다. 각처의 송산(松山)이 민둥산이 된 것은 오로지 전선(戰船)을 개조한 데서 초래된 것입니다. 앞서 기한이 찬 배는 병영과 수영에서 직접 살펴 다시 보고하라고 단단히 타일렀는데, 최근 통제사의 장계를 살펴보니 5척의 전선 가운데 기한이 차지 않은 것이 2척이나 들어 있으니 전 통제사 서유대를 엄중 문책하고 여러 도의 수신(帥臣)들에게도 타일러 경계하소서.' 하니 (왕이)그대로 따랐다."

-조선왕조실록 정조 5년(1781년) 4월 5일자

포도대장 시절에는 비리를 암행단속했다는 이유로 함경도 삼수(三水)에 유배되었다. 1783년 52살에 총융사로 재기용되었고 훈련도감 중군, 좌포도대장, 어영대장을 거쳐 금위대장(禁衛大將, 경호실장격)이 되었다. 이때 금위영이 화포를 잘못 쏘아 궁궐에 불이나자 책임을 물어 파직되었다. 다시 우포도대장으로 기용된 뒤 다시 금위대장과 훈련대장, 어영대장, 주사대장(舟師大將, 왕이 거둥할 때 한강에 부교(浮橋) 가설하는 일을 주관하던 임시벼슬) 등을 역임하였다.

서유대의 중앙 5군영 지휘관 경력을 보면 자못 화려하니 총융사 4번, 어영대장 7번, 훈련대장 3번, 금위대장 7번에 이르렀으며 결국 훈련대장으로 재직 중에 숨졌다. 남들은 한 번도 하기 힘든 5군영의 대장직을 무려 21번이나 바꿔가며 맡았으니 가히 정조 때 군권을 장악한 핵심인물이었다고 할 것이다. 그러나 앞서 언급했듯이 직무와 관

세병관 현판

련해 유배를 가거나 강화부 군졸로 강등되는 등 파란도 적지 않았다.

체격이 크고 성품이 너그러워 군졸의 원성을 산 바가 없어 당시 사람들은 그를 복장(福將)이라고 불렀다. 무관이지만 서예에도 능하였으며 특히 큰 글자를 잘 썼다고 한다. 현재 남아 있는 세병관의 웅장한 판액 글씨 역시 서유대가 썼다고 한다.

137대 통제사(1781.4~1783.2) 구명겸(具明謙 능성구씨 1737~1786)
역모에 연루돼 목이 잘린 불운한 무장

22대 통제사 구굉의 6세손이며 131대 통제사 구현겸(具賢謙)과는 6촌간이다. 능성구씨 무장가문의 후예로서 일찌감치 무과에 올랐을 것으로 보이지만 초년 기록은 상세하지 않다. 귀양살이를 하다 1772년 풀려나 승지 직책을 받았다. 1774년 충청수사, 1777년 황해병사, 1779년 좌포도대장을 지낸 뒤 1781년 통제사에 올랐다. 그 뒤 원주목사를 거쳐 1784년 다시 좌포도대장을 역임했다.

정조 10년(1786년) 숙부이며 당시 병권을 장악하고 있던 구선복(具善復)이 역모를 꾸몄다는 죄목을 받았을 때 이에 내응했다고 해서 목이 잘렸다. 구선복은 훈련대장과 병조판서를 거쳐 의금부판사(義禁府判事, 사법기관 총수)를 역임한 거물인데 영조 때 사도세자가 죽을 당시 뒤주를 지킨 인물로 지목된 탓에 세손(정조)의 원한을 샀다. 정조는 등극 후 10년 동안 군부 실세 구선복에게 훈련대장과 형조판서 등을 맡기며 신임하는 모양새를 취하다 왕권을 키운 다음 철저히 제거하였다. 정조의 조용하고도 무서운 인내심이 실감나는 대목이다. 구선복은 고문을 동반한 국청(鞠廳)의 조사에서 '거사를 실행할 경우 조카인 명겸을 대장으로 삼을 계획이었다'고 자백하였고, 그 바람에 구명겸의 목도 달아났다. 구선복과 구명겸이 실제로 반정역모를 꾸몄는지는 분명하지 않다. 다만 군주(君主)의 원한을 샀던 것은 확실하였고 그 결과 목숨을 잃게 되었다.

구명겸은 '역적'으로 처단됐지만 변사기(효종 시절에 처형된 장수)와 달리 한산도선생안에서는 삭출되지 않아 통제사 명단에는 살아남았다.

139대 통제사(1785.2~1786.2) 이방일(李邦一 — 전의이씨 1724~1805)
파직과 복직을 거듭한 '파란 많았던 무장'

65대 통제사 이세선(李世選)의 증손이다. 조선 후기 대표적인 훈무세가(勳武勢家) 전의이씨 집안에서 출생해 정해진 순서대로 무관의 길을 걸었지만 파란곡절이 많았다. 1763년 영흥부사를 지냈으나 파직당하고 함경도 단천에 유배되었다. 참고로 숙종 이후 무장들의 경력을 보면 파직이나 유배, 군졸 강등이 흔했으니 정국불안과 무관하지 않다. 1766년 경상좌수사가 되고 1769년 경상우병사를 거쳐 영광군수를 역임했다. 1773년 남양부사를 지냈다. 1776년 경기수사에 이어 1778년 좌포도대장이 되었으나 이듬해 관내의 무당들을 단속하지 못한 책임으로 파직되었다. 곧 어영대장에 복직되었으나 1780년 궁궐경비를 소홀히 했다 하여 삭직되었다가 1782년 다시 어영대장이 되는 등 곡절이 많았다. 1784년 우포도대장에 이어 이듬해 62살의 나이로 통제사에 올랐다.

통제사 재임시에 만하정(挽河亭)을 창건하고 열무정(閱武亭)을 재건했으며 망일암(望日庵)을 새로 짓고 강구안에 담장을 쌓아 항만을 제대로 갖추었다고 한다. 또 원문(轅門)의 좌우 성가퀴를 모두 완성하였으니 토목공사에 조예가 깊었던 모양이다. 토목공사를 좋아했던 이방일은 통제사를 마치고 이듬해(1786년) 총융사를 역임하던 시절에도 군사들을 동원해 역사(役事)를 크게 벌이다가 사헌부의 탄핵까지 받았다. 이후 오뚝이처럼 재기해 어영대장과 총융사, 금위대장 등 중앙군 대장직을 거쳐 대호군(大護軍)을 지냈다.

141대 통제사(1786.7~1787.5) 류진항(柳鎭恒 진주류씨 1720~1801)
금주령 어긴 선비를 풀어주고 죄를 얻은 '측은지심의 무장'

어려서 학문에 열중하였으나 병을 얻어 공부를 하기가 힘들어지자 책읽기를 단념하고 대신 신체단련을 위해 말타기와 활쏘기에 힘쓰다 보니 결국 무과에 응시하게 되었다. 1753년 34살에 무과에 급제해 선전관이 되고 이어 금군별장(禁軍別將), 훈련원도정, 경상좌수사, 경상좌병사, 회령부사, 오위도총부 부총관 등을 거쳐 67살, 연만한 나이에 통제사에 올랐다.

통제사에서 물러난 1787년 6월, 재임 시절에 기생을 전선에 태워 뱃놀이를 했다는 비난을 받은 적이 있다. 류진항은 이에 대해 '새로 전선을 만들었기에 점열(點閱)하면서 시험삼아 10리 밖의 섬에 이르렀는데 장수가 배에 오르면 기생 무리들이 따라 타는 것이 예사인지라 그런 말이 나온 것'이라면서 '세자의 상과 큰형님의 상을 당한 처지에서 있을 수 없는 일'이라고 항변한 기록(조선왕조실록 정조 11년(1787년) 6월 5일자)이 나온다. 오해가 풀려 이듬해인 1788년 우포도대장에 이르렀으며 1799년 80세가 되자 조정에서 숭록대부(崇祿大夫)로 품계를 올려주었으니 종1품에 오른 것이다.

류진항에게도 꽤 유명한 일화가 있다. 선전관으로 있을 때의 일이다. 왕(영조)이 불러 명하기를 "짐이 금주령을 내려 술을 빚지 말라했는데도 이를 어긴 자가 있다고 한다. 가서 술 빚는 자를 사흘 안에 잡아오라. 그렇지 않으면 이 칼로 경의 목을 칠 것이다."라면서 칼을 하사했다. 류진항은 궁리 끝에 기생집으로 가서 많은 돈을 주고 놀았다. 며칠을 놀다 갑자기 배가 아프다며 데굴데굴 굴렀다. 안타깝게 여긴 기생이 '이럴 때 무슨 약을 쓰느냐?'고 묻자 그는 술을 먹으면 낫는다고 말했다. 그랬더니 기생이 금주령이 내려졌지만 술을 빚는 집을 안다며 바깥으로 나가는 것이었다. 류진항이 몰래 뒤를 밟았다. 그리하여 마침내 술을 담근 집을 알게 되었다. 다음날 아침 류진항은 술병을 들고 그 집으로 찾아가서 주인에게 국법을 어겼으니 체포하겠다고 말했다. 술을 빚은 집은 가난한 선비의 집이었다. 그러자 선비는

체념한 듯 "나라 법을 어겼으니 죄를 달게 받겠소. 노모에게 하직인 사나 올리고 가게 해주십시오."라고 청했다. 류진항이 승낙하자 선비가 어머니를 불렀다. 노모가 방으로 들어오자 아들은 "어머니, 선비가 굶어죽을지언정 국법을 어기는 것은 온당치 않다고 제가 얼마나 말씀드렸습니까? 어머니께서 듣지 않고 고집을 부리시더니 이제 발각돼 끌려갑니다."라고 말했다. 그러자 노모가 울음을 터뜨리면서 "술을 빚은 것은 돈을 탐내서가 아니라 끼니를 이으려는 것뿐이었다. 죄는 내가 지었는데 어찌 네가 끌려간단 말이냐."라고 하면서 모자가 대성통곡을 하니 온 집안이 울음바다가 되었다. 이를 지켜보던 류진항은 측은한 마음이 들어 차고 있던 칼을 선비에게 주며 말했다. "나는 부모를 모시지 않고 있으니 차라리 내가 대신 벌을 받겠소. 이것은 왕이 하사한 칼이니 팔아서 모친을 봉양하시오."라고 말했다. 그러고는 말리는 선비를 뿌리치고 나가 버렸다. 사흘째 되는 날 류진항은 왕 앞에 고하기를 술 빚는 자를 잡지 못했다며 벌 받기를 자청했다. 왕은 그를 죽이는 대신 귀양을 보냈다.

훗날 류진항이 귀양에서 풀려나 황해도 강령(또는 경상도 초계)의 사또로 복직되었다. 그러던 어느 날 암행어사가 출두하여 수령의 비위를 조사한다고 시끄러웠다. 나아가 어사를 맞이하니 바로 류진항이 풀어준 젊은 선비였다. 두 사람은 반가워 얼싸안았다. 나중에 선비는 재상이 되고 류진항은 통제사가 되었는데 둘의 우정은 변함이 없었다는 이야기이다.

142대 통제사(1787.5~1788.3) 조심태(趙心泰 평양조씨 1740~1799)
부친의 선정비를 땅에 묻은 '선비형 통제사'

107대 통제사 조경(趙儆)의 아들이다. 일찍이 무예가 뛰어나 음보로 선전관이 되었고 1768년 29살에 무과에 급제하여 여러 관직을 두루 거친 다음 1785년 충청병사가 되었다. 이어 48살에 삼도수군통제사에 올랐다. 정조 11년(1787년) 4월 26일, 왕이 신임 통제사 조심태에게 장궁(長弓)과 장전(長箭, 긴 화살), 편전(片箭, 짧은 화살)과 통아 등을 내렸다는 승정원일기가 전한다. 국왕이 역대 통제사에게 전통적으로 내린 하사품으로 삼도원수에 대한 신임을 상징한다. 통제사 시절 거제도 오양역(烏壤驛)에 아버지의 선정비가 서 있는 것을 보고는 "부친은 백성들에게 비석을 세우는 부담을 주지 않으려 했다."며 비석을 땅에 묻었다. 이 비석은 1976년 경지사업 때 발굴되어 다시 세웠다.

통제사를 지낸 뒤 좌포도대장과 총융사를 역임하다가 정조가 수원을 장차 신도읍지로 염두에 두는 등 수원의 비중이 커졌던 1789년 수원부사가 되었다. 사도세자의 무덤을 옮겨오고 민호를 늘려 병력과 도시규모를 확대하는 등의 일을 차질 없이 처리한 다음 1791년 훈련대장으로 영전하였다. 그러나 이듬해 훈련도감의 야근상태가 해이됐다는 과실이 드러나 유배형을 받은 사실이 실록에 나온다.

"훈련대장 조심태를 성문 밖으로 내쫓았다가 곧이어 죽산부(竹山府)로 귀양보냈다. 야간통행금지가 해이해졌으므로 궁궐에서 조사하게 하였는데 훈련도감의 순행하던 자가 (조사자의)머리를 휘어잡고 끌면서 때렸기 때문이다." -조선왕조실록 정조 16년(1792년) 3월 22일자

두 달 뒤인 윤4월에 용서받아 포도대장이 되었고 이어 총융사, 금위대장, 어영대장을 겸직하면서 다시 군부핵심으로 진입하였다. 활쏘기 실력 덕분에 왕실 내구마를 받는 영예도 누렸다.

"춘당대에 나아가 활쏘기를 하였다… (중략) …훈련대장 서유대가 다섯 발을 쏘아 다섯 발이 맞았고 어영대장 조심태는 네 발이 맞아 유대는 품계를 올려주고 심태에게는 구마(廐馬, 궁궐의 말)를 하사하였다."

-조선왕조실록 정조 16년(1792년) 10월 13일자

1794년 수원부유수(留守)로 다시 등용돼 화성을 축성하고 봉수대를 설치하는 등의 업적을 쌓았다. 1797년 이후 한성판윤과 형조판서, 대호군, 장용대장(壯勇大將, 정조 때 새로 편성된 정예군 장용영의 주장)을 지냈다. 장용대장 시절 오위(五衛)를 개편할 때 군제도식을 정하는 등 군제를 혁신해 왕의 칭송을 받았다. 정조가 조심태에게 보낸 비밀편지가 15통에 이른다고 하니 왕의 신임이 얼마나 컸는지 알 수 있다. 136대 통제사 서유대와 마찬가지로 무관으로 보기 드물게 명필이었으며 큰 글자를 잘 썼다고 한다. 군제는 물론이고 지리와 율령, 농정까지 통달한 선비형 무장으로 두뇌가 명석한 인물이었다.

146대 통제사(1793.6~1794.9) 신대현(申大顯 평산신씨 1737~1812)
욕지도 개척 주창…잦은 삭직·유배 끝에 판서에 오른 '풍운아'

1768년 황해수사를 거쳐 이듬해 경상좌병사를 역임하고 1772년

황해병사와 승지 등을 지냈다. 1775년 경기수사로 재임할 당시 백성들을 수탈했다고 규탄을 받았으며 이듬해 교동부사 시절에는 감금 중인 죄수를 놓친 죄로 남양부에 유배되었다. 37살 되던 1793년 금군별장(禁軍別將, 국왕 경호군을 실질적으로 통솔한 종2품 무관직)을 거친 다음 그 공로로 같은 해 수군통제사에 올랐다.

통제사 시절인 1794년 5월, 무인도로 버려져 있던 욕지도의 개간을 건의하였으나 조정이 수용하지 않았다. 욕지도는 1888년에야 공도령이 풀려 사람들이 입도하는데 이미 100년 전에 개척 필요성을 주창했으니 신대현의 안목을 읽을 수 있다.

욕지도 전경

"비변사가 아뢰기를, 통제사 신대현의 장계에 '본영(통제영)의 비축은 고갈되었고 세입은 점차 줄어들고 있어서 통영의 형편이 점점 피폐하여 가고 있습니다. 토지 없이 놀고먹는 이곳 백성들은 생계를 꾸려갈 방법이 없어서 재물이나 곡식을 생산해 낼 방도를 찾기가 어렵습니다. 그런데 본영에서 1백여 리 떨어진 곳에 욕지도(欲知島)라는 섬이 있는데 둘레가 30여 리나 되고 토질이 비옥합니다. 그러나 금송(禁松) 지역이기 때문에 들어가 사는 사람이 없어 소나무들은 제대로 보호되지 못하여 여러 차례 풍재(風災)를 겪는 가운데 다 없어지고 그나마 남은 어린 나무마저도 자라날 수 없는 형편입니다. 만약 이 섬의 개간을 허락한다면 백성들이 들어가서 안정된 삶을 영위할 것이니 해마다 여기에서 나는 이윤을 거두어들여서 지출에 보태어 쓰고 산 중턱 위로는 솔씨를 뿌려서 엄한 법규로 보호한다면 공사(公私)간에 다 편할 것입니다. 묘당으로 하여금 논의하게 하소서.' 하였습니다. '본 섬은 솔밭을 관리하는 사람이 없어서 벌거숭이산으로 방치하여 둔 채 가꾸지를 않았습니다. 마냥 내버려 두어 쓸모없는 땅을 만들기보다는 백성의 의견을 받아들여 경작을 허가하는 한편 다시 보호할 방도를 신칙하는 편이 더 낫지 않겠습니까. 송정(松政)에 관계되고 민간의 생산도 늘릴 수 있고 양쪽이 다 편하다고 할 수 있습니다. 장계에서 청한 대로 시행하소서.' 하니 (왕이)전교하기를 '개간을 허락하면서 금송을 하라니 두 가지를 병행할 방도가 있겠는가. 통영의 사세는 검토하여야 될 일이나 봉산(封山)인 만큼 신중을 기하여야 한다… (하략)' 하였다."

-조선왕조실록 정조 18년(1794년) 5월 6일자

통제사를 역임한 뒤 총융사가 되었으나 경연석에서 품행의 실수로 삭직되었다가 곧 복직되어 1795년 금위대장이 되었으나 어가 운행 상의 과오로 또다시 삭직되는 등 삭직과 유배를 여러 차례 겪었다. 이후 복직되어 1798년 한성좌윤이 되었다. 1800년 장용대장, 좌포 도대장을 거쳐 1804년 우포도대장을 역임했다. 1807년 다시 좌포도 대장을 거쳐 호군(護軍)으로 재임하면서 성곽의 개축과 군정의 개혁을 상소하였다. 1809년 한성판윤을 거쳐 이듬해 형조판서를 지냈으며 1812년 대호군으로 죽었다.

147대 통제사(1794.9~1796.12) 이득제(李得濟 전주이씨 1743~1819)
3대 등단한 무장가문 출신…파직·복직으로 점철된 '오뚝이 인생'

효령대군의 13세손이다. 현감을 지낸 이명오(李明吾)의 아들이지만 117대 통제사를 지내고 훈련대장을 역임한 이장오(李章吾)에게 입적돼 양자가 되었다. 아들 석구(石求)는 164대 통제사를 거쳐 금위대장과 포 도대장을 지냈고 철구(鐵求)는 총융사와 포도대장을 역임하는 등 '3대 에 걸쳐 등단(登壇)한 무장집안'으로 유명하였다. 무과를 거쳐 선전관 으로 재직하던 중 1775년 승지에 특별히 제수되었다. 같은 해 영의정 신회(申晦)의 눈에 들어 중용할 것을 추천받았으며 이후 병사(兵使)를 역 임했다.

하지만 여러 차례 삭직과 유배를 되풀이 하는 등 인사상 많은 아 픔을 겪었다. 1776년 훈련도감의 재정을 빼돌린 노비의 행위를 눈 감아줬다는 죄목으로 사헌부의 탄핵을 받아 삭직당했다가 복직했는 가 하면 1780년 충청병사로 근무 중에는 관내에서 부정비리가 많다는 이유로 관리의 고신을 **빼앗겼다**. 1782년 중국 사신 영업에 쓰일 돈을 유용한 죄로 충주에 유배되었고 풀려나 금군별장으로 재직하던 1785년에는 관청에서 왕명으로 왕자 은언군(恩彦君)의 집으로 쓰기 위해 자신의 집을 매입하려 하자 집에 불을 질렀다가 다시 유배형을 받았다. 1790년 평안병사로 나갔다가 부하의 인사고과에 착오가 있어 파직당했다. 곧 용서를 받았지만 이듬해 재주가 없는 자를 궁술이 뛰어난 것처럼 천거한 죄로 군졸로 편입되었다가 경감돼 평안도 중화에 유배당하였다. 그 뒤 풀려나 금군별장을 거쳐 1794년 52살에 비로소 삼도수군통제사에 올랐으니 참으로 오뚝이 인생이라고 할 만하다.

통제사 시절 둔전을 크게 늘려 통제영의 재정을 충실히 하는 성과를 보였으나 그 이후에도 파직과 유배를 되풀이했다. 우선 관하의 송전(松田, 소나무산) 남벌을 막지 못한 죄로 파직당했다가(1797년 1월) 곧 우포도대장에 임명됐다. 1799년 경기수사를 거쳐 어영대장에 임명되었는데 이듬해 잠시 좌포도대장으로 옮겼다가 다시 어영대장이 되었다. 어영대장 시절 병조판서와 다툼이 생겨 파직되었다가 곧 용서받고 총융사가 되었다.

1800년 순조 즉위 후 우포도대장이 되었으며 금위대장을 역임하는 한편으로 좌·우포도대장을 수차례 지냈다. 1801년 벽파의 공격을 받아 근무소홀이라는 죄목으로 함경도 경성에 유배되었다가 1803년 어영대장으로 복귀하였다. 1807년 어영대장으로서 병조판서 한만유(韓晩裕)의 인사를 비난하였다가 삭직되었으나 이듬해 금위대장으로 복귀하였고 1809년 안동김씨 세도가 김조순의 천거로 훈 련대장이 되고 우포도대장을 겸임하였다. 이후 1811년과 1812년, 1817년에 훈련대장에 임명되었고 1812년 홍경래(洪景來)의 난이 진압된 뒤 품계가 더욱 높아졌다. 그 뒤 훈련대장으로 병조판서를 겸했으나 권세를 쫓아다닐 뿐 아니라 군문의 재정을 마음대로 한다는 반대파의 공격을 받았다.

조선왕조에서도 무장은 정치적 중립을 지키는 것이 미덕이었지만 이득제는 시파(時派)와 벽파(僻派)의 대립 속에 시파의 일원으로 참여해 매우 정치적으로 행동했고 그 결과 수없는 삭직과 유배, 복귀를 거듭하였다. 이 같은 관직의 등락 와중에 과연 무장으로서의 포부를 제대로 실현했을지 의문이다. '무관 이득제'의 사례를 통해 조선 후기 조정의 인사(人事)가 얼마나 난맥상을 겪었는지 어렵잖게 짐작할수 있다.

'홍경래의 난' 이후 문관형 통제사 시대

152대 통제사(1804.7~1806.5) 류효원(柳孝源 진주류씨 1751~1813)
항복한 반군을 모두 죽여 비난받은 '강성(强性) 무장'

141대 통제사 류진항(柳鎭恒)의 아들이다. 1774년 24살에 무과에 급제한 뒤 1776년 무과 중시(重試)에 급제하여 선전관이 되고 1780년 황해도 평산부사를 역임했다. 그러나 1782년 죄인을 유배 보내면서 이를 법대로 처리하지 않았다 하여 함께 유배당했다. 1785년 복관되어 경상좌수사로 승진하였고 이듬해 우포도대장이 되었다. 그 뒤 금군별장과 좌포도대장이 되었으나 1797년 실수로 민가에 불을 내 파직되었다가 우포도대장으로 복직되었다. 1804년 54살에 통제사에 올랐다.

통제사 시절 조일(朝日)간 통신사 문제에 대한 보고서를 올린 것이 실록에 나온다.

> "표류한 왜선(倭船)이 와서 정박했기에 실정을 물어보았더니 통신사를 청하는 서계(書契, 외교문서)와 진상품을 가지고 왔다고 했습니다. 그런데 서계는 내용이 격례(格例)와 어긋났고 그 내용도 기사년(1809년) 봄에 폐주(弊州, 일본 본토가 아닌 대마도)에서 맞이하기를 청한다고 했기에 엄중한 말로 서계를 받기 어렵다고 하고… (하략)"
>
> ―조선왕조실록 순조 5년(1805년) 11월 12일자

이즈음 일본은 조선의 국력 약화를 눈치채고 통신사에 소극적인 입장으로 바뀌어 본토가 아닌 대마도에서 맞이할 뜻을 전한 것이다.

통영을 떠난 류효원은 1807년 다시 좌우포도대장이 되었으나 수하 병졸들의 군기문란 책임을 지고 파직되었다. 비단 류효원뿐만 아니라 이즈음 문무관리들의 경력을 보면 파직과 복직을 수없이 되풀이하고 있는데, 과연 자신의 포부와 실력을 제대로 발휘할 수 있었을지 의문이 든다. 1811년 재기용되었다가 이듬해 홍경래의 난이 일어나자 양서순무사(兩西巡撫使)의 중군(中軍, 부사령관)으로 출정해 정주성을 폭파시켜 난을 평정하는 데 공을 세웠다. 1812년 다시 우포도대장이 되었으나 홍경래(洪景來)의 난을 평정하는 과정에서 항복한 반군 1,917

명을 모두 처형한 것이 드러나 대간들의 공격을 받았다. 이때 받은 심적 스트레스 때문인지 이듬해 좌포도대장을 지내고 죽었다.

159대 통제사(1817.4~1819.5) 서춘보(徐春輔 달성서씨 1775~1825)
157대 서영보 통제사의 아우, 왕과 백성의 마음을 얻은 장수

정조의 스승이자 영의정을 지낸 서지수(徐志修)의 손자이고 157대 통제사 서영보(徐英輔)의 동생이다. 1792년 별군직으로 조정에 출사한 뒤 1794년 29살에 무과에 장원급제하여 선전관이 되었다. 이어 정주목사, 황해병사를 거쳐 수군통제사에 올랐다. 이후 총융사와 좌포도대장 등을 역임했다. 홍경래의 난 때는 정주목사로 출정해 공을 세웠다. 영남지방에 흉년이 들자 위유사(慰諭使)가 되었는데 일찍이 무신으로 위유사가 된 적이 없다고 문신들이 반대하자 승지의 직함을 받아 임명될 정도로 왕(순조)의 총애를 받았다. 평안도 가산(嘉山) 등 서북지방의 수령으로 지내면서 백성들을 잘 다스린다고 칭송을 받았던 탓에 '홍경래의 난' 때는 반란군의 졸병들마저 "어찌 서춘보가 거느린 군에 대포와 활을 쏘겠는가?"라고 할 정도로 민심을 얻었다는 말이 전해진다.

167대 통제사(1830.4~1832.3) 이항권(李恒權 덕수이씨 1783~1835)
결근 없는 '개근 장군'…이락사(李落祠) 세운 충무공 8대손

이순신 장군의 8대손이다. 26살이던 1808년 충무공의 후예라는 집안 배경에 힘입어 문음(門蔭)으로 선전관이 된 뒤 이듬해 다시 무과에 급제해 별군직으로 궁궐을 숙위하였다. 이후 각종 무관직을 역임한 뒤 1820년 38살에 황해수사가 되었고 1824년 전라병사, 1827년 황해병사로 순조롭게 성장하였다. 평소 일을 처리하는 데 있어 빈틈없이 철저한 동시에 조리가 있어 순조 임금의 총애를 받았다. 오랫동안 대궐에 출입하여 궁중사를 소상히 알고 있었지만 이를 외부에 나가서 한 번도 말한 적이 없었다. 직무 수행에도 열심이어서 질병을 핑계로 결근을 한 적이 없었다고 하며 30여 년간 국사를 다루면서 사사로운 일로 타인을 간섭하지 않았다 한다. 이 같은 사실이 인정되어 1830년 48살에 삼도통제사라는 막중대임을 맡게 되었다. 내직으로 들어가 어영청의 중군별장 등을 역임했다.

순조 31년(1831년) 11월 19일자 승정원일기에는 통제사 이항권이 '생대구를 진상해야 할 기한인 동지(冬至)가 임박했는데도 제대로 대구를 잡지 못했으니 죄를 기다립니다.'는 장계를 올렸다는 기록이 나온다. 왕실과 궁궐에 올릴 해산물을 확보하는 것도 통제영의 임무이긴 하지만, 해방(海防)의 중심인 통제영과 통제사의 역할이 점차 왜소화되고 있음을 실감할 수 있는 대목이다. 이듬해인 1832년 이항권은 왕명을 받아 충무공이 노량해전에서 전사한 뒤 영구를 맨 처음으로 육지에 안치했던 남해 관음포에 유허비와 비각을 세웠다. 세상에서는 이 사당을 이락사(李落祠)라고 불러 지금에 이른다.

170대 통제사(1835.3~1837.2) 임성고(任聖皐 풍천임씨 1773~1853)
홍경래 난 때 '충효의 모범'을 보여 성공의 기회를 잡다

149대 통제사 임률(任嵂)의 아들이며 184대 통제사 임태영(任泰瑛)의 부친이니 전후 3대가 통제사에 오른 셈이다. 정조 19년(1795년) 무과에 급제했고 1808년 흥덕현감을 지냈다. 1811년 홍경래의 난은 위기이 자 기회가 되었다. 당시 박천군수(博川郡守)로 재임 중이었는데 박천이 점령당하자 군수의 인부(印符)를 가지고 안주로 가려다가 노모가 적에 게 잡히자 스스로 돌아가 포박당했다. 난군이 좌석에 앉으라고 권하 자 '나는 왕의 관리로서 어찌 적당과 자리를 같이 하겠는가?' 고 꾸짖 었으며 고을 사람들이 '어진 원님을 살려주기를 원한다' 고 부르짖었 다고 한다. 끝까지 항복하기를 거부하고 세록지신(世祿之臣, 대대로 관직을 받아 왕을 섬긴 신하)의 절개를 지키자 홍경래측 난군들이 참된 사대부라 며 100여 일을 감금하였지만 죽이지는 않았다는 말도 전한다. 임성 고는 노모를 살리려 적의 소굴로 들어갔으니 효(孝)의 모범을 보여준 셈이었고 항복을 거부했으니 충(忠)을 달성한 셈이었다.

충효가 절대적이던 시대, 충효의 전범을 보여준 만큼 임성고는 출 세의 길을 달리기 시작한다. 난이 평정된 뒤 철원부사 등 주요 무관 직을 역임했고 헌종 1년(1835년) 삼도수군통제사에 올라 조선 수군을 총지휘하는 대임을 맡기에 이르렀다. 통제사직을 수행한 뒤 1837년 함경북병사 겸 수사로 옮겼다가 내직으로 들어가 좌변포도대장, 금 위대장, 한성부판윤, 어영대장, 훈련대장 등을 거쳐 형조판서에 이르 렀다. 그러나 1839년(헌종 5년) 기해박해(己亥迫害) 당시 금위대장으로서 천주교도 색출에 앞장섰다. 참고로 그의 아들인 184대 통제사 임태영도 1860년(철종 11년) 경신박해(庚申迫害)를 일으켜 많은 천주교도들을 탄압하였으니 천주교와는 대를 이어 악연이었던 셈이다.

174대 통제사(1843.4~1845.2) 허계(許棨 양천허씨 1798~1866)
소년급제 무장…공조판서에 올라 경복궁 중건에 힘쓰다

1814년 17살에 천거로 선전관이 되고 이듬해인 1815년 무과에 급제했다. 말 그대로 소년급제(少年及第)한 무장이다. 소년급제자는 성공하기 힘들다는 속설이 있지만 허계는 오랫동안 군문에 종사하며 착실히 단계를 밟아 1835년 경상좌병사, 1837년 함경남병사, 1841년 함경북병사겸수사를 거쳐 46살에 삼도수군통제사로 올랐다.

이어 평안병사를 거친 뒤 중앙으로 옮겨 1851년부터 좌변포도대장을 3번이나 역임했고 1858년 금위대장을 지냈다. 1865년 조두순(趙斗淳) 내각에서 공조판서와 어영대장으로 경복궁 중건의 제조(提調, 책임자)가 된 뒤 판의금부사, 도총관 등 고위관직을 역임했다. 거듭 확인하는 바이지만 삼도통제사를 거친 무관은 대부분 중앙군 대장과 판서 등을 역임하며 중앙정계의 핵심부를 이뤘다.

175대 통제사(1845.2~1847.1) 백은진(白殷鎭 수원백씨 1787~1855)
통영향약(統營鄕約)을 만든 문관형 통제사

헌종 10년(1844년) 포도대장을 역임한 뒤 이듬해 삼도수군통제사가 되었다. 이즈음 통제사는 포도대장이나 중앙군영 대장 출신에게 충분히 부합하는 직책으로 격상된 상태였다. 1845년 7월 25일자 승정원일기를 보면 "전라도 장흥 등에 이양선이 들어왔으나 제대로 살피지도 못했고 끝내 막지도 못했다."면서 통제사 백은진이 죄를 청하는 장계를 올리고 있다. 또 같은 해 10월 9일에는 "전복을 진상하고자 하였으나 독기가 빠지지 않아 올리지 못한다."면서 죄를 청하는 장계를 올린 기록이 나온다.

통제사 재임기의 업적은 상세하지 않고, 다만 1846년 정월 통영향약(統營鄕約)을 만들어 통제영 전역의 각 마을에 나눠주었다고 한다. 향약이란 것이 '유교적 예절과 풍속을 향촌사회에 보급하여 도덕적 질서를 확립하고 미풍양속을 진작시키며 각종 재난(災難)시 상부상조하기 위한 규약'이라고 할 때 무장인 삼도통제사가 이를 보급했다는 것이 특이하다. 이즈음 전란 없이 수백 년 간 통제영 체제가 지속되면서 통제사가 무장의 특질을 발휘하기보다는 다분히 지방수령화(地方守令化)된 탓으로 여겨진다. 어쨌든 백은진은 유교적 소양을 갖춘 문관형 통제사였음을 짐작할 수 있다. 통제사를 지내고 상경해서는 철종 2년(1851년) 금위대장이 되었고 이듬해 총융사가 되었다.

제9장

통제영 말기시대,
작아진 통제사

(1849~1895)

三道水軍統制營

통제영 시기 구분이 특별한 기준이 있는 것은 아니지만 필자는 철종이 즉위한 1849년 이후를 통제영 시대 말기(末期)로 비정하였다. 1849년 8월에 임명된 178대 류기상(柳基常) 통제사부터라고 하겠다. 국내적으로는 삼정(三政)의 문란이 극에 달하였고 나라 바깥에서는 서세동점이 본격화된 시기이다. 신식 대포로 무장한 서양의 대형 흑선(黑船)이 동양의 바다를 왕래하였으나 조선의 판옥선으로는 상대할 수가 없었다. 서양의 문물을 먼저 받아들인 일본 해군은 근대식 함정을 도입함으로써 그 힘이 하루가 다르게 강화되고 있었지만 조선 수군은 전통방식에 그대로 머물러 있었다. 인접국과의 해군력 격차가 천양지차로 벌어지면서 조선의 운명은 이미 예정됐다고 할 수 있다. 특히 병인양요와 신미양요를 거치면서 서남해보다 경기만 방어가 더

중시되었다. 결국 삼도수군통제영은 존재가치를 잃어버렸고 1895년 폐영(廢營)되기에 이른다. 통제영의 위상과 가치가 하루가 다르게 추락하던 시절에도 역대 통제사들은 낡은 구습에 젖어 토색질에 집중하는 등 시대변화에 적응하지 못하고 퇴행하는 모습마저 보여주었으니 비록 아름답게 시작된 제도라도 사라질 즈음엔 추한 얼굴로 변질되는 모양이다.

통제사 위상은 강화, 통제영 군력은 약화

182대 통제사(1856.8~1857.3) **이희경**(李熙絅 전의이씨 1804~1866)
훈무세가 자제로 무난히 중앙군 대장, 판서에 오르다

형조판서를 지낸 이윤성(李潤成)의 손자이며 포도대장을 지낸 이면식(李勉植)의 아들이다. 훈무세가인 전의이씨(全義李氏) 집안 배경에 힘입어 문음(門蔭)으로 선전관에 오른 뒤 1826년 23살에 무과에 급제하였다. 이후 어영대장과 총융사, 금위대장 등 중앙군 대장을 역임하였다. 1847년 정주목사로 발탁돼 방어태세를 점검한 뒤 1851년 중앙으로 복귀해 좌변포도대장이 되었고 이듬해 어영대장과 총융사를 지냈다. 53살이던 1856년에 삼도수군의 총수가 되었다.

포도대장과 어영대장, 총융사 등을 거친 다음 통제사가 된 이희경의 경력을 보더라도 삼도수군통제사의 정치적 위상을 거듭 확인할 수 있다. 통제사와 통제영의 위상은 여전히 당당하였지만 이즈음 조선의 바다에는 이양선(異樣船)이라고 불리는 서양의 거대 선박이 오가

고 있었다. 하지만 종래의 판옥전선 체제에서 벗어나지 못했던 삼도
수군통제영 휘하의 조선 수군은 아무런 대응도 하지 못하는 답답한
처지였다.

통제사로 부임하는 이희경에게 왕은 이전 통제사에게 그랬던 것처
럼 장궁(長弓)과 화살을 하사하며 격려했는데, 근대식 대포로 무장한
서양선박에 비해 조선 수군의 낙후한 실상을 상징하는 대목이라 하겠
다. 이희경의 통제사 재임 기간도 7개월 남짓에 불과하였으니 제도상
개혁을 시도할 형편은 되지 못하였고 별다른 업적도 남기지 못하였
다. 통제사를 역임한 이후 금위대장을 거쳐 공조판서에 이르렀다.

184대 통제사(1858.5~1858.12) 임태영(任泰瑛 풍천임씨 1791~1868)
천주교도 박해한 무장…'광화문(光化門)' 현판 글씨 남긴 명필

149대 통제사 임률(任)의 손자이며 170대 통제사 임성고(任聖皐)의
아들이다. 포도대장을 지낸 백부 임성설(任聖說)에게 입양되었다. 무장
집안 분위기에 힘입어 일찍이 무과에 급제하고 1841년 길주목사로
재직하던 중 함경도 암행어사의 탄핵을 받고 삭직됐지만 곧 복직하
였다. 1841년 경상좌수사가 되고 1842년 전라병사가 되었다. 1851
년 좌포도대장으로 재임 중 견책을 당했다. 1857년 평안병사를 거쳐
68살이던 1858년(철종 9년) 2월 우변포도대장에 제수되었다가 한 달
뒤인 3월에 통제사로 발령났다. 통제사로 부임하는 임태영에게 왕이
장궁(長弓)과 화살을 내렸다는 내용이 승정원일기에 나온다. 통영에서
상경한 뒤 금위대장과 우포도대장, 총융사를 지냈다.

임성고와 임태영 부자는 대(代)를 이어 천주교와 악연을 맺었다. 아버지 임성고는 1839년(헌종 5년) 기해박해(己亥迫害) 때 금위대장으로서 천주교도 색출을 주도하였다. 아들 임태영은 좌포도대장을 역임하던 1860년(철종 11년) 경신박해(庚申迫害)를 일으켰다. 부친의 영향 탓인지 천주교에 반감이 컸던 임태영은 우포도대장 신명순(申命淳)과 의논하여 조정의 허락도 없이 서울과 지방의 교인촌을 급습해 여러 신자들을 서울로 압송하였다. 그런데 포졸들이 천주교인을 체포하는 과정에서 재산약탈과 방화, 부녀자 겁탈 등 만행이 잇따르고 이에 대한 비난 목소리가 높아지자 정국 주도세력인 안동김씨 집안이 나섰다. 안동김씨는 이전부터 천주교에 비교적 관대한 입장이었다. 호조판서 김병기(金炳冀)와 병조판서 김병운(金炳雲) 등은 어전회의에서 포도청의 양민 약탈행위를 신랄하게 비난하는 한편 과거 천주교도 학살 때마다 역대 왕들이 불행한 죽음을 맞는 등 나라에 상서롭지 못한 일이 있어 왔다면서 임태영과 신명순을 탄핵하였다. 결국 두 포도대장은 파면되고 천주교인 체포도 금지되었으며 투옥된 교인들이 왕명에 의해 모두 석방되었다.

그러나 임태영은 이후 정치적으로 재기하여 1863년 어영대장과 좌변포도대장을 지내고 흥선대원군 집권기이던 1865년 훈련대장으로서 영건도감제조(營建都監提調)를 겸함으로써 경복궁 중건의 핵심역할을 담당하였다. 무인이지만 명필이었다고 한다. 흰색바탕에 검은 글씨인지 검은바탕에 황금색 글씨인지를 놓고 논란이 많은 '광화문(光化門)' 현판 글씨는 그의 작품이다. 2010년 문화재청은 광화문 현

광화문 현판

판을 복원하면서 박정희 전 대통령의 한글 현판 대신 임태영의 한
자 현판을 내걸었다.

187대 통제사(1861.2~1862.12) 신관호(申觀浩 평산신씨 1811~1884)
1876년 강화도조약을 체결한 '개화파 무장'

158대 통제사를 지내고 훈련대장을 역임한 신홍주(申鴻周)의 손자이
며 인조반정의 계기가 된 신경희(申景禧)의 9세손이다. 후일 이름을 신
헌(申櫶)으로 개명하였고 1876년 일본과의 강화도조약을 체결하였다.
1828년 19살에 무과에 급제해 훈련원 주부로 장교의 길을 걸었다.

신관호의 40대는 괴롭고 힘든 시절이었다. 40살이 되던 1849년 헌
종이 위독할 때 사사로이 의사를 데리고 들어가 진찰하게 한 죄로 섬
에 위리안치되었다. 1854년 무주로 유배지를 옮겼고 1857년에야 풀
려났으니 8년 고생 끝의 일이었다. 이후 중요 무관직을 거쳐 1861년
52살에 삼도통제사에 올랐다. 고종이 취임한 1864년 형조·병조판서
를 거쳐 공조판서를 지냈다. 1866년 총융사로 지내면서 병인양요가
일어나자 강화도를 지켰고 소요가 끝난 뒤 좌참찬 겸 훈련대장을 역

신관호 초상화

보화루 현판

해인사 수다라장 현판

임했다. 1868년 어영대장이 되고 행(行)지삼군부사 · 공조판서를 역임
했다. 1874년 진무사(鎭撫使)가 되어 강화도 연안에 포대를 구축했다.

신관호(신헌)는 글씨에 능하기로 유명한데, 추사 김정희에게 글씨를
배워 예서를 잘 썼다. 또 문장에 뛰어났고 묵란을 잘 그려 유장(儒將)
으로 불렸다. 통제사로 재임 중 명나라 황제가 이순신 장군에게 내린
팔사품을 그린 '팔사품 병풍도'를 만들고 자신이 예서체로 병풍을
만든 내력을 썼다. 뿐만 아니라 서울 화계사에 걸려 있는 '보화루(寶華
樓)' 편액을 비롯해서 해인사 법보전(法寶殿), 수다라장(修多羅藏), 해남 대
둔사의 보련각(寶蓮閣), 산신각(山神閣) 등의 편액 글씨가 그의 작품들이

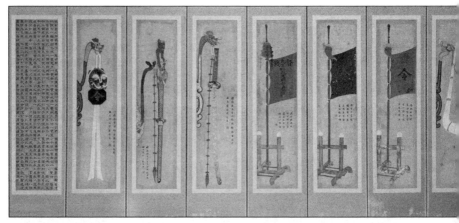

통영 충렬사 팔사품 병풍

다. 해인사의 수다라장 편액에는 '삼도원사(三道元師) 신관호인(申觀浩印)' 이라는 낙관이 있어 그가 삼도수군통제사 시절에 쓴 글씨임을 알 수 있다. 그의 서예는 날아갈 듯 경쾌하면서도 뛰어난 조형미를 지닌 단아한 글씨로 평가받고 있다.

신관호는 조선의 국운이 기울어가던 시절 나라를 회생시킬 방안을 놓고 고심한 우국지사였다. 통제사로 재임 중이던 1862년 진주민란을 계기로 소요가 확대되는 와중에 이양선의 출몰 등으로 백성들이 크게 동요하는 것을 목격하고는 국방의 중요성과 체제정비의 절박함을 느끼고 당시 식자들에게 논의되고 있던 민보설(民堡說), 즉 민간방위론을 수집하여 1867년 민보집설(民堡輯說)을 펴내기도 했다. 이는 국민 전체가 국토방위에 나서야 한다는 개념을 집대성한 것으로써 민간방위시설을 설치하는 방안과 무기수급 방법, 인원 편성, 야간경계요령, 상호지원체계 확립, 적정관찰요령 등을 소상히 다루고 있다.

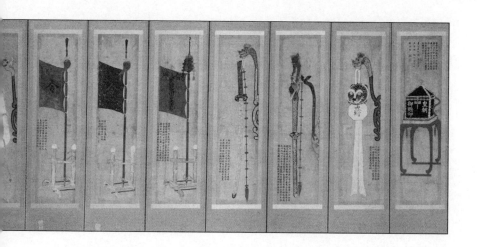

그는 단순한 무인이 아니라 정약용의 실학을 배워 이를 개화사상으로 발전시킨 개화파의 한 사람으로서 강위, 박규수 등 개화파 핵심 인물들과 가깝게 지냈다. 그리하여 신관호는 개화파의 대표적인 인물로서 외국과의 조약 체결에 앞장선 외교관으로 더 잘 알려져 있기도 하다. 1875년 운양호(雲揚號) 사건이 일어나자 이듬해 판중추부사로서 전권대관(全權大官)이 되어 일본의 전권변리대신 구로다 키요타카(黑田淸隆)와 강화도에서 병자수호조약을 체결하였다. 1882년에는 경리통리기무아문사(經理統理機務衙門事)로 전권대관이 되어 미국의 전권대사인 해군제독 슈펠트(Shufeldt Robert W)와 조미수호조약을 맺었다. 이해 판삼군부사가 되었다. 신관호는 조선에서는 둘째가라면 서러울 정도로 문무를 겸전한 유능한 인물이었지만 그 역시 국제정세에 어두워 조선에 불리하기 짝이 없는 강화도조약을 체결했으니 당대 조선인의 지적 소양이 국제수준에 턱없이 미치지 못한 탓이라고 하겠다.

189대 통제사(1864.3~1866.2) 이봉주(李鳳周 전주이씨 1820~1885)
외등단(外登壇) 통제사…조정을 속인 사실 드러나 귀양가다

189대 이봉주 통제사는 나중에 이재봉(李載鳳)으로 개명한 인물이다. 이봉주부터 194대 이주철 통제사까지는 외등단(外登壇)이 시행된 시기이니 수군통제사가 중앙군 대장과 동등한 대장의 지위를 갖게 되었다. 사실 통제사의 비중과 역할, 선호도는 병마절도사나 수군절도사와 달리 5군영 대장에 못지않았지만 천 리 밖 해변에 대장을 두기 곤란하다는 점에서 3백년 가까이 등단에 올리지 않았을 뿐이다. 그러다가 대원군 집권기인 고종 2년(1865년) 1월 2일 대왕대비의 전교로 통제사의 직급을 현실화해서 경영(京營大將), 즉 중앙군영의 대장과 동등한 직위로 승격했다. 이때부터 통제사를 '지방군영 대장'이란 의미로 외등단(外登壇)으로 불렀다. 그러나 이때의 외등단 시행은 통제사의 위상만 높였을 뿐 서양식 해군체제나 함선·무기 등을 도입하기 위한 노력은 전혀 이뤄지지 않았기에 해방력(海防力) 측면에서는 실질적인 의미가 없었다고 하겠다.

통제사 재임 시절 통제영 재정 강화방안을 조정에 보고한 사실이 기록에 전한다.

"통제사 이봉주가 장계를 올려 '신의 군영은 농사가 안 되는 바닷가에 처하여 손바닥만 한 땅에도 경작하는 것이 없습니다. 그리고 군영 소속 5, 6천 호는 모두 백성과 군교(軍校)·아전·군사, 공장(工匠)들로서 군영에서 내주는 지방(支放, 봉급)에만 의존해 살아갑니다… (중략) …산간고을과 해변고을에 널려 있는 '통영의 곡식'(통제영 예산명목으로 각 고을에 할당된 곡식)은 산간고을에서는 돈으로 환산하여 받고 해변고을에서는 본색(本色, 곡식)으로 바치게 하는 것이 규례였습니다. (그런데)지금은 산간고을이건 해변고을이건 전부 매 석(石)당 5냥씩 돈으로 받습니다. 이렇게 돈으로 받으면 사방으로 곡식을 사들여야 하는데 산간고을에서 산 곡식은 사람이 져서 가져오고 해변고을에서 산 곡식은 배로 실어 와야 하니 지고 오거나 실어 오거나 간에 비용이 낭비됩니다. 옛날 요새지에 곡식을 쌓아놓은 것이나 군사를 시켜 농사를 짓게 한 것은 모두 요새를 강화해 변경 방어를 튼튼히 하기 위한 계책입니다. 그런데 온 군영의 군사와 백성이 산골, 해변할 것 없이 전부 5냥이라는 말을 듣고는 사방으로 흩어질 마음 밖에 없으니 2백여 년 동안 모아 겨우 모양을 갖춰 놓은 것(통제영)이 하루아침에 흩어져버릴 지경에 이르렀습니다. 이에 산골과 연해고을의 곡식을 한결같이 5냥씩 돈으로 받아들이도록 한 일을 특별히 정지시켜 주소서. 그리고 연해고을은 본색으로 수운(輸運)하는 것을 전례대로 시행하도록 해 주소서.' 라고 하였다…"

—조선왕조실록 고종 2년(1865년) 윤5월 4일자

이봉주가 올린 보고서는 간단히 말해 통제영에 쓰일 예산을 (산간고을은 돈으로 받아도 되지만)해변고을만큼은 과거처럼 곡식으로 받게 해 달라는 요구이다. 해변고을에서 거둔 곡식을 곡가가 비싼 다른 지역에 판매해서 차익을 얻은 다음 재정에 보충하겠다는 심산이다. 통영의 상인들이 크게 반겼을 조치이다. 조정에서는 통영의 실상을 감안해 해변고을에서 돈 대신 곡식을 거두는 것을 허용하였다.

이봉주는 태풍 피해를 입었을 때는 백성을 구제하고자 자신의 녹봉까지 내놓았다는 장계를 올려 왕의 칭찬을 받기도 하였다.

"통제사 이봉주가 '비바람으로 인하여 지세포 등 16개의 진영과 고성 등 6개 고을 및 군영(軍營)의 동서부에서 물에 빠져죽은 사람이 87명이고 무너진 민가가 328호이며 무너진 관청건물이 127간(間)이며 파손된 배가 전선(戰船)·병선(兵船)·사후선(伺候船)에 개인 배까지 819척이며 부러진 소나무만도 1만 503주에 이르기 때문에 (저의)녹봉에서 (합계)150석과 돈 천 냥을 내놓아 구급대책을 취하였습니다.' 라고 아뢰니 (왕이) 전교하기를 '…(중략)통제사가 녹봉을 희사하여 백성을 구제한 것은 참으로 가상하다. 특별히 자급을 주라.' 하였다."

–조선왕조실록 고종 2년(1865년) 9월 3일자

그러나 1867년, 경상도를 감찰한 암행어사 박선수에 의해 이봉주의 민낯이 고스란히 드러났다.

"전 통제사 이봉주는 탐욕스럽게도 뇌물수수에만 급급했습니다… (중략 이봉주가 매관매직했다는 등의 비난 이어짐) …재임 기간이 3년이었는데 사람들이 "그가 받은 돈이 2십만 냥이 넘는다."고 말하는 것을 듣고 놀라움을 금할 수 없었습니다. 을축년(1865년) 가을 풍재(風災) 때 많은 사람이 익사했고 전선도 파손되었기에 울부짖는 소리가 귀를 시끄럽게 하는데도 그 소리를 편안히 여겼습니다… (중략) …가장 한심한 것은 조정에서 이재민을 구휼해야 한다는 하교를 여러 번 내렸으나 암암리에 자신의 명예를 취하려는 마음만 품은 것입니다. 매 호당 2전씩을 거둬 이 재민에게 나눠주고선 조정에 올리는 보고서에는 천 냥의 녹봉을 털어 마련했다고 말을 꾸몄습니다. 이에 대해서는 여러 사람이 매우 불쾌하 게 생각했습니다… (중략) …그의 더러운 종적이 드러나 그 죄를 씻기 어 렵기 때문에 엄중한 벌로 다른 사람을 경계해야 합니다."

-출처:일성록 문화원형백과에서 재인용

통제사에서 물러난 이후 도총관, 공조판서로 승승장구하던 이봉주 는 가렴주구에다 조정을 속인 사실까지 드러나, 1867년 7월 의금부 의 규탄을 받고 외딴섬에 귀양가야 했다. 다행히 종친이라는 배경 덕 분에 이듬해(1868년) 석방돼 형조판서를 지냈다.

191대 통제사(1868.4~1870.1) 이현직(李顯稷 경주이씨 1795~1876)
중앙군 대장, 공조판서 역임 후 삼도통제사가 되다

부친은 오위도총부 총관(總管)을 지낸 이격(李格)이며 아들 학영(鶴榮) 도 경상좌수사를 지낸 무인집안 출신이다. 1846년 경상좌수사에 올 랐고 전라병사에 이어 1854년, 58살에 통제사를 제수받았으나 실제 부임은 못하고 함경북병사로 임명되었다. 1865년 서울로 올라가 총 융사가 되었고 이듬해 어영대장과 공조판서로 있으면서 경복궁 중건 을 감독하였다. 1866년 병인양요가 일어난 뒤 전국에 암행어사를 보 내 변방 방비를 감찰한 결과 이봉주 등 전직 통제사들의 죄상이 드러 나자 1868년 이미 판서까지 지낸 72살의 이현직을 삼도원수로 다시 발령해 해방(海防)을 담당하게 하였다. 이현직으로선 14년 만에 통제사의 꿈을 이룬 셈이다. 중앙군 대장(총용사, 어영대장)과 판서를 역임한 이현직을 통제사로 임명했다는 점에서 조정에서 '노련한 통제사'에 거는 기대가 어느 정도였는지 짐작할 수 있다.

수군통제사 시절 이현직은 아찔한 사건들을 제법 겪었다. 1868년 윤4월 '서양 이양선이 충청도 덕산(德山) 구만포(九萬浦)에 표착하였으나 방어대책을 제대로 세우지 못한 덕산군수와 홍주목사를 벌해야 한다'는 장계를 올리고 있다. 바로 '남연군(南延君) 묘 도굴사건'(유태계 독일상인 오페르트(Oppert)가 1866년 프랑스신부 페롱(Feron)과 조선 천주교도의 안내를 받고 흥선대원군의 아버지 남연군의 묘에서 시신과 부장품을 발굴해 통상문제에 이용하고자 시도한 사건. 밤새 도굴작업을 벌였으나 남연군의 묘는 단단한 석회로 제작돼 있어 성공하지 못했고 오페르트 일행은 날이 밝고 썰물 시간이 다가와 결국 철수하였다.)이다. 충청도 해안 역시 삼도수군통제영의 관할 영역이었던 만큼 통제사 이현직이 바짝 긴장한 대형사건이었는데 도굴이 실패했던 탓인지 큰 문책을 받지는 않았다. 그러나 1869년 통제영 영하읍(營下邑)인 고성에서 호포전(戶布錢)을 걷기 위해 작성한 호적에 향리들의 부정이 확인되면서 발생한 고성민요(固城民擾)로 향리가 구타당해 숨진 사건이 일어나 1870년에 파직되었다.

그 뒤 형조판서와 판의금부사를 거쳤고 1871년 신미양요가 일어났을 때 한성부판윤으로 임명돼 만약의 사태에 대비하기도 했다.

194대 통제사(1874.2~1875.1) 이주철(李周喆 전주이씨 1806~1875)
공조·형조판서 역임 후 수군대장이 된 종친(宗親) 통제사

영천부사와 길주목사, 경상좌수사 등을 지냈으나 암행어사들의 보고에 의해 1858년 전라병사로 재직 중 파직당했다. 1864년 흥선대원군이 정권을 담당한 이후 군권을 종실에게 맡기면서 우포도대장이 되었고 종친부 유사당상(宗親府 有司堂上)과 경복궁 중건을 위한 영건도감제조(營建都監提調)가 되었다.

1866년 총융사, 금위대장, 공조판서를 지내면서 경복궁 중건을 계속 감독했으니 흥선대원군의 총애가 깊었음을 알 수 있다. 그해 병인양요가 일어나자 형조판서로 금위대장을 겸하면서 대책을 세웠고 1871년 신미양요 때도 한성부판윤과 총융사를 지내며 강화도 방비를 위한 제도개선책을 마련하기도 했다.

191대 이현직 통제사와 마찬가지로 중앙군 대장과 공조판서, 형조판서를 역임한 이주철이 1874년 삼도수군통제사로 부임한 것은 서세동점(西勢東漸)이 본격화된 조선 말기 들어 해방의 중요성이 높아지면서 통제영과 통제사의 정치적 위상이 그만큼 높아졌기 때문이다 (통제사가 경영대장(京營大將)과 같은 직위인 외등단에 올랐다는 사실은 앞에서 설명했다).

그러나 통제사의 비중이 높아졌다고 해서 상황이 개선되기는 난망한 일이었으니, 이주철이 통영에서 서세동점에 대비하기 위해 움직였다는 증거는 찾아볼 수 없다. 이주철의 활동으로는 1874년 삼도수군통제영의 영하읍(營下邑)인 고성부(固城府)의 치소를 옛터(현재의 고성읍)로 환원한 정도이다. 1870년 고성부의 소재지를 통영 관내(현재의 통영시)로 이설했던 것을 4년 만에 원상복구한 셈이다. 통제사직을 마친 뒤 형조판서와 공조판서를 다시 지냈다.

180대 통제사를 지낸 이규철(李圭徹)의 아들이요 후일 군부대신에 오르는 종건(鍾健)의 형이니 한마디로 무장집안 출신이다. 1858년 31살에 황해도수군절도사를 지냈고 대원군이 집권해서 종실 사람들로 군권을 장악하게 하면서 만 2년 동안 황해병사를 지냈다. 이어 좌포도대장과 함경병사를 역임했다. 1874년 좌포도대장으로 세곡선의 부정과 명화적(明火賊)의 발호를 막지 못했다 해서 파면되었다. 1876년 일본과 강화도 조약을 맺은 뒤에 삼도수군통제사로 임명되어 해안방비에 힘썼지만 이때는 일본의 해군력을 조선의 수군으로 막기엔 역부족이던 시절이었다.

그 뒤 금위대장과 강화유수, 공조판서를 거쳐 1882년 임오군란이 일어나기 3개월 전 좌포도대장이 되었다. 그러난 반란군들이 남산 아래에 있던 이종승의 집을 습격해 가재도구를 파괴하자 시골로 피신하였으며 그의 집은 제물포조약을 강요하려는 일본 하나부사(花房義質)가 이끌고 온 일본군의 주둔지가 되었다. 반군의 약탈 목표가 되고 일본군이 주둔한 점으로 볼 때 집이 크고 화려했음을 짐작할 수 있다. 1885년 여전히 상경하지 않고 시골에서 머물러 있자 정부에서는 유배를 명했다가 곧 한성부판윤을 제수하였다. 국난에 몸을 던지기보다 보신주의를 택한 인물에게 중책을 맡긴 것에서도 당시 조선 조정의 인사난맥상을 알 수 있다.

이듬해 평안병사에 임명되어 평안감사와 항례(抗禮, 서로가 대등하게 예를 표하는 일. 병마절도사는 감사의 부하인 만큼 예를 표해야 하지만 이종승은 판서를 지낸 경력을 감안해 평안병사라도 평안감사와 대등한 대접을 받았다는 뜻이다.)의 특전을 부여받았다. 그 뒤 형조판서와 화폐 제조기관인 전환국총판(典圜局總辦), 판의금부사를 거쳐 1900년 궁내부특진관이 되었다.

'부정부패 시대'…통제영의 근대화 실패

198대 통제사(1877.5~1879.2) 이규석(李奎奭 덕수이씨 1835~1894)
충무공의 10세손…'이순신 사당'의 중건을 결심하다

이순신 장군의 10세손이며 병마절도사를 역임한 이겸희(李謙熙)의 아들이다. 1864년 경상좌병사로 임명된 이래 함경북병사, 평안병사를 거쳐 삼도수군통제사로 임명되었다.

이규석이 통제사로 부임해 통영으로 와보니 착량(鑿梁, 굴착한 해협이란 뜻이니 통영반도와 미륵도 사이 모래톱을 굴착해 배가 다닐 수 있도록 운하를 만든 데서 비롯된 이름이다. 통영 현지에서는 '판데목'이라고 부른다. 현재는 부근에 해저터널이 있고 충무운하교와 통영대교 2개의 다리가 미륵도와 육지를 연결하고 있다.) 부근에 초가로 된 충무공의 사당이 있었다. 이 사당은 1599년 이순신 장군이 순국한 이듬해 해상의 수군들과 인근 주민들이 충무공의 충절을 후세에 길이 전하고자 착량 언덕의 숲속에 초가집을 짓고 충무공의 초상을 모시고 봄가을에 제사를 지냈던 것이다. 특히 장삿배들은 이 해협을 지날 때 장군의 영험으로 뱃길이 평안하도록 제사를 올렸다고 한다. 이규석 통제사는 사당을 참배한 뒤 위패를 새로 만들어 모셨다. 자신의 직계 조상이기도 한 충무공의 영정을 장군이 머물던 통영 해변에서 직접 마주한 이규석은 무척 감격했지만 초라한 초가사당이 마음에 걸려 이를 새로 짓기로 결심하였다.

그러나 이규석 재임시에는 착량 사당 중건을 실천에 옮기지 못하고 204대 민경호(閔敬鎬) 통제사가 참배했을 때 부관 김춘영(金春榮)이란 인물이 보수비를 내놓아 초가집을 기와집으로 바꾸고 단청을 했으며 규모도 키웠다고 한다.

그러나 이규석은 통제사 재임시절에 부정을 저지른 혐의로 1879년 파직돼 한동안 벼슬길이 막힌 채 고단한 시절을 보냈다. 그러다가 1884년 갑신정변 실패 후 수구파 정권이 등장하자 친군영좌영사(親軍營左營使)에 임명된 것을 시작으로 친군영후영사, 공조판서, 춘천부유수 등을 지냈으며 1894년 제1차 김홍집 내각에 참여하기도 했다.

199대 통제사(1879.2~1882.6) 정낙용(鄭洛鎔 연일정씨 1827~1914)
통제사 시절 부정부패로 유배…판서로 재기했다 '친일파'로 전락

1855년 29살에 무과에 급제해 1857년 선전관이 되었고 이듬해 사복내승(司僕內乘), 1861년 수안군수, 1863년 태안군수를 지냈다. 1867년 5월 전라좌수사에 전임되었고 그해 10월 우부승지가 되었으며 이듬해 죽산부사, 1870년 다시 전라수사를 거쳐 1874년 남양부사로 임명되었다. 53살에 통제사에 오른 것은 적절한 경력을 쌓은 결과라고 하겠다.

통제사 재임 초기이던 1880년 1월, 통제영의 장부상 자금 8만 냥이 실제로는 없는 돈이라고 조정에 보고하며 이전 통제사들을 공박했던 정낙용이었지만 '가렴주구 능력'은 남에게 뒤떨어지지 않았다. 통영을 떠난 뒤 1882년 오위도총부(五衛都摠府) 부총관(副摠管), 1883년 병조참판에 올랐으나 통제사 시절의 부패혐의가 드러나 1883년 6월 한양 도성 네거리에서 죄상을 조목조목 공개한 뒤 외딴섬에 위리안치되었다.

그러나 189대 이봉주, 198대 이규석 통제사의 사례에서 보듯 '부패 관리'란 딱지는 조선왕조에서 큰 흠이 아니었으니 정낙용은 1885년 좌포도대장으로 재기하였고 이어 협판내무부사(協辦內務府事), 1886년에는 전환국총판(典圜局總辦)이 되었다. 1887년 환갑 나이에 형조판서에 올랐고, 1894년 한성판윤, 1897년 시종원경(侍從院卿)과 농상공부(農商工部) 대신, 탁지부대신서리를 지냈고 1899년 10월 중추원(中樞院) 의장을 지냈다. 1894년 궁내부특진관(宮內府特進官)을 역임했고 한일 합병이 이뤄지자 일제로부터 남작(男爵)의 작위를 받아 친일파라는 오명을 얻었다.

200대 통제사(1882.6~1882.10) 정기원(鄭岐源 연일정씨 1809~1886)
신미양요를 치른 훈련대장 출신의 연로한 통제사

1849년부터 전라좌수사, 충청병사, 평안병사, 삼도수군통어사(경기 수사가 겸임) 등 주요 무관직을 거친 뒤 1870년 62살 때 어영대장과 훈련대장이 되었다. 이듬해 강화도 진무사(鎭撫使)에 임명되어 신미양요를 겪었다. 강화 손돌목에 침입해 불법행위를 한 미군의 처사에 강력히 항의하는 한편 통상제의를 거절하자 미군은 무력공격을 개시해 광성진(廣城鎭)에 쳐들어왔다. 이에 중군(中軍) 어재연(魚在淵) 등으로 하여금 군사를 독려해 수비하게 하여 마침내 물리쳤다. 이때 어재연 등 조선군 350명이 전사하였다.

신미양요 이후 총융사를 거쳐 지삼군부사(知三軍府事)에 이르렀고 74세의 연로한 나이에 통제사가 되었다. 어영대장과 훈련대장 등 최고 무관직을 역임한 뒤 삼도수군의 수장이 된 만큼 역대 통제사 가운데 가장 나이가 많은 경우였는데 재임은 4개월에 불과하였다.

201대 통제사(1882.12~1885.1) 이원회(李元會 광주이씨 1827~1895) 신사유람단에 참가했지만 조선 해군의 근대화엔 기여 못해

무과 출신으로 1864년부터 1868년까지 선전관과 금위영천총, 승정원 동부승지, 좌부승지, 태안군수 등을 역임했다. 1872년 전라우수사를 역임한 뒤 1881년 신사유람단(紳士遊覽團, 신사유람단이라는 명칭은 당시 조선 내에서 외래 문물 수용에 부정적인 목소리가 높았기 때문에 이를 숨기기 위하여 사용된 명칭이며, 한국사 용어 수정안은 조사 시찰단으로 바꾸어 부른다.)에 참가해 일본의 근대적인 총포와 선박 등 군사조련 분야를 시찰하고 귀국하였다. 이때 개화승(開化僧) 이동인(李東仁)은 그의 참모관이었다. 귀국 후 충청병사로 전보되었다가 통리기무아문(統理機務衙門)이 신설되자 군무사당상경리사(軍務司堂上經理事)에 임명돼 근대식 군부의 기초를 마련하는 데 기여하였다.

1882년 56살 때 황해병사를 거쳐 삼도수군통제사가 되었다. 일본의 신식군대와 해군함정을 둘러보고 많은 자극을 받았을 터였기에 노와 돛으로 움직이는 조선 수군의 전근대적 판옥선이 군사적으로 무의미하다는 점을 잘 알았을 것이다. 하지만 이원회 통제사가 수군의 근대화를 위하여 어떤 조치나 노력을 기울였다는 기록은 찾아볼 수 없다. 다만 고종 20년(1883년) 4월에 조정에 보고를 올려 "본 군영(통제영)의 포수(砲手)에게 매달 시방(試放, 총이나 대포를 시험해 쏘는 일)하여 시상하는 것으로는 장려하는 의미가 부족합니다. 1년 동안의 시방을 통틀어 12번 이상 명중한 사람 중에서 1명의 우등을 뽑도록 하소서."라고 건의한 것이 눈에 띄는 정도이다. 이듬해(1884년) 6월, 통영주민이 일본인에게 구타당해 숨진 사건이 일어났는데, 통제사 이원회는 조정에 상황보고만 할 뿐이다. 일본인을 체포하거나 처벌했다는 보고가 없다는 사실은 매우 중요하다. 통제영의 최대 임무가 일본의 침공에 대비하기 위함이라고 할 때, 일인(日人)의 살인을 묵과하고 있는 이 사건은 통제영의 존재가치가 소멸돼 가고 있음을 보여주는 상징적 사례라고 할 것이다.

1885년 한성부판윤에 승진하였고 1887년 영국군이 거문도를 점령하자 거문도경략사(巨文島經略使)로 임명되어 거문도 사건 처리를 위해 노력하였다. 1889년 대호군에 취임했고 이듬해 한성부판윤에 또다시 임명되었다. 1894년 동학농민전쟁이 일어나자 양호순변사(兩湖巡邊使)가 되어 장위영(壯衛營)과 통위영(統衛營) 두 영병을 거느리고 양호초토사(兩湖招討使) 홍계훈(洪啓薰)과 협력해 전주를 되찾았다. 갑오경장이 일어나자 좌포도대장으로 기용되었다. 저서에 '일본육군조전(日本陸軍

操典)'이 있을 정도로 일본군 사정에 정통했던 만큼, 조선의 처지와 조선군의 한심한 실상에 대해 무관으로서 실망감이 적지 않았을 것으로 추정해 볼 수 있다.

'최악의 통제사' 등장···통제영의 소멸

206대 통제사(1892.4~1894.3) 민형식(閔炯植 여흥민씨 1859~1931)
민씨 세도 믿고 탐학 저지른 '최악의 통제사'

고종의 비(妃)인 명성황후가 부상하면서 그 친정 여흥민씨(驪興閔氏)가 발호한 것은 잘 알려져 있지만 삼도수군통제영 시대의 마지막 시기 역시 여흥민씨에 의해 좌우된다. 실력보다는 권력의 줄을 잡고 막중대임을 맡은 이들이 삼도수군의 대장직을 잘 수행하기란 애초부터 그른 일이었다. 1888년 3월 민경호(閔敬鎬)가 204대 통제사가 된 데 이어 1892년 민형식(閔炯植)이 206대 통제사에 올랐고, 1894년에는 민영옥(閔泳玉)이 207대 삼도수군통제사가 되어 통영에 부임하였다. 여러 민씨 가운데서도 민형식(閔炯植)은 특히나 엉터리였다. 나라가 망하려면 간신이 날뛴다는 말처럼 통제영의 몰락은 민형식이 재촉하였다.

민형식은 1882년 임오군란으로 명성황후가 충주로 피난할 때 호종했으며 별천(別薦)으로 관직에 올라 남행별군(南行別軍, 과거를 거치지 않고 별군 장교직에 오른 사람을 말한다. 별군의 주임무는 왕의 호위였다.), 선전관, 훈련원첨정, 철산부사를 거쳐 병조참의와 오위장 등을 지냈다. 이어

선천방어사와 전라우수사, 전라병사, 병조참판, 형조참판 등을 역임한 뒤 1892년 34살의 젊은 나이에 삼도수군통제사에 올랐다. 2년 뒤인 1894년, 갑오경장으로 김홍집 내각이 수립되자 외척 거두들과 함께 밀려났으며 특히 통제사 시절에 저지른 탐학을 탄핵받아 그해 6월 '원악도(遠惡島) 유배형'에 처해졌다(당초 유배지는 전라도 홍양현 녹도(鹿島)였으나 가지 않고 버티다 강화 옆 교동도로 유배갔다). 1896년 5월 풀려나 중추원 1등의관, 궁내부특진관에 임명되었으며 특명전권공사를 역임했다. 1906년 육군부장, 1907년 참모관을 지냈으며 한일합병 때 남작(男爵) 작위를 받는 등 친일파로 인생을 끝맺었다. 1892년 3월 28일 왕은 민형식을 통제사로 임명하면서 아름다운 교서를 내렸다.

"이에 교서를 내리니 그대는 가서 나라의 울타리가 되라… (중략) …거북선을 띄우고 철포를 쏘면 매양 충무공의 웅대한 지략이 생각날 것이다… (중략) …조정에 있는 자 중에 누가 능히 그 뜻을 받들어 선양할 수 있겠는가. 그대는 진작부터 전략에 뛰어난 데다 계속하여 벼슬한 명문가 출신이다… (중략) …아, 국방 요새의 방비를 새롭게 해야 하리니 임진년과 계사년의 수치를 차마 잊을 수 있겠는가. 저 바다의 파도가 영원히 잠잠해져야만 나의 밤잠을 못 이루는 걱정을 놓을 수 있을 것이다."

−이남규(李南珪 1855~1907), 수당집(修堂集) 제2권

그러나 민형식은 왕의 바람과 철저히 반대로 행동하였다. 통제사 시절의 탐학으로 전국적인 악명을 얻었고 결국은 유배를 가야 했다. 통제사는 그 자체로 거금을 확보할 수 있는 자리였지만 더 큰 욕심을

내는 경우도 많았는데 조선 말기에는 탐학을 저지른 작자가 줄을 이었다. 민형식은 지금도 통영지방에서 민부랑(閔浮浪)이라는 별명으로 통하니 "민부랑이 통영 땅 세치를 걷어먹었다"는 말이 전한다. '부랑'이란 하는 일 없이 떠돌아다니면서 행패를 부리는 깡패 같은 작자를 이르는 말이다. 땀을 흘리지 않는 놈팡이란 뜻의 '불한당(不汗黨)'에서 불한(不汗)의 음이 변해 부랑이 됐다는 풀이가 많다. 민형식은 기골이 장대하고 기운이 세 제법 장수다운 면모를 갖췄지만 성격이 흉포했고 특히 아랫사람들을 못살게 굴었다고 한다. 민씨 세도가의 일원이었기에 마음 놓고 가렴주구를 행했는데 그 정도가 심하다보니 '통영 땅이 세치(약 9cm)나 낮아졌다'는 말까지 나왔다.

민부랑과 관련된 일화는 많다. 민부랑은 밤에 영문 안을 쏘다니다가 아무 집이나 담장을 넘어 들어가 젊은 내외가 정담을 나누고 있는 방문을 열어젖히고는 혼자서 껄껄 웃는 등 정신이상적인 형태를 보여 통영의 젊은 부부들은 저녁이 되면 반드시 방문을 잠그는 등 단속을 했다고 한다. 민부랑 휘하에서 일을 보던 관리가 있었는데 학식이 높고 풍채도 좋다보니 민부랑이 시기해 수시로 지휘봉으로 등을 때리자 저고리 속에 솜을 두툼히 넣은 옷을 입고 근무했다고 한다. 민부랑은 또 길을 가다가도 눈에 거슬리는 사람이 있으면 귀에 꼬챙이를 꽂아 끌고 갈 정도로 잔혹했다는 말도 있다.

이런 이야기도 전해지고 있다. 통영에 송씨 성을 가진 힘센 장사가 살았는데 어느 날 밤 민부랑이 돌다리에 혼자 앉아 있는 것을 보았다. 주변을 살펴보니 마침 경호군졸들이 없었다. 민부랑은 밤에 혼자 다니길 좋아했기 때문이다. 송 장사는 좋은 기회라고 생각하고 민부랑을 죽어라고 때리면서 다리 아래로 밀어버리고 그 자리에서 도망을 쳤다. 민부랑이 몸집이 좋아 죽지는 않았지만 혼쭐이 났다. 송 장사는 후환이 두려워 그 길로 외지로 달아나 숨어 살았지만 통영 사람들은 몹시 고소해 했다고 한다. 악정을 일삼던 민부랑 통제사는 현직에서 물러날 때 통영 사람들이 두려워 야반도주를 했다는 말도 전한다.

1894년 총리대신 김홍집은 "전전 통제사 민형식은 탐욕스럽고 포악하여 재물을 약탈한 것이 (경상·전라·충청)세 도(道)에 다 미쳤는데 탐오한 돈이 72만 1,277냥입니다(공식확인된 갈취금액이 72만 냥이다). …백성을 학대하고 나라를 저버린 것이 이 지경에 이르렀으니 더없이 통분하여 차라리 말하고 싶지 않습니다."라며 고개를 절레절레 흔들었다.(조선왕조실록 고종 31년(1894년) 12월 27일자)

민형식이 통제사 시절 탐학으로 유배됐다는 이야기는 앞서 언급했지만 동학농민전쟁의 과정을 기술한 황현(黃玹)의 오하기문(梧下記聞)에도 '민형식은 고금에 두 번 찾기 힘들 정도의 도둑'이라고 지적했다. 오하기문의 한 구절을 그대로 옮겨 본다.

"…이 무렵 민씨들 중 도둑으로 지목된 세 사람이 있었다. 서울의 도둑은 민영주(閔泳柱), 관동의 도둑은 민두호(閔斗鎬), 영남의 도둑은 민형식(閔炯植)이었다… 영주는 벼슬길에 나온 지 4, 5년 만에 참판까지 올랐지만 거칠고 악독하기는 예전이나 다를 바 없었으므로 사람들은 그를

'민망나니'라고 불렀다. 우리 속담에 사형수의 목을 자르는 사람을 망나니라고 하는데 대개 극악스럽고 대단히 천함을 나타내는 말이다… 두호는 사람됨이 어리석고 비루한 데다 독기가 있었으며 탐욕은 끝이 없었다… 춘천유수로 부임한 지 몇 년 만에 강원도의 백성들이 줄을 이어 떠났다. 강원도의 백성들은 그를 '민철갈구리'라고 불렀다. 형식은 응식(閔應植)의 사촌형제로 임오군란 때 중궁(中宮, 왕비)이 머물렀던 집주인이다. 이 때문에 무과에 급제하여 파격적으로 발탁되었는데 나이가 서른도 안 되어 특별히 통제사가 되었다(실제로는 34살에 통제사에 임명됐음). 그가 병영(통제영)에 부임한 지 1년도 안되어 군교들이 사방으로 나가 부유한 백성들을 억누르고 잡아들였으므로 밭 네다섯 마지기만 있어도 잡혀오지 않는 사람이 없었다. 잡아서 옥에 가두는 것이 섬과 뭍에서 끊이지 않았다. 그리하여 원망하고 호소하는 소리가 길거리에 넘쳤지만 영남에서 호남까지 재물이 있는 자를 뒤져서 잡아내는 일이 끊이지 않아 긁어모은 돈 꾸러미가 작은 산을 이뤘다. 하지만 민형식은 오히려 부족하게만 여겼다. 대개 성이 민씨인 사람들은 하나같이 탐욕스러웠고 전국의 큰 고을은 대부분 민씨들이 수령을 차지하였고 평양감사와 통제사는 민씨가 아니면 할 수 없게 된 지가 이미 10년이나 되었다. 그런데 저 형식과 같은 놈은 고금에서도 처음 있을 정도였다. 백성들은 그를 악귀(惡鬼)라고 하였으며 때로는 광호(狂虎, 미친 호랑이)라고도 하였는데 이는 그가 능히 산채로 사람을 씹었기 때문이었다. 이에 온 나라가 시끄러웠고 동요가 분분하게 떠돌았는데 대부분 '난리가 왜 일어나지 않느냐'는 것이었으며 더러는 '무슨 좋은 팔자라고 난리를 볼 수 있겠느냐'고 장탄식을 하기도 하였다. 형식은 봄(동학농민전쟁이 일어난 1894년 3월을 말한다.)에 교체되었다…"

평안감사와 함께 통제사는 세칭 '물 좋은 자리'로 지목된 지 오래였던 만큼 민씨가 세도를 잡은 뒤에는 204대 민경호(閔敬鎬), 206대 민형식, 207대 민영옥(閔泳玉)이 차례로 통제사를 역임하며 돈꾸러미를 챙겨갔다. 민씨가 아니면 통제사가 될 수 없다고 한 황현의 지적은 결코 과장이 아니었다. 집안배경을 믿고 평생을 엉망으로 살았던 민형식은 1910년 국권상실 이후 일제가 주는 남작 작호를 덥석 받았고, 그 결과 친일반민족행위자로 규정되었다.

208대 통제사(1894.10~1896.5) 홍남주(洪南周 풍산홍씨 1827~1896)
통제영 진중(陣中)에서 타계한 '최후의 통제사'

철종 2년(1851년) 25살에 무과에 급제하였고 1864년 훈련원주부, 이듬해 평안도 가산군수로 나갔고 1866년에는 함경도 혜산진첨사가 되었다. 1868년 길주목사를 지내다 이듬해 철원부사로 갔고 1870년 경상좌수사가 되었는데 모친의 나이가 70이 넘자 모친을 모셔야 한다는 이유로 교체를 희망하여 동부승지가 되었다.

1875년 훈련원도정이 되었다가 이듬해 남양부사가 되었고 1879년에는 풍덕부사로 있으면서 왕릉 개수에 공이 크다고 하여 어린 말 1필을 하사받았다. 그해 전라병사로 갔다가 이듬해 회령도호부사로 갔으며 1887년 병조참판을 지냈다. 1890년 갑산부사를 역임하였고 1893년 지중추부사를 거쳐 창원부사를 역임하였고 이듬해 삼도수군통제사에 올랐다. 1895년 통제영이 폐영된 이후에도 잔무(殘務) 정리를 위한 까닭인지 영을 떠나지 않고 머무르다 이듬해 진중에서 타계하였다. 3백년 역사를 지닌 삼도수군통제영이 자신의 임기 중에 없어져 버렸다는 사실에 실망감과 충격을 받은 탓일 수도 있겠다. 어쨌든 초대 통제사 이순신과 마지막 통제사 홍남주가 진중에서 최후를 맞이한 것이 예사롭지 않다. 참고로 재임 시절 전사 또는 순직한 통제사는 모두 14명에 이른다.

제10장

통제영 3백년
영광의 기록

三道水軍統制營

일본의 재침에 대비해 창건한 통제영이었지만 1895년 폐영 때까지 조일전쟁은 다시 일어나지 않았다. 그러므로 통제영은 일본군의 재침 방지를 위한 역할은 100% 완수했지만, 전란이 없었기에 그 가치를 입증하지는 못한 셈이다. '제2의 충무공'을 꿈꾼 통제사들 역시 전공을 세울 기회를 잡지 못하였다. 그렇다고 해서 통제영 300년이 결코 무의미한 시기는 아니었다. 오히려 한국 해양사(海洋史)에 큰 보람을 가져다준 기간이라 말할 수 있다.

한일관계사에서 17세기 초부터 19세기 중엽까지의 200여 년은 가장 모범적인 시기라고 할 수 있다. 전쟁과 노략질은 사라졌고 대신 통신사(通信使)란 이름으로 사절단이 대한해협을 오가며 평화와 선린의 역사를 구축했던 기간이기 때문이다. 양국이 대등한 관계에서 상호 교류의 역사를 일궈냈다는 것은 오늘날의 한일관계보다도 더 바람직했다고 평가할 수 있을 것이다.

그런데 균형 잡힌 조일관계의 이면에 통제영 체제로 대표되는 조선의 굳센 해방(海防)시스템이 뒷받침되고 있었다는 사실은 간과되고 있다. 조일전쟁 이후 강화된 조선의 삼도수군에 대해서는 일본이 두려워할 정도였다. 조선의 강한 해방 의지와 능력이 있었기에 대등한 조일관계를 이끌어 냈다는 말이다. 때문에 통제영 300년은 보람찬 역사라고 할 수 있는 것이다.

통신사(通信使)와 통제사(統制使)

조선 후기의 해양사(海洋史)는 통제영의 역사와 중첩된다. 바다와 관련이 있는 국사(國事) 가운데 통제영과 무관한 활동은 있을 수 없었다. 조선과 일본 사이의 통신사(通信使) 교류만 하더라도 통제영과 깊은 연관성을 맺고 있었음을 잊어서는 안 된다.

조일전쟁으로 조선의 조야는 하나같이 일본을 불구대천의 원수로 간주하였지만 백성들이 흘린 피가 채 마르기도 전에 일본과 국교를 회복한다. 그러고는 양국 간 외교사절을 교환하니 통신사(소식을 주고받는 사절이란 의미)라고 지칭했다. 국교 회복은 대마도를 앞세우고 일본이 먼저 요청해 왔다. 대마도는 조선과의 무역이 절실했고 도쿠가와(德川) 신정권은 조명 연합군의 침공 가능성을 없애기 위해 반드시 수호할 필요성이 있었다. 조선의 입장에서는 전란으로 수많은 민생과 재산을 잃은 처지였기에 일본과의 수교가 내키지 않았지만 북쪽에서

흥기한 만주족에 대비하기 위해선 다른 대안이 없었다. 남북 양방에 적을 둘 수 없다는 현실적 계산에서 일본의 새 정권과 우호관계를 맺었던 것이다.

조선왕조는 종종 주자학적 공리(空理)에 집착해 명분에 죽고 사는 비현실적인 면모를 보여주었지만 전쟁을 치르면서 현실감각을 일부 회복한 탓인지 이때만큼은 국익 위주의 냉정한 판단을 한 셈이다. 물론 일본의 새 집권자인 도쿠가와 이에야스(德川家康)가 조일전쟁에 관여하지 않았다는 점, 조선인의 공적(公敵) 도요토미 히데요시(豊臣秀吉)의 아들을 축출하고 정권을 장악했다는 점 등에서 조선과 우호할 수 있는 강점을 가진 것도 사실이었다.

조선은 종전 이후 12차례에 걸쳐 일본에 통신사를 파견했다. 선조 40년(1607년) 첫 번째 통신사가 파견된 이래 순조 11년(1811년) 12번째 사신단까지 계속됐다. 바로 이 200년(1607년~1811년), 길게 보면 도쿠가와 막부가 붕괴되는 1868년까지 260년은 한일관계에 있어 가장 오래도록 평화로웠던 시대였다. 양국은 대등한 관계에서 상대국을 존중하며 공통된 동아시아 문화를 일궈나갔다.

통신사는 조선 국왕이 일본의 쇼군(將軍)에게 보내는 공식 외교사절이란 점에서 두 나라 우호관계의 상징과도 같았다. 특히 도쿠가와 막부의 입장에서 조선통신사는 동아시아 사회와 일본을 연결하는 끈이나 다름없었기에 최선을 다해 환대하였다(쇼군이 조선통신사를 환대한 이유는 조공사절로 인식했기 때문이라는 일부 주장도 있다. 그러나 통신사 파견 결정이 전적으로 조선 정부의 자유의지로 결정된 데다 조공사절로 폄하하기엔 막부의 대접이 지나치게 융숭했다는 점에서 설득력은 별로 없다. 다만 일본 내부에 조선통신사를 사실상의 조공사절로 선전함으로써 막부의 위상을 과시하려는 의도가 없지는 않았을 것이다). 그 중에서도 7번째인 1682년의 통신사에 대해서는 그 접대가 지극하였다. 예컨대 통신사가 지나가는 경로의 여러 번(藩)들은 성대한 향응을 베풀었다. 통신사가 묵는 숙소의 방문 앞에는 모래를 깔고 물을 뿌렸으며 지나가는 도로도 깨끗이 청소하는 등 세심히 배려하였다. 조선 사절을 소홀히 대접한 번은 막부에게 혼이 났으니 통신사를 한번 치르고 나면 번의 재정이 휘청거릴 정도였다고 한다.

조선통신사 행렬도

그렇다면 통신사가 오가게 되고 양국 간 평화가 정착된 것이 도쿠가와 막부의 시혜인가? 일본측 학자들은 물론이고 우리 역사학자들도 조선 후기의 한일 평화가 도쿠가와 막부의 성격에서 비롯된 것으로 평가하는 경향이 있다. 도쿠가와 막부가 쇄국정책을 펴는 등 대외팽창보다는 내정(內政)에 치중하다 보니 조선과의 관계도 침략이 아닌 우호평등으로 일관했다는 논리를 펼친다. 도쿠가와 막부가 잠재적인 도전자인 자국내 웅번(雄藩)들의 움직임에 신경을 쓰다 보니 해외진출에 소극적이었다는 것은 인정할 수 있지만 침략의 역사를 반성하고 인국(隣國)과 사이좋게 지내려 결심한 탓에 대한해협에 평화가 넘쳐났던 것은 결코 아니다.

이웃한 나라 사이의 평화가 어느 한쪽의 시혜로 이뤄진 경우는 세계사에서 그 유례를 찾아볼 수 없다. 한쪽의 선의로 평화가 유지됐다고 주장하는 사람은 조금 모자라거나 뭔가를 숨기려는 의도라고 판단하는 것이 옳다. 평화는 양측 간 힘(경제력, 군사력, 외교력, 정치력 등을 총망라한 힘)의 균형이 이뤄질 때 비로소 유지될 수 있다. 당시 조일관계도 그러했다.

당대 인구와 생산력 등 양국의 물리적 역량을 비교하면 일본이 조선을 능가하고 있었다. 특히 조선은 조일전쟁과 병자호란을 거치면서 재정이 결딴나고 호적이 불타버려 국가의 동원능력이 크게 저하된 상태였던 반면 일본은 활발한 국내외 무역과 은광(銀鑛) 개발에 힘입어 국부(國富)가 많이 축적된 상태였다. 통신사들이 남긴 글만 보더라도 그 시절 일본의 총체적 국력이 조선을 압도하고 있음을 증언하고 있다. 숙종 46년(1720년) 일본에서 귀국한 통신정사 홍치중(洪致中)은 다음과 같이 보고하고 있다.

"…그 나라는 법금(法禁)이 아주 엄중하여 명령하면 행하고 금하면 그 쳤으며 물력(物力)은 매우 풍성했고 인구도 또한 많았습니다…"

                                                    −조선왕조실록 숙종 46년(1720년) 1월 24일자

322

객관적인 국력의 열세에도 불구하고 조선왕조가 일본으로부터 인정을 받고 조선의 사절이 성대한 접대를 향유할 수 있었던 배경은 뭘까? 삼도수군통제영으로 대표되는 강한 해방력(海防力) 덕분으로 풀이된다. 즉, 일본의 재침을 해상에서 저지·격퇴할 수 있는 실력과 의지를 갖고 있었기에(적어도 일본 측에 그렇게 알려져 있었기에) 도쿠가와 막부는 조선의 힘을 인정하고 존중했던 것이다. 이 때문에 약 260년 간 양국 간에 대등―평화관계가 지속될 수 있었던 것이다. 개인이건 국가이건 힘이 약하면 멸시당하고 강하면 대접받는 법이다.

1604년 6월의 제2차 당포승첩은 동남아 일대와의 교역을 끝내고 나가사키로 기항하려다 방향을 잘못 잡은 불쌍한 일본 무역선을 조선 수군이 통제영 인근 당포 앞바다에서 포격한 작은 해프닝이다. 하지만 이는 조선의 해방체제(海防體制)가 충실히 가동하고 있음을 보여준 상징적인 사건이었다. 조선왕조는 광해군 이후 인조와 효종, 현종, 숙종에 이르는 시기까지는 해방태세를 활발히 점검해서 일본과의 전쟁 가능성에 대비하는 모습을 보여주었다. 통영성 수축과 북포루(北鋪樓, 통제영 뒷산인 여황산 정상에 마련된 망루) 건설, 욕지도 진(鎭) 설치 검토, 동래산성 증축 등이 이 시기에 집중적으로 이뤄졌다. 뿐만 아니라 부산 다대포를 비롯한 동남해안 요충지의 산정마다 시력 좋은 요망군(瞭望軍)을 배치하여 적선의 움직임에 상시 대비했던 것이다. 이로써 일본이 조일전쟁 때처럼 기습공격을 하기가 여의치 않게 되었다. 또 주요 수군기지에는 거북선 한 척씩을 배치하기에 이르렀다.

통제영은 또한 통신사의 일본행을 실질적으로 뒷받침해 주기도 했다. 통신사 일행이 탑승해 일본으로 가는 배는 대선 2척, 중선 2척, 소선 2척 등 모두 6척이었다. 3척의 배는 정사와 부사, 종사관이 각각 수행원들과 타고 가는 배로서 기선(騎船)이라 불렀다. 나머지 3척에는 기타 수행원들과 화물을 실었는데 복선(卜船)이라 불렀다. 이들 통신사선은 통제사의 지휘 아래 주도면밀하게 설계되고 건조되었다. 6척 가운데 대선 2척과 중·소선 각 1척 등 모두 4척은 통제영에서 직접 건조했고 나머지 중·소선 1척은 동래의 경상좌수영에 명해 건조하도록 했다. 일본으로 향하는 이들 선박은 일본인들에게 조선의 '국가 실력'을 보여주는 증표와도 같았다. 국가의 위엄이 걸린 선박이었기에 통영과 동래좌수영에서는 모든 역량을 다해 통신사선을 화려하고 웅장하게 건조하였다.

조선 통신사선이 선체를 단청채색으로 화려하게 꾸몄다는 사실은 일본인들이 남긴 그림에서도 확인되고 있다. 우선 선두와 선미에 2개의 돛대를 설치하고 쌍범(雙帆)을 높이 걸었는데 당시로서는 최고급품인 백색 목면에다 테두리를 청포로 둘러 아름다워 보이게 만들었다. 갑판 선실에는 차일 천막을 쳤고 기치장검 같은 위세과시용 의장 도구들을 설치해 위엄을 높였다. 뱃머리에는 귀신의 얼굴을 그려 해난사고를 줄이는 마음을 표현하는 한편 보는 이로 하여금 두려운 마음을 갖도록 제작하였다.

통신사선의 실제 모습은 당시 사절단이 남긴 기록을 통해서도 알 수 있다. 숙종 45년(1659) 제9차 통신사절의 제술관(製述官, 문서·기록 담당관)인 신유한(申維翰)의 '해유록(海游錄)'에는 그들이 타고 간 배를 세밀하게 관찰해 묘사하고 있다.

"배는 용양전함(龍驤戰艦, 전함의 일종. 용처럼 날뛴다는 의미를 지니고 있다.)과 같아 밖에는 붉은 비단 장막을 쳤고 안에는 판옥 12칸을 설치하여 주방과 창고, 앉는 곳, 눕는 곳, 잠자는 곳, 밥 먹는 장소를 모두 구비하였다. 옥상에는 7, 8명이 앉을 만한 누각을 설치했는데 기둥에는 채색 그림을 그리고 사면에 검은 베로 만든 장막을 드리웠다. 병풍과 의자 등 모든 용구가 비치되어 있었고 장막을 걷고 멀리 (전경을)조망할 만하였다. 장막 뒤에 나무기둥 2개를 세웠는데 높이를 각각 15장으로 하여 돛을 걸었고 기둥 위에는 또 깃발을 세웠다. 양쪽 난간에도 사신의 깃발 등 각종 기치와 칼, 창검을 세우고 난간 밑 양쪽에는 구멍을 파서 각각 노 12개를 설치하고 누각 앞에는 높은 북 걸이를 설치하고 큰북을 장치하여 군사에게 신호도 하고 집무와 휴무시각을 알리게 되어 있었다."

순조 11년(1811년) 마지막 통신사행을 기록한 군관 유상필(柳相弼)의 '동사록(東槎錄)'에도 통신사선에 대한 기록이 있다.

"양 사신과 함께 선창에 가서 도해선 4척을 두루 살펴보니 2척의 기선은 통영에서 새로 만든 것이고 2척의 복선은 (동래)수영에서 새로 건조한 것이었다. 기선 위에는 좌우에 화란(畵欄, 그림으로 채색한 난간)이 있고 난간 밖에는 붉은 장막을 드리우고 중간층에 판옥이 15칸인데 왼쪽 제1칸은 상방(上房)이고 그 위는 타루(舵樓, 조타실)로 되어 있다. 조각한 난간과 곱게 색칠한 사다리가 밝게 비치고 또 차일 군막을 치고 병풍과 의자를 놓아 사신이 멀리 바라볼 수 있게 하였다. 타루의 전후에는 돛

조선통신사선 재현선 2018년 10월 26일 문화재청 국립해양문화재연구소는 한·일 교류의 상징물인 조선통신사선을 실물 크기로 처음 재현하여 진수식을 개최했다. 이 배는 과거 운행되었던 조선통신사선 중에서도 정사(正使, 사신의 우두머리)가 타고 간 '정사기선'을 재현한 것으로, 구조와 형태를 최대한 원형에 가깝게 제작하였다. 재현선의 규모는 길이 34m, 너비 9.3m, 높이 3.0m, 돛대높이 22m, 총 톤수 149톤으로 총 72명이 승선할 수 있다.

대를 두었는데 높이는 각각 15장에 이르고 표기를 달고 또 나무기둥을 세워 정(正, 정사선이란 의미), 부(副, 부사선이란 의미)자 등 배 이름을 단다."

─김재근, 한국의 배 서울대출판부, 1994, pp264～265

난간과 기둥 등에 채색을 입힌 데다 현란한 장막과 각종 깃발을 드리워 화려하기 그지없었던 통신사선의 모습이 그림처럼 떠오르는 기록이다. 배의 크기도 웅장하였다. 통신사가 타고 간 6척 가운데 대선 2척의 크기는 갑판의 길이가 97.5척으로 약 30미터에 이른다. 목선으로 이 정도라면 매우 큰 규모이다. 대양을 횡단하기에도 충분한 크기다. 이는 갑판 길이가 105척이나 되었던 통영상선(統營上船, 통제사가 타던 1호 전선)보다는 다소 작지만 90척 정도에 이르렀던 일반 전선보다 오히려 크다. 국위가 걸린 사신단의 배였기에 규모에도 신경을 썼던 것으로 여겨진다. 갑판의 가로 폭은 31척, 10미터가 조금 넘는다. 길이 대 폭의 비율이 약 3대 1이었으니 요즘 선박에 비하면 뚱뚱한 편이지만 과거의 목선치고는 날씬한 편이다. 배가 날렵하면 그만큼 속력을 내기 쉽고 뱃멀미도 줄일 수 있다. 깊이도 일반 전선보다 깊었으니 10척, 즉 3미터에 이른다. 큰 파도가 치는 원양을 항해할 때 전복되는 사고를 막기 위해 흘수선을 깊게 한 것이다. 흘수선이 깊으면 복원력이 높아진다. 당대 전 세계 어디를 찾아보더라도 조선통신사들의 배처럼 멋지게 만든 여객선은 없었노라고 선박연구가 김재근 박사는 강조한다.

이처럼 화려하고 장대한 통신사선은 일본인들에게 깊은 인상을 심어주었다. 조선은 뛰어난 선박을 건조할 수 있는 나라, 과연 도요토미 히데요시의 해군을 물고기밥으로 만들었던 '이순신의 나라' 임을 거듭 인식하게 만들었다. 이는 일본인들로 하여금 조선을 재침할 의지를 꺾는데 적잖은 기여를 하였을 것이다. 거듭 말하거니와 조선통신사에 대한 일본의 환대는 도쿠가와 막부의 배려가 아니라 조선의 강력한 해방체제에서 그 배경을 찾아야 한다.

그러다가 19세기 들어 세도정치의 시작과 함께 조선의 정치가 타락하고 해방능력이 약화되자 일본의 대(對)조선관은 급변한다. 일본 식자층에서 조선을 경멸하는 시각이 확산되기 시작했다. 조선의 국력이 내리막을 걷기 시작한 순조 11년(1811년)을 끝으로 일본에서 조선 통신사를 단절한 것은 결코 우연이 아니다. 이때쯤 일본은 조선의 허술한 실력을 눈치챘던 것이다. 그렇다면 비싼 예산을 들여 조선을 대등한 나라로 예우할 필요가 없다. 이때부터 일본의 조야는 다시 한

번 조선을 집어삼키고자 하는 야심을 공공연히 드러낸다. 조선의 해
방능력 몰락은 일본인들로 하여금 조선을 얕보게 만든 심리적 요인
이 되었고 훗날 정한론(征韓論)과 식민지배로 이어지게 만든 중대한 배
경이라고 나는 생각한다.

남벌론(南伐論)과 통제영

병자호란의 패전으로 청나라에 볼모로 잡혀가 갖은 고생을 겪었
던 봉림대군이 효종으로 등극한 이후 북벌(北伐)을 주창한 것은 잘 알
려져 있다. 만주족이 중원을 정복했다고는 하지만 얼마가지 않아 중
원의 장사(壯士)들이 반드시 떨쳐 일어날 것이니 조선도 이에 호응해
'삼전도의 굴욕'을 갚자는 주장이었다. 효종이 재위 10년 만에 죽고
청의 국내 정세가 안정되면서 북벌의 기회조차 잡지 못했지만 북벌
론은 현종, 숙종 연간까지 국시(國是)처럼 이어졌다. 북벌론이 너무
확산되다 보니 남벌(南伐)을 외친 사람들의 주장은 당시나 지금이나
그리 주목을 받지 못했다.

사실 조일전쟁에 대한 복수전(復讐戰) 주장은 종전 이후부터 활발히
터져 나왔다. 임진록(壬辰錄)과 같은 소설에서 일본정벌을 그리고 있는
것처럼 당시 조선인들은 일본에 앙갚음하기를 염원하고 있었다. 공
격을 받고서도 응징할 생각조차 하지 않는다면 나라도 아니다. 일본
본토까지는 아니더라도 적어도 대마도는 혼을 내야 한다는 의견이
많았다. 대마도는 조선 개국 이래 해마다 세견선을 보내와 무역을 했
고 막대한 식량을 받아가 목숨을 이어갔으면서도 도요토미의 향도가

되어 조선을 유린하는 데 앞장섰으니 용서할 수 없다는 여론이 빗발쳤다. 중국과 힘을 합쳐 대마도의 죄를 물어야 한다는 주장이었다. 특히 휴전협상을 위해 명나라 사신 심유경 등과 함께 1596년 일본에 다녀오기도 했던 황신(黃愼, 1560~1617)이란 인물은 상소를 올려 대마도 정벌을 주장하기도 했다. 고려 말과 조선 초 대마도를 몇 차례 정벌한 사례가 있었기에 이때 꽤나 진지한 공론이 일었다.

그러나 대일 보복론은 이후 한동안 잠복하였다. 뒤이은 정묘-병자호란으로 국력이 더욱 쇠약해진 데다 도쿠가와 막부가 통신사를 보내며 국교를 재개하며 성의를 보인 것도 한몫했다고 여겨진다. 또 국토가 유린되긴 했지만 국왕이 일본에 항복하거나 칭신(稱臣)을 다짐하는 등의 정치적 굴욕을 겪지는 않았다는 점도 대일 복수심이 장기화되지 않았던 요인으로 판단된다. 명나라의 도움을 받긴 했지만 침략자들을 영토 밖으로 몰아냈기에 심리적 타격은 병자호란에 비해 크지 않았다는 얘기다.

반면 병자호란은 전통적으로 하대시해 온 여진족에 왕이 머리를 조아리며 빌어 국체를 보장받았다는 점, 조일전쟁 때 도움을 준 명나라를 배신하고 오랑캐에 빌붙었다는 자괴심 등이 조선의 조야를 무겁게 눌렀다. 또 볼모로 만주에 잡혀가서 갖은 고생을 했던 효종의 개인적 원한도 많았다. 그런 만큼 복수심은 일본보다는 여진족, 청나라에 대한 것이 훨씬 더 컸다. 이 때문에 조선은 일본에 대한 복수전을 치를 기회를 갖지 못하였다.

그렇다면 조선은 영영 일본에 대한 복수전을 포기했을까? 꼭 그렇게 단정할 수만은 없는 단서들이 포착되고 있다. 효종이 승하하고 현종이 즉위했을 즈음(1659년), 동래부사 이만웅(李萬雄, 1620~1661)이 왜관의 왜인들의 변란을 일으키자 이를 무력으로 다스릴 것을 요청하는 장계를 올렸다. 이만웅은 통제사를 집중적으로 배출한 전의이씨(全義李氏) 가문 출신이다. 문관이지만 뱃심이 두둑했다. 효종은 이만웅의 이 같은 기질을 알고는 일본을 상대하는 중책인 동래부사에 특별히 임명하였다.

이만웅이 왜인 소탕을 주장한 것은 당시 부산 왜관의 왜인들이 소란을 일으킨 데 격분한 때문이었다. 대마도의 왜인들이 무역량을 늘려줄 것을 요구했으나 이만웅이 거절했다. 그러자 왜인들은 법금(法禁)을 어기고 왜관을 떠나 부산진에 들어가 변란을 일으켰다. 이 와중에 수군장수인 개운포만호의 머리채를 잡아끌기도 했다. 이만웅은 조정에 장계하기를 무력으로 왜인의 작란(作亂)을 진멸할 것과 대마도주에게 항의 서한을 보낼 것을 청하였다. 이만웅은 조선이 늘 왜인들을 지나치게 염려하다 보니 그들의 간덩이를 키웠고 제어하기도 힘들게 됐다며 개전도 불사해야 한다는 각오로 임할 것을 강하게 주청하였다.

왜관을 무력으로 진압하게 되면 대마도와 일본 본토가 가만히 있을 수 없는 일이다. 곧 왜관 공격은 조일 간의 전쟁을 의미한다. 왜관에서 변란을 일으킨 것도 일본 본토가 뒤에 버티고 있기 때문이다. 이런 사실을 모를 리 없는 동래부사가 '왜관 진멸론'을 외친 것은 곧 전쟁도 불사하겠다는 각오를 밝힌 셈이다. 실제로 이만웅은 전쟁에 대비하기 위해 간과(干戈, 병장기)를 준비하기도 했다.

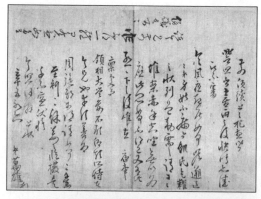

이만웅의 글씨와 신도비

그러나 조정에서는 이만웅의 '왜관 무력진압론'을 광모(狂謀, 미치광이 계획)라고 공표하고는 서둘러 경질해 의금부로 압송하였다. 그냥 두었다가 휘하의 군사를 이끌고 독단적으로 왜관을 공격한다면 조일관계가 파탄날 위험이 있다고 보았기 때문이다. 이만웅은 그러나 곧바로 풀려나 연안부사가 되었다가 충청도 관찰사로 승진한다. 왜관 공격론을 '광모'라고 공표한 것은 일본을 의식한 외교적 수사일 뿐, 그를 '미치광이'로 대하지는 않았음을 알 수 있다.

조정에서 수용되지는 않았지만 이만웅의 왜관 무력진압론은 당시 조선 사회의 분위기를 보여주는 한 대목이다. 대일 외교의 최일선을 담당한 고위관료가 개전(開戰)을 주장했을 때에는 나름의 판단이 있었다고 봐야 한다. 조일전쟁 이후 꾸준히 준비한 통제영의 해군력과 북벌준비로 강화된 육군력이 있었기에 복수전을 주장할 수 있었을 것이다. 이만웅의 주장은 10년이 지난 1669년에까지도 여운이 미치고 있다. 현종실록 1669년 6월 20일자를 보면 영의정 허적이 "조선 사람들은 왜인을 경시해서 이만웅과 같은 주청을 올리고 있지만 이는 참으로 가소로운 일이다"라고 말하고 있다(국정을 주도하는 영의정이 '이만웅 같은 주청을 하는 사람들이 있다'며 일본을 경시해선 안 된다고 말하는 것은 당시 조야에서 대일 개전론이 형성돼 있었음을 의미한다).

　이처럼 조선에서 남벌론이 간간이 흘러나오는 동안 일본의 반응은 어땠을까? 일본은 조일전쟁 이후 늘 뒤통수가 불안하였다. 조선과 명이 합세해서 침공하지나 않을까 하는 걱정이었다. 특히 조선이 통제영 체제를 강화하고 매년 삼도수군 합동훈련을 벌이는 것은 일본 본토에도 잘 알려져 있었다. 조선 수군의 매운 맛을 톡톡히 경험했기에 일본 지도층은 조선이 복수전을 펼까 내심 두려워하였다. 효종실록 3년(1652년) 7월 19일자의 기사를 보자.

"통영의 토병(土兵) 서일립 등 10여 인이 고기를 잡으러 바다로 갔다가 바람에 표류하여 일본국 지기도(智奇島)를 거쳐 장기도(長崎島, 나가사키)에 정박하였다. 임진년에 잡혀 간 우리나라 사람이 그곳에 많이 살았는데 앞 다퉈 보러 와서 울며 본국의 일을 묻고 이어서 말하기를 '지난 을해년(1635년)에 왜인들이 조선 군사가 국경을 침범하려는 것으로 오인하고 우리들이 내응할까 의심하여 모두 가두었다가 병자년(1636년) 통신사의 행차 때에 비로소 그렇지 않다는 사실을 알고서야 풀어주었다. 또 임진년 군사를 일으켰을 때에 살상된 사람이 많아서 아직도 고아와 과부의 울음소리가 들릴 지경이다. 그로부터 왜인은 완전히 서쪽으로 나아갈 생각을 하지 않았다'고 하였다. 서일립 등이 돌아와 통제사 류정익에게 고하였는데 류정익이 치계하여 알렸다."

1635년 일본 측이 '조선 군사가 침공하는 것으로 오인' 했던 이유는 확인되지 않고 있다. 아마도 삼도수군의 대규모 합동훈련을 침공 시도로 오해한 탓이 아닌가 짐작된다. 하지만 일본이 조선의 침공 가능성을 경계하고 있었던 것만은 분명 확인할 수 있다.

1659년 동래부사 이만웅의 주장도 일본의 간담을 서늘하게 만들었다. 왜인들은 동래부사의 강경 방침을 정탐하고는 서둘러 왜관으로 돌아갔거니와 전후 사정은 대마도와 막부에도 전해졌을 것이다. 막부의 반응은 알려져 있지 않지만 꽤 불편한 심정이었을 것임은 쉽게 짐작할 수 있다. '조선이 청나라와 대결한다더니 예전과는 좀 달라진 모양' 이라는 판단을 했음직하다. 이만웅의 전쟁불사론이 먹혀든 탓인지 대마도 도주(島主)는 조선의 사신이 보는 앞에서 변란 주모자들의 목을 베었다.

당시 일본 입장에서 조선은 무시할 수 없는 이웃이었다. 현종~숙종 시절 조선의 국방력은 제법 볼만했다. 효종의 아들 현종과 손자

숙종은 군사훈련을 자주 참관했고 평소에도 군(軍)통수권자의 복장인 융복(戎服)을 즐겨 입었다. '북벌'이란 당대의 이념 탓이긴 하지만 상무(尙武)의 분위기가 잠깐 반짝이던 시절이었다. 이런 나라를 섣불리 건드렸다가는 되치기 당할 위험성이 있다고 여겼을 법하다. 일본이 조선 통신사를 가장 극진히 대접한 때가 1682년 때란 점도 유의할 대목이다.

현종과 48대 이지형 통제사 간의 동래산성 재축조 논의(1667년), 57대 윤천뢰 통제사의 통영성 축성(1678년), 통제영 남쪽 욕지도의 진(鎭) 설치 검토(1688년), 통제영 산정 경비초소인 북포루(北鋪樓) 건설(1694년) 등이 이 시기에 집중되고 있는 점도 예사롭지 않다. 모두 해방 강화책의 일환이지만 당시의 조일관계를 감안하면 의아한 부분이 많다. 평화의 사절인 통신사가 오가고 있고 왜구의 침탈도 사라진 현종, 숙종 조에 활발히 이뤄지고 있는 해안 방위시스템 점검은 흘려보내기에 미심쩍다. 일본과 전쟁을 할지도 모른다는 분위기를 반영한 것은 아닐까 싶다.

1675년 청나라에서 '오삼계(吳三桂)의 난'이 실패한 이후 북벌은 사실상 물 건너갔다. 이럴 때 서인과 남인 간의 당쟁이 왕권을 위협할 수준에 이르렀다. 특히 1680년 경신환국(庚申換局)으로 남인이 몰락하고 서인이 집권하는데 남인파 영수 허적(許積)의 서자 허견(許堅)이 사병(私兵)을 모은 사실은 왕에게 충격을 주었다. 숙종은 자신의 장인 김만기(金萬基)를 훈련대장에 임명하면서 '지금 천하가 어지러우니 지친(至親)들이 병권을 장악할 수밖에 없다'고 말할 정도였다. 사정이 이러니 왕은 대청(對淸) 보복을 위해 축적된 무력을 일본으로 발산함으로 써 정국 주도권을 쥐고자 하지는 않았을까?

숙종 때 선남후북벌(先南後北伐)을 추진했다는 가설은 이미 제기된 바 있다. 김완식의 소설 『일본여도(日本輿圖)』가 그것이다. 이는 전남 해남에 있는 고산 윤선도의 종갓집 녹우당에서 발견한 한 장의 지도에서 출발한 이야기이다. 문제의 지도는 숙종이 일본에 보낸 48명의 첩자가 수집해 온 정보를 바탕으로 그려졌다는 '사실'에서 시작하고 있다. 비록 소설이긴 하지만 당시의 분위기를 일정 부분 반영하고 있다고 본다.

실제로 숙종은 1701년 부산왜관의 왜인들이 또다시 소란을 일으킨 데다 통역관과 결탁해 왜관 수리비를 과다계상하자 '조정을 능멸한 죄를 묻겠다'는 뜻을 비망기로 밝혔다. 숙종실록 1701년 2월 8일자의 기사다.

"근래에 왜인이 교묘하게 남을 속이는 것이 여러 가지여서 그 폐단을 이루 말할 수 없으며 조약(條約)을 멸시하고 하고 싶은 대로 하고 있다. 조정에서 준엄하게 책망을 하면 혹은 성내는 빛을 더하고 혹은 위협하는 말로 사람을 두렵게 하는 계획을 써서 반드시 겨루어 이기려 하며 조금도 꺼림이 없다. 조정을 경멸하는 것이 갈수록 더욱 심하니 조약을 돌에 새겨 관문(館門, 왜관 출입문)에 세운 것은 또한 장차 어디에 쓸 것인가?… (중략) …만일 이와 같이 하여 그치지 않는다면 비록 인호(隣好, 이웃나라끼리 사이좋게 지냄)를 보전하고 싶어도 할 수 없을 것이다…"

숙종의 비망기는 전쟁불사론에 다름 아니거니와 왜인들이 일으킨 '작은 소란'에 비한다면 왕의 반응은 지나쳐 보인다. 어떤 '의도'마저 느껴진다. 당시 외교관들은 깜짝 놀라 비망기를 환수할 것을 청하는 상소를 올렸다. 예조참판 이익수(李益壽)는 "뽕나무를 다투는 작은 일이 오히려 전쟁을 일으키게 된다."는 말로 하교를 거두도록 요청했다.

당시 숙종의 각오는 어떤 것이었을까? 역사 평론가 이덕일은 이같은 강경 입장이 실록에 기록되는 것은 극히 이례적인 경우로 숙종이 일본에 대해 강경한 군사조치를 생각하고 있었음을 시사하고 있다고 풀이했는데, 나도 그 견해에 동의한다.(『일본여도』 3권. pp225~226) 굳이 선제기습까지는 아니더라도 일본이 도발을 한다면 한판 붙어볼 수도 있다는 것이 당시의 분위기였음을 알 수 있다. 그 배경에는 삼도수군에 대한 강한 신뢰가 전제돼 있었을 것임은 물론이다.

만약 '남벌(南伐)'이 이뤄졌다면 그 중심지는 당연히 통제영이 됐을 것이다. 5백여 척의 함대로 이뤄진 3만 6천여 삼도수군은 매년 봄 통영 앞바다에서 합조(합동훈련)를 갖고 일본과의 전쟁에 대비하고 있었다. 게다가 지리적으로도 통제영은 일본의 눈을 속이기에 최적지였다. 거제도라는 천연의 은폐물 덕분이다. 세종 1년(1419년) 이종무 장군 등이 대마도를 정벌(己亥東征, 기해동정)할 때도 마산포를 출발해서 통제영 남쪽의 섬 추암도(秋岩島, 현 통영시 한산면 추봉도)에서 적의 눈과 귀를 속이고 있다가 급습한 적이 있다. 이런 이유 등으로 해서 통제영은 일본인들에게 보여줘서는 안 되는 금단의 땅이었다. 숙종 8년(1682년) 제주도

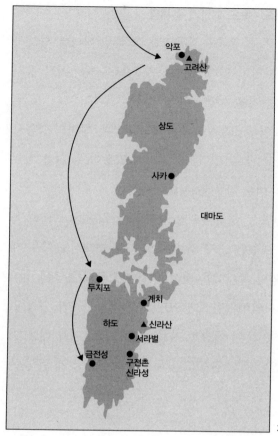

기해동정(세종 1년, 1419) 지도

에 표류한 왜인들을 부산왜관에 보낼 때 통영을 엿보게 했다는 이유로 전라수사의 죄를 묻기도 했다.(조선왕조실록 숙종 8년(1682년) 6월 13일자)

그러나 남벌론은 해방태세가 굳건했던 1600년대의 전설 같은 이야기일 뿐 그 이후로는 사라진다. 특히 1800년대 세도정치가 시작되면서부터는 일본에 대한 보복 공격은 고사하고 침략을 격퇴할 역량도 크게 퇴화된다.

안용복(安龍福)의 울릉도 · 독도 회복과 통제영

우리나라가 동해의 두 섬 울릉도 · 독도와 그 주변 바다를 확보하고 있는데 따른 이득은 작지 않다. 어업상의 혜택은 물론이고 장차 천연가스를 비롯한 각종 자원을 점유하게 된다는 의미도 크다. 또 일본이나 러시아와 같은 외부세력과의 경쟁에서 우리는 천연의 항공모함을 확보하는 셈이라고 할 수 있다. 잘 알려져 있듯이 두 섬을 지켜 낸 인물은 부산 출신의 어부 안용복(安龍福)이다.

안용복은 1658년 생으로 경상좌수영 산하의 능로군(稜櫓軍)으로 복무했다. 능로군이란 '노 젓는 군사' 란 뜻으로 수군 중에서도 하위 계급이니 그의 처지는 꽤나 고단했을 것이다. 그렇지만 안용복은 뱃심도 좋고 눈치도 빠른 사람이었던 모양이니 일본어를 구사할 수 있었다. 그가 살던 부산 좌천동이 왜관과 가깝다 보니 일본어를 배울 기회를 잡았을 것이다. 안용복이 울릉도와 독도에 관심을 갖게 된 것은

안용복 기념관 조형물

숙종 19년인 1693년, 36살 때의 일이었다.

그해 3월 안용복은 40명의 어부들과 함께 울산을 출발해 울릉도로
고기잡이에 나섰다. 물론 무허가 항해였지만 해금(海禁)의 나라 조선
에서도 이즈음에는 원양조업이 차츰 행해지고 있었다. 어쨌든⋯ 울
릉도 해상에 도착한 안용복 일행은 그곳에서 고기잡이를 하고 있던
일본 어선단 7척을 만났다. 당시 일본 어선이 조선 해안으로 진출해
고기잡이를 하는 것은 흔한 일이었다. 울릉도의 어부들은 호키주(百耆
州, 지금의 돗토리현)의 오타니(大谷) 가문 사람들이었다. 오타니 가문은 막
부로부터 울릉도 도해 면허를 받아 물고기를 잡기도 하고 울창한 삼
림을 벌채하기도 하던 중이었다.

안용복은 일본 어부들에게 왜 남의 바다에 침범하느냐고 따지고
들었다. 끝내 양측 간에 시비가 붙었는데 조선 측이 수적으로 열세였
다. 일본어를 구사하던 안용복과 동료 박어둔은 자의반타의반 일본
으로 건너갔다. 두 사람은 먼저 오키시마(隱岐島)란 섬에 도착해 도주
(島主)의 1차 조사를 받은 다음 호키주 태수에게 넘겨져 2차 심문을 받
았다. 안용복과 박어둔은 조사 때마다 울릉도와 독도는 과거부터 조
선의 땅인데 왜 일본인들이 들어가 고기를 잡고 나무를 캐느냐고 호
통을 쳤다. 조선에서 울릉도는 하루거리지만 일본에서는 닷새나 걸
리니 누가 보더라도 조선 땅이라고 강조했다. 안용복 일행을 어떻게
처리할 지 고심하던 호키주 태수는 이 사실을 막부에 보고했다. 막부
도 고민이 컸다. 울릉도·독도 어장이 지닌 경제적 가치를 모르는 바
아니지만 조선과 이 문제로 갈등을 빚고 싶지 않았기 때문이다. 결국

막부는 안용복이 일본에 간지 두 달 만에 '울릉도와 독도는 일본 땅이 아니다' 는 내용의 서계(書契, 조일간의 외교문서)를 작성해서 귀국하게 했다.

하지만 일은 쉽게 끝나지 않았다. 당시 일본에 표류한 조선인은 나가사키와 대마도를 거쳐 부산왜관으로 보내진 다음 조선 측에 인계하도록 돼 있었다. 안용복이 나가사키에 이르렀을 때 일본 측이 관백의 서계를 빼앗아 갔다. 대마도 번의 공작 때문이었다. 대마도 측은 조선이 울릉도를 빈 섬으로 놓아두고 제대로 돌보지 않는 점을 알고는 섬을 점유하기 위해 오래 전부터 공을 들였다. 벌써 태종 7년(1407)에 울릉도에 대마도인을 이주시켜 거주하게 하겠다고 요청했다가 거부당한 적도 있었다. 광해군 6년(1614)에도 대마도주가 막부의 명령이라며 '죽도(竹島)를 조사하겠다' 는 서계를 조선 정부에 보내기도 했다. 물론 조선 조정에서는 죽도는 곧 울릉도인 만큼 허용할 수 없다고 밝혔다. 나가사키에서 서계를 빼앗긴 안용복 일행은 대마도에 도착해 감옥에서 90일을 보내야 했다. 구금 석 달 만에 부산 왜관으로 이송됐지만 또다시 50일간 구금됐다가 동래부로 이송됐다. 1693년 3월에 일본으로 간 안용복은 11월이 돼서야 비로소 동래 땅으로 귀환할 수 있었다. 이때까지 한양 조정에서는 사정을 모르고 있었다.

대마도주는 안용복 일행을 넘겨주면서 조선 조정에 항의서한을 보냈다. "귀국의 어민들이 해마다 본국의 죽도에 배를 타고 왔으므로 지방 관리가 국금(國禁)을 알려주고 다시 와서는 안 된다는 것을 알렸는데도 올 봄에 어민 40여 명이 죽도에 들어와서 난잡하게 고기를 잡으므로 그 중 두 사람을 잡아두었다가 이제 돌려보냅니다. 앞으로는 결코 죽도에 배를 타고 들어가지 못하도록 엄중히 단속해 주십시오." 라는 내용이었다. 울릉도란 이름 대신 죽도를 침범했다고 표현한 것에서 대마도 측의 얄팍한 잔꾀가 느껴진다.

조선 조정의 첫 반응은 애매모호하게 나왔다. 접위관 홍중하는 대마도의 요구를 물리쳐서 울릉도를 보존해야 한다고 강조한 반면 좌의정 목내선과 우의정 민암은 3백년 동안 비워둔 섬 때문에 일본과 우호가 깨진다면 현명한 처사가 아니라며 대마도의 요구를 들어주자고 주장했다. 숙종은 울릉도와 죽도가 서로 다른 섬인 것처럼 해서 울릉도의 영유권을 주장하는 한편 일본과의 우호관계도 유지하는 쪽으로 결론을 냈다.

"우리나라에서는 어민을 금지 단속해서 외양으로 나가지 못하도록 했다. 조선 땅인 울릉도만 해도 멀리 있다는 이유로 어민들이 왕래하지 못하도록 했었는데 하물며 그 밖의 섬이야 말할 것이 있겠는가?"라고 표현한 문서를 건넸다. 서계를 받은 대마도 사신은 '조선 땅인 울릉도'라는 부분을 삭제해 줄 것을 요구했지만 그것만은 들어주지 않았다.

그러는 동안 안용복은 동래 관아로 넘겨져 다시 옥살이를 했다. 비워둔 섬 울릉도에 나가서 고기잡이를 했다는 이유였다. 당시 근해의 섬들은 사실상 해금이 풀렸지만 동해의 먼 섬 울릉도에는 해금령(海禁令)과 공도령(空島令)이 적용되고 있었다.

조선 조정의 뜨뜻미지근한 대책은 해가 바뀌면서 돌변했다. 1694

남구만 초상화

년 갑술옥사로 장희빈을 위시한 남인세력이 몰락하는 대신 정권을 잡은 소론은 울릉도 문제에 적극 대처하기 시작했다. 소론의 영수 남구만(南九萬)은 조선의 대신치고는 드물게 국익 우선주의에 철저했던 인물이다. 그는 남과 북 양면의 적을 대적하기 위해서는 국경지대를 적극 개발해야 한다는 비전을 갖고 있었다. 1695년 2월 남구만은 왕에게 건의해 대마도에 보냈던 서계가 모호했다면서 되찾아 오게 하였다.

그리고 8월에는 "울릉도는 분명 조선의 영토이며 일본에서 죽도라고 부르는 섬은 울릉도를 말함이다. 오히려 일본의 어민들을 단속해서 울릉도에 오가는 일이 없도록 해 달라"는 요지의 서계를 보내 대마도의 기를 죽였다. 울릉도와 독도를 둘러싼 양국의 분쟁은 쉽게 끝이 나지 않았다. 막부는 대마도주를 직접 불러 죽도는 조선의 섬이므로 일본인이 출입해서는 안 된다는 점을 확인하고 이를 조선 조정에 통보하도록 했지만 대마도주는 지연책을 쓰며 막부의 명을 따르지 않고 있었다. 울릉도·독도에는 여전히 일본의 어부들이 출몰하고 있었다.

사정이 어떻게 돌아가고 있는지를 파악한 안용복은 1696년 2차 도일에 나섰다. 막부를 압박해 대마도로 하여금 울릉도와 독도 점유 의사를 완전히 포기하게 만들겠다는 계산이었다. 안용복은 사람을 모았다. 흥해 사람 유일부, 영해 사람 유봉석, 평산포 유생 이인성, 낙안 사람 김성길, 연안 사람 김순립, 순천 송광사의 승려 뇌헌 등이었다. 글에 밝은 유생과 승려를 동승시킨 것은 이번 도일이 치밀히 준비된 것임을 보여주는 증거다. 안용복은 스스로를 '울릉자산양도감세(鬱陵子山兩島監稅)'라고 칭하며 정3품 당상관 이상이 입는 복장을 갖춰 장군으로 행세하였다. 흔히들 안용복이 울릉도를 확보한 것처럼 알고 있는데, 실은 독도인 자산도(子山島)가 조선의 땅임을 일본 정부로 하여금 인정하게 한 데 더 주목할 필요가 있다.

안용복은 먼저 울릉도와 독도를 잇따라 순시하며 일본의 어부들이 여전히 어로행위를 하고 있는 증거를 확보한 다음 오키시마를 거쳐 호키주 태수의 관사를 찾았다. 안용복은 대마도와 호키주가 짜고서 울릉도와 독도가 조선의 땅이라고 확인한 막부의 방침을 무시하고 있음을 알리겠노라고 통보했다. 또 조선 조정이 막부에게 보낸 물자를 대마도 측이 횡령한 사실도 폭로하겠노라고 협박했다. 이에 놀란 호키주 태수는 대마도에 연락한 다음 '울릉-독도 두 섬은 조선 땅'이라는 막부의 서계를 돌려주겠노라고 약속했다. 안용복 일행은 큰 성과를 거두고서는 강원도 양양 땅으로 귀환했다. 안용복은

독도 전경

일본이 약조한 사항을 양양현감에게 알려 조정에 보고하도록 했다.
대마도는 안용복이 귀국한 다음 울릉도는 조선의 땅이라는 문서를
전해왔다.

안용복은 큰 공을 세웠지만 조정에서는 오히려 체포해 죄를 주었
다. 조정의 허락도 없이 국경을 넘은 점과 장군으로 사칭한 점 등은
사형에 처할 큰 죄에 해당되었다. 그러나 영의정 남구만과 통제사를
역임했던 형조판서 신여철 등은 나라에서 못할 일을 일개 해변의 백
성이 대신해 큰 공을 세웠으니 죽여서는 안 된다고 변호했다. 그를
죽이면 대마도주가 좋아할 것이란 점도 감안했다. 안용복은 결국 먼
섬으로 유배를 떠나는 것으로 됐고(앞뒤 정황으로 볼 때 실제 유배살이는 하지 않
았을 것으로 보인다.) 이후 그에 대한 기록은 실록에서 사라진다.

안용복이 울릉도·독도를 지켜낸 이야기는 잘 알려져 있는데도
굳이 재론한 것은 이유가 있다. 과정과 결과가 너무나 '동화적(童話

的)'이라는 점을 지적하고 싶은 것이다. 특히 일본지도층의 대응이 그러하다. 안용복이 비범하다고는 해도 한낱 뱃사람이다. 그런 안용복의 논리에 쩔쩔 매다가는 거의 다 삼켰던 두 섬을 순순히 토해내고 있으니 당시 일본 막부나 호키주 태수 등이 순진하게 느껴지기도 한다. 예나 지금이나 영토분쟁은 국가 간에 가장 격렬한 투쟁의 대상이 된다. 그런데도 일본의 지도부는 울릉도와 독도를 즉시 포기하고 있으니 현실성이 떨어지는 것이다. 즉, 안용복 이야기에는 국가 간의 힘겨루기란 '냉혹한 현실'이 누락돼 있는 탓에 동화처럼 들리는 것이다.

그러면 아무런 무장 병력도 없었던 안용복이 울릉도와 독도를 지켜낼 수 있었던 배경은 무엇일까? 당시 일본의 지도부 역시 애초부터 울릉도와 독도는 조선 땅이라며 넘겨줄 위인들이 아니다. 그런데도 안용복의 말을 듣고 거의 다 삼켰던 울릉도와 독도를 순순히 조선에 넘겨준 이유는 뭘까? 일본이 판단하기에 조선이 힘이 있었기 때문이다.

조선이 '장군'을 보내어 울릉도와 독도를 챙기고 있는 상황(안용복은 정식 장군이 아니었지만 당시 일본에선 장군으로 인식했다.)에서 일본이 두 섬을 끝내 확보하기 위해서는 양국 간 갈등은 불가피했다. 궁극적으로는 무력대결의 가능성도 있었다. 그러나 당시 조선의 해방체제는 잘 정비된 상황이었다. 통제영을 중심으로 한 조선의 해군력은 울릉도와 독도를 지켜낼 수 있었을 뿐 아니라 최소한 대마도에는 타격을 입힐 수 있는 수준이었다. 일본 측은 조선 수군이 조일전쟁 때보다 더 강하다고 파악하고 있었다. 반면 조일관계는 최상의 우호관계를 유지하고 있었고 막부는 중원의 문화와 정보를 조선통신사를 통해 얻고 있었다. 당시 막부와 호키주 등에서는 이해득실을 따져 보았을 것이 틀림없다. 그 결과 두 섬을 차지하기 위해서는 조선과의 갈등·한판 대결이 불가피하지만 명분으로나 실력으로나 우위에 설 수 없다는 판단을 했다고 여겨진다. 그래서 더 이상 무리를 하지 않고 안용복의 말을 순순히 들어준 것이다.

통제영 산하 경상좌수영의 능로군(棱櫓軍) 출신으로서 일본어를 능숙히 구사할 정도로 일본인과 접촉이 잦았던 안용복은 조선 수군에 대한 일본 측의 평가를 정확히 알고 있었다고 판단된다. 또한 당시 일본 정치의 의사결정 구조도 파악하고 있었다고 여겨진다. 그러기에 조선이 강하게 나간다면 일본은 결국 울릉도와 독도에서 물러날 것이란 판단을 했다고 보인다. 반면 조선의 관리들은 수군의 역량을 제대로 모르고 있었고 자신감도 없었다. 그 때문에 안용복이 나선 것이다.

안용복이 구상하고 실천에 옮긴 대일 강경책으로 조선은 큰 희생 없이 동해의 두 섬과 넓은 바다를 지켜내는데 성공했다. 만약 안용복이 양반관료였더라면 자신의 생각을 상소를 올리는 방식으로 밝혔겠지만 채택되지 못했을 가능성이 크다. 하층 백성 안용복은 몸을 던지는 방식으로 자신의 구상을 실천했고 결국 그 이름을 청사에 남길 수 있었다(참고로 '용 룡(龍)'에 '복 복(福)'자, '용이 주는 복'이란 의미를 담은 안용복의 이름은 흔히 볼 수 있는 서민층 이름이지만 '동해바다를 지키는 용'의 운명을 예고한 것 같아 예사롭지 않게 느껴진다).

  그러나 안용복의 도일(渡日)이 조선의 해방체제가 무너진 19세기 중반 이후에 있었더라면 그의 지혜와 용맹에도 불구하고 울릉도와 독도를 확보하지 못했을 가능성이 높다. 조선의 해방 능력이 완전히 사라진 1905년 일본이 독도를 시마네현 소속으로 빼앗아 가버린 사실을 감안할 때 그러하다. 그런 점에서 17세기 후반 조선이 울릉도와 독도를 우리 땅으로 지켜낼 수 있었던 데는 안용복의 용맹과 기지도 크게 작용했지만 기본적으로는 통제영을 중심으로 한 삼도수군의 강한 해군력이 뒷받침되고 있었기에 가능했다고 말할 수 있겠다. 안용복의 쾌거는 그래서 통제영을 중심으로 한 조선 수군의 영광도 되는 것이다.

  위에서 조선 후기, 몇 가지 해상 관련 에피소드를 소개하였지만 통제영과 무관한 사안들은 없다. 나는 통제영 3백년 체제의 최대 성과이자 영광은 일본과의 관계에서 국격(國格)을 당당히 유지할 수 있도록 뒷받침한 점을 꼽는다. 조선 후기에 더욱 강화된 대일 자존심은 일제강점기에 독립운동을 전개할 수 있었던 중요한 정신적 자산이 되었다는 점에서 그 의의는 작지 않다. '용(龍)의 도시' 통제영의 가치는 이런 이유로 더욱 빛난다.

제11장

통제영,
한국 해양문화의 요람이 되다

三道水軍統制營

11

　중세 이후의 세계사는 바다를 활용하는 능력이 각국의 운명을 갈랐음을 증명해 주고 있다. 처음에는 동양이 앞서 나갔다. 중국은 명나라 영락제(永樂帝) 시절이던 1406년부터 7차례에 걸쳐 정화가 이끄는 3만 명의 함대로 동남아와 인도, 아라비아, 아프리카까지 연결하는 대항해의 역사를 썼다. 유럽의 포르투갈이나 스페인보다 먼저 '지리상의 발견'에 나선 셈이다. 이때 중국은 세계의 중심이 되었다. 그러나 영락제 사후 중국은 기왕의 해금정책(海禁政策)을 더욱 강화하며 바다를 멀리했다. 그 결과 세계 최선진국, 최강국이던 중국의 국력은 점차 서구에 뒤처지게 된다. 조선조의 해양사도 중국의 복사판이나 다름없다. 왕조 개창 이후 바닷길을 꽁꽁 걸어 잠갔고 그 결과 고려시대까지 꽃피웠던 한반도의 해양문화는 깊은 잠에 빠져들었다.

서양의 근현대사는 바다에서부터 시작되었고 결과는 성공적이었다. 이탈리아 북부에 자리 잡았던 해상의 도시국가 베네치아가 대표적인 성공사례다. 5세기 이후, 베네치아 주민들은 훈족이 침략할 수 없는 갯벌에 말뚝을 박아 건물을 올리는 방식으로 도시를 건설하고서는 아드리아해는 물론이고 전(全) 지중해 세계를 석권했다. 베네치아인들이 이룩한 해상경영의 노하우는 르네상스 시대를 거치며 포르투갈과 스페인으로 전수됐고, 15세기 들어 유럽 각국은 앞 다퉈 신대륙을 발견하고 식민지를 확대해 나갔다. 이후의 근세사는 해양화를 먼저 이룬 서양(유럽과 미국)이 육지에 갇혀 지낸 동양과 여타 지역을 리드해 온 역사였다. 반면 일본은 바다를 대하는 자세가 한국·중국과 달랐다. 조선왕조가 섬나라 일본의 식민지로 전락한 첫째 원인도 바닷길을 막고 국부민강(國富民强)의 길을 스스로 차단한 데서 찾아야 한다. 다만 남해바닷가에 통제영이란 작은 창(窓)이 열려 있었기에 조선의 해양문화는 완전질식을 피할 수 있었다.

유럽의 해안 거성(巨城)과 조선의 해변 건축물

17세기 프랑스의 궁정호위대 이야기를 다루고 있는 '삼총사'란 영화를 보면서 주인공 달타냥이 정치범 수용소인 생마르그리뜨의 지하감옥을 습격해 철가면을 쓴 왕자와 애인 콘스탄스를 구하고 탈출하는 장면이 인상적으로 느껴졌다. 문제의 감옥은 작은 섬에 자리 잡고 있다. 주인공 일행은 지하감옥까지 연결된 수로를 이용해 배를 타고 탈주를 시도하다 여의치 않자 잠맥질 끝에 탈옥을 한다. 나에게는 비

몽생미셸 수도원　프랑스 서북부 노르망디의 몽생미셸 바위섬에 지은 고색창연한 성. 수도원 건물인데 11세기부터 16세기 사이에 건축되었다.

록 감옥이라고는 하지만 장중한 석조(石造)건축물이 '고립된 섬'에 자리 잡고 있는 점이 신선하게 다가왔다.

감옥만이 아니라 유럽의 귀족들이 살았던 성(城, castle)들 가운데 상당수는 해변에 위치해 있었다. 방어하기 유리한 바닷가 절벽 위에 건축된 석조 거성(巨城)은 서양 영화나 드라마 등에서 쉽게 찾아볼 수 있다. 같은 시대 조선의 양반·사대부가 될수록 해변에서 멀리 떨어진 곳에서 살고자 했던 것과 대비된다. 사실 서양의 해안 거성에 비견할 수 있는 오래되고 규모가 큰 전통 건축물을 우리 해변에서 찾아보기 힘들다. 경주의 석굴암이나 양양의 낙산사 같은 사원건물이 해변에 자리 잡고 있지만 바다를 차별하지 않았던 고대에 세워진 건축물이다. 조선조 건물에 한정한다면 99칸 기와집은 물론이고 한때 전국에 650여 개나 난립했던 서원(書院)도 해변에는 (거의) 없다. 내륙의 계곡

경무당(景武堂) 인조 23년(1645년) 이완(21대) 통제사 때 지은 통제사의 작은 집무실이다.

공내헌(工內軒) 공방을 관리하던 공감의 집무실이다. 12공방은 제반군기와 진상품을 생산하던 곳으로 백화당 서쪽에 있다.

백화당(百和堂) 선조 36년(1603년) 이경준(6대) 통제사가 건립한 통제사의 접견실이자 비장청이다.

운주당(運籌堂) 인조 23(1645년) 이완(21대) 통제사 때 경무당과 함께 창건하였으며 통제사가 군무를 보는 집무실이다.

주전소 통제영 주전소 유구는 국내 최초로 조선시대 화폐인 상평통보와 도가니, 화로 등이 출토되었다. 통제영에서 화폐를 주조했다는 기록이 비변사등록 등에 전한다.

통제사비군(統制使碑群) 역대 통제사들의 공덕을 기리는 비석들로 모두 58기를 4줄로 세워 놓은 것이며 통제사가 부임하여 임기를 마치고 퇴임한 후에 이 지방의 군, 관, 민이 세운 일종의 송덕비로 표제도 송덕비, 추사비, 거사비(去思碑), 사적비, 불망비, 타루비(墮淚碑), 유애비(遺愛碑), 선정비 등으로 다양하다.

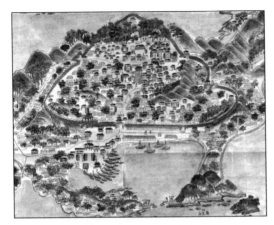

통제영도

곳곳에 터를 잡고 있는 정자도 해변에서는 찾아보기 힘들다. 윤선도가 보길도에 건설한 부용정(芙蓉亭)이 유명하지만 내륙 정자문화의 연장일 뿐 해양문화라고 범주 지우기엔 낯설다.

다행히도 통제영과 부산의 경상좌수영, 여수의 전라좌수영 등 군영 건물과 이순신 장군을 추모하는 몇몇 사당이 조선시대 해변의 대형 건축물로 남아 있다. 특히 통제영은 그 규모가 궁궐에 버금갈 정도로 당당하였다. 객사인 세병관을 중심으로 운주당(運籌堂)과 백화당(百和堂), 경무당(景武堂), 내아(內衙), 병고(兵庫), 12공방, 중영(中營), 중영내아(中營內衙), 망일루(望日樓) 등 100여 동(棟)의 관아건물군이 해변에 들어서 있었다. 통제영과 수영 같은 군영들마저 없었다면 한국의 해안지방은 대형건축, 고급건축의 불모지가 됐을 것이 틀림없다.

건축뿐 아니라 통제영과 각 수영에서 전수된 고급문화는 조선왕

통영성도

조의 초라한 해양문화에서 볼 때 적잖이 이질적인 존재이기도 하
다. 통영과 삼도의 수영은 도회(都會)를 형성했고 나아가 상공업의 거
점이 되었기에 문화를 구축할 수 있는 토양이 마련됐다. 많은 사람
이 몰려 살고 생산이 이뤄져야 독자적인 문화가 창출되는 법이다.
통제영의 인구는 1789년 2만 천 명, 1855년 2만 5천 명, 1891년 2
만 8천여 명에 이르는 등 당시로서는 대도시에 속했다. 인구 규모로
만 따지면 조선 제2의 도시 평양과 비슷했다. 항구에 몸집 큰 기와
집들이 추녀를 맞댄 채 즐비하게 늘어선 모습은 조선의 다른 해변
에선 찾아볼 수 없는 풍경이었다.
　여기에 고위 장군과 문관들을 통해 한양의 중앙문화가 지속적으로
유입됨으로써 통영 나름의 고급문화를 일궈낼 수 있었다(통영의 문화 구
축과 관련해서는 '통교(統校)'라고 불린 장교그룹과 통제영의 경리·행정업무를 관장한 아전

집단의 역할을 주목할 필요가 있다. 역대 통제사와 그를 수행한 문무 고관들은 2~3년이면 통제영을 떠났지만 하급장교와 아전집단은 통영에 터를 잡고 실무적으로 군영을 경영했기 때문이다. 이들은 통제사 등 서울 출신과 토착집단(수군병사 · 일반백성) 간의 소통을 담당하며 수백 년 간 통영사회의 중심 역할을 수행하였고 통제영문화의 중추가 되었다). 나는 통제영의 역사적 성과 가운데 가장 중요한 것으로 '바다를 버린 나라 조선'에서 고급 해양문화를 잉태한 최소한의 요람이 되었다는 사실을 꼽는다. 문학을 예로 들어보자.

통영문학에 담긴 해양지향성

1936년에 발표된 청마(青馬) 유치환(柳致環)의 시 '깃발'은 초월적이고 이상적인 세계에 대한 그리운 심정을 절절히 표현했기에 많은 한국인들이 애송하는 유명시(有名詩)이다.

깃발

이것은 소리 없는 아우성

저 해원(海原)을 향하여 흔드는 영원한 노스탈쟈의 손수건

순정은 물결같이 바람에 나부끼고

오로지 맑고 곧은 이념의 표ㅅ대 끝에

애수는 백로처럼 날개를 펴다

아아 누구던가

이렇게 슬프고도 애달픈 마음을

맨 처음 공중에 달 줄을 안 그는

깃발 시비

청마문학관

'해원(海原)을 향하여'란 표현에서 보듯 시의 배경은 바다인데, 청마가 이 시를 쓰게 된 영감(靈感)은 어린 시절 고향 바다에서 얻었을 것으로 짐작한다. 수백 척의 선박이 정박하는 통영 '강구(江口)안'은 해풍에 휘날리는 형형색색, 여러 선기(船旗)들로 장관을 이룬다(요즘은 강구안에 거북선과 판옥선이 정박돼 있고 어선들은 동호항 등 다른 포구로 많이 옮겨간 탓에 예전의 풍경과는 다소 차이가 있다). 풍어(豊漁)를 이룩해 만선기(滿船旗)를 높이 달고자 했던 뱃사람들의 염원을 이해하기에 시인은 깃발에 담긴 '슬프고도 애달픈 마음을' 누구보다 깊이 헤아릴 수 있었을 것이다.

어쨌든 유치환을 위시한 통영문학은 일제강점기 이후 1970년대까지 짧지 않은 시기동안 한국문단을 주도한 바 있다. 그의 형 동랑(東朗) 유치진의 희곡, 시조시인 김상옥, '꽃의 시인'으로 이름 날린 김춘수, 대하소설 '토지'의 박경리 등 쟁쟁한 문인들이 작은 해변고을에서 잇따라 솟아올랐으니 한국문학사에서 특기할 일이다.

이들 시인, 소설가의 작품을 일일이 소개할 생각은 없지만 이들이 일정한 시기에 한국문학을 주도할 수 있었던 힘이 어디서 유래됐는지는 따져 볼 가치가 있다. 그 바탕에는 삼도수군통제영이 존재하고 있다. 통제영은 장교와 병사들만 득실대던 군영도시가 아니었다. 울릉도 이남의 동해안에서 서해안 충청도 태안반도에 이르는 삼남 해변을 다스리는 '바다의 수도'였고 어업과 상공업 중심지로 번성했다는 점을 주목할 필요가 있다. 박경리의 소설 『김약국의 딸들』 서두에서는 통영을 자본주의의 맹아가 일찍 싹튼 곳으로 기술하고 있다. 통제영 말기의 시대상을 묘사하고 있는 소설의 제1장 '통영' 부분을 옮겨본다.

"…벼랑 가에 얼마쯤 포전(浦田)이 있고 언덕배기에 대부분의 집들이 송이버섯처럼 들앉은 지세는 빈약하다. 그래서 대부분의 주민들은 자연 어업에, 혹은 어업과 관련된 사업에 종사하고 있었다. 일면 통영은 해산물의 집산지이기도 했다. 통영 근처에서 포획하는 해산물이 그 수에 있어 많기도 하거니와 고래로 그 맛이 각별하다 하여 외지 시장에서도 비싸게 호가되고 있으니 일찍부터 항구는 번영하였고, 주민들의 기질도 진취적이며 모험심이 강하였다. 이와 같은 형편은 조상 전래의 문벌과 토지를 가진 지주층들-대개는 하동, 사천 등지에 땅을 갖고 있었다-보다 어장을 경영하여 수천금을 잡은 어장아비들의 진출이 활발하였고, 어느 정도 원시적이기는 하나 자본주의가 일찍부터 형성되었다. 그 결과 투기적인 일확천금의 꿈이 횡행하여 경제적인 지배계급은 부단한 변동을 보였다. 실로 바다는 그곳 사람들의 미지의 보고이며, 흥망성쇠의 근원이기도 하였다. 전해지는 말에 의하면 타관의 영락된 양반들이 이 고장을 찾을 때 통영 어구에 있는 죽림고개에서 갓을 벗어 나무에다 걸어놓고 들어온다고 한다. 그것은 통영에 와서 양반 행

대하소설 「토지」와　박경리 동상
「김약국의 딸들」 일부분을 새긴 조형물

세를 해봤자 별 실속이 없다는 비유에서 온 말일 게다. 어쨌든 다른 산
골 지방보다 봉건제도가 일찍 무너지고 활동의 자유, 배금사상이 보급
된 것만은 사실이다. 어업 외에 규모는 작지만 특수한 수공업도 이곳
의 오랜 전통의 하나다… (중략) …대부분의 남자들이 바다에 나가서 생
선 배나 찔러먹고 사는 이 고장의 조야하고 거친 풍토 속에서 그처럼
섬세하고 탐미적인 수공업이 발달되었다는 것은 좀 이상한 일이다. 바
닷빛이 고운 탓이었는지도 모른다. 노오란 유자가 무르익고 타는 듯
붉은 동백꽃이 피는 청명한 기후 탓이었는지도 모른다…”

박경리의 1860～70년대 통영 묘사는 동의할 만하다. 12공방(때로는
13공방)과 연계된 공장(工匠)들(통제영 12공방 소속의 정식 장인은 많을 때는 431명에 이
르렀다고 한다. 견습생과 가족까지 감안하면 공방으로 생계를 잇는 주민만 해도 족히 천 명은
넘었을 것으로 추정된다.)과 상업종사자, 어장주가 넘쳐났던 지역특징을 감
안할 때 통영에서 자본주의적 경제질서가 자생적으로 형성됐다고 볼
여지는 충분하다. 특히 내륙의 양반들이 통영으로 갈 때 ‘원문고개’

유치진

(박경리는 죽림고개라고 적었지만 실제 지명은 원문고개이다. 죽림은 원문고개에서 북쪽으로 조금 떨어진 마을이다. 현재 통영시외버스터미널이 위치한 곳이다.)에서 갓과 도포를 벗고 들어갔다는 이야기는 시사하는 바가 많다. 양반 차림새로 거들먹거리다 봉변을 당하기 일쑤였기 때문이라고 한다. 근대적 신분질서가 일찍 도입된 통영은 양반이 아니라 부유한 어장주와 상공인이 행세하는 도시였다(탈춤놀이인 통영오광대가 양반을 심하게 조롱하고 있는 것도 이런 분위기를 반영한 것으로 보인다).

　삼남 해변의 중심지이자 경제적으로도 번영했던 만큼 조선 후기 3백여 년간 통제영에서 쌓아올린 문화는 한양에 버금갈 정도로 화려했고 지역민들의 자부심도 대단했다. 서울에서 내려온 문무관료와 토박이 군교(軍校)·아전(衙前)·부상(富商)·객주(客主) 집안의 자제들이 한데 어울려 이룩한 통제영문화는 일찌감치 한국 해양문화의 중심으로 대두되었고 문학·예술분야에서도 그 꽃을 피우고 있었다. 해양문화의 자체 기반을 구축하고 있었기에 개항기 이후 일본을 통해 해양성 강한 서양근대문학이 전해지자 통영의 문인들과 지식인들은 이를 순탄히 흡수할 수 있었던 것이다. 이와 관련해 유치진은 그의 자서전에서 자신에게 미친 삼도수군통제영의 영향을 이렇게 설파하고 있다.

"내가 태어난 통영은 이 나라의 남녘 끝, 바닷가에 자리한 어촌인 동시에 이조의 수군 본영이 있던 곳이었다. 이순신 장군도 맡아본 적이 있는 삼도통제사가 이곳의 우두머리였는데… 나의 예술 역시 통영의 영(靈)이 앞에서 끌고 뒤에서 밀어준 소산(所産)인 것 같기도 하다. 그 끈기의 원동력은 어쩌면 통영의 대자연력이었는지도 모른다…"

-동랑자서전 생장기 중에서

한국 전통사회에서 해양문학은 극히 빈약하다. 최부의 '표해록', 윤선도의 '어부사' 등 손가락으로 꼽을 정도다. 신밧드의 모험, 로빈슨 크로우소우, 15소년 표류기, 걸리버 여행기와 같이 우리에게 익숙한 해양문학 작품들은 거의 모두가 서양인의 소산이다.

다만 조선 후기 '남방의 시단(詩壇)으로는 유양(柳洋, 통영의 별칭)이 최고'라는 칭송을 들었던 통영의 시문학은 한국 해양문학의 진수를 보여주고 있다. 해변에서 이름 있는 시단이 형성된 것은 통제영이란 '중심(中心)'이 있었기 때문이다. 통영의 문인들은 통제사를 비롯한 통제영 소속 고위관리들과 교유하며 독특한 문풍(文風)을 세웠으니 해양성과 무(武)의 색채가 뚜렷했다. 전함과 어선이 한데 어우러진 통영항(강구안)의 야경을 노래한 고제경(高濟敬)이란 헌종 때 시인의 작품을 보면 통제영 시문학의 특징이 짙게 드러난다.

연강야화(沿江夜火: 강구안 밤 불빛)
('강구안'이란 통영항을 말하는데 강처럼 조용한 바다라는 뜻이다.)

樓船千尺壓蒼微(누선천척압창미)
  누선(樓船, 누각을 올린 판옥전선) 천척 이어져 푸른 물결 누르고

鼓角聲中夕氣霏(고각성중석기비)
  고각(鼓角 군호를 알리는 북과 나팔) 소리 속에 저녁 기운 휘날린다.

浮水乾坤開赤岸(부수건곤개적안)
  물에 뜬 하늘과 땅, (등불들로) 붉은 언덕을 열고

環城士女盡緋衣(환성사녀진비의)
  성 주변 선비숙녀(士女)들 모두 비단옷 입었어라.(풍족했던 통제영 주민들의
  생활상을 보여주는 대목이다.)

一江多月濃無定(일강다월농무정)
  강(강구안) 하나에 달은 여럿, 짙게 흔들리니

十里皆花靜不飛(십리개화정부비)
  십리가 모두 꽃, 고요할 뿐 흩날리지 않구나.

港寨夜深人籟閒(항채야심인뢰한)
  항구에 밤이 깊어 인적이 끊겼는데(항채의 원래 의미는 항구에 설치한 방어용
  목책을 말하는데 육지의 성벽에 비유되는 해상 방어시설이다. 당시 통영항 외곽에는 군
  선 보호용 수책(水柵)이 설치돼 있었고 늦은 밤에는 출입구를 봉쇄했기에 선박들이 항
  구로 진입할 수 없었다. 이 시에서 '항채'란 수책을 설치한 통영항구를 뜻한다.)

半篙漁子載烟歸(반고어자재연귀)
  어부는 삿대 반쯤 저어 이내 싣고 돌아온다.

                    −통영문화원, 국역 유양팔선시집(柳洋八仙詩集), 1995, p180

이 한시(漢詩)가 잘 지은 것인지는 내가 판단할 능력이 없다. 다만
산림의 선비들과 취향이 크게 다르다는 점을 지적하고 싶다. 계곡의

정자에 앉아 음풍농월하던 시절에 특이하게도 항구도시의 야경을 노래한 위 한시에서는 개방성과 근대성이 짙게 느껴진다. 특유의 해양성을 지닌 한시이니 조선의 다른 지역에선 찾아보기 힘든 작품이라고 할 것이다.

당대 조선의 산중문학(山中文學)과 대비되던 통제영문학은 근세로 넘어오면서 유치환의 시 '깃발'과 같은 해양문학으로 계승 발전되었던 것이다. 일제하~산업화 초기에 기라성 같은 문인들이 통영 땅에서 한꺼번에 솟아난 것은 활발했던 수산업과 무역업의 재력 덕분에 일본이나 서울 등지에서 유학한 지식인그룹이 타지역보다 두터웠던 탓도 있을 것이다(이와 관련해 『장사의 기술, 600년 병영상인의 비밀』을 쓴 주희춘의 분석이 흥미롭다. 주씨는 전라병영이 소재했던 강진의 상업활동 전통이 경상도 통영과 유사했다고 본다. 그러면서 통영에 예술인이 풍성한 이유는 아름다운 경치 덕분이 아니라 통제영에 소속돼 각종 물품을 납품했던 상인세력이 일제강점기에도 대일교역에 종사하면서 왕성하게 자본을 축적하였고, 그들의 자녀 가운데 일본유학파가 많았던 까닭으로 풀이하고 있다. 위의 책 pp122~126. 필자의 인식과 상당 부분 일치한다).

하지만 더 큰 배경은 조선후기부터 통영의 문학이 강한 해양성을 띠고 있었고 그것이 근대문학으로 이어지기가 다른 지방에 비해 유리했기 때문으로 분석된다. 문학의 지역적 평준화가 이뤄지기 이전이었기에 통제영의 해양문학 전통이 지닌 강점이 십분 발휘됐다는 말이다.

통영에서 꽃핀 고급 해양문화

문학만 그런 것이 아니다. 3면이 바다로 둘러싸인 해양국가라고 하지만 건축과 음악, 미술, 음식 등 각 분야에서 조선의 섬과 해변은 고급문화의 사각지대였다. 기껏 유배문화(流配文化)라고 하여 중앙의 고급문화를 향유했던 정치범들이 스쳐간 흔적이 남아 있을 뿐이다. 이런 상황에서 통영과 각 수영은 음악과 무용, 음식, 건축 등 여러 분야에서 고급 해양문화의 중심지로 기능해 왔다.

음식문화의 경우 통제사를 위시해 중앙에서 내려온 문무관리들의 입맛을 충족시킬 수 있는 '바다 음식'이 일찍부터 개발되고 전수돼 왔다. 물산이 풍부하고 살림살이가 요족한 데다 입맛 까다로운 고급 소비자까지 가세하면서 통영의 음식문화는 경상도 다른 지역과는 비교할 수 없을 정도로 급진전하였다. 통영의 음식문화가 발전한 배경으로는 조선왕조 최대 군영이라는 물적기반과 경상·전라·충청 삼도 해변의 풍부한 해산물이 집중되었던 사실이 가장 중요하다. 앞에서 통영은 수군 장교와 병사들이 몰려 사는 군사도시만이 아니라고 말했다. 통영은 통제영 12공방과 연계된 공장(工匠)들과 객주, 상인들의 활동이 전국 어느 곳보다 흥성했던 상공업도시이기도 하였다. 육로보다 수로 교통이 활발했던 시절, 통영인들(수군과 상공인을 합친 개념이다.)은 강줄기와 바닷길을 타고 낙동강 중상류는 물론이고 경상도 동해안, 전라·충청도의 해안(海岸)·강안(江岸) 지역과 활발한 인적·물적 교류를 하였다.

풍부한 식재료에다 팔도의 사람들이 한데 어울리면서 다양한 요리방식이 하나로 융합된 결과 통영 특유의 음식문화가 형성되었다고 하겠다. 『통영은 맛있다』란 책을 쓴 호남출신의 시인 강제윤은 음식에 관한한 통영은 경상도가 아니라고 외친다. 음식 맛없기로 유명한 경상도에서 통영만이 유독 다른 것은 '통제영'이라는 특별자치구였던 데서 유래한다고 설명한다.

통영의 음식문화와 관련해 어느 통제사가 정승에 올라 통제영을 떠나게 된 것을 섭섭히 여겨 탄식조로 불렀다는 다음과 같은 가사가 유명하다.

"강구안 파래야, 대구, 복장어 쌈아. 날씨 맑고 물 좋은 너를 두고 정승 길이 웬 말이냐?" (통제사 출신 가운데 정승이 된 경우는 구인후와 이완이 있다. 그런데 통제사에서 곧바로 정승이 되지는 않았기에 이 전설은 약간의 과장·오류가 있다고 하겠다.)

앞서 밝혔지만 강구(江口)안이란 통제영의 전선들이 정박하는 항구를 말함인데 지금도 통영항의 중심이다. 이곳에서 채취한 파래와 대구, 복장어 등의 물고기를 잘 조화시킨 통제영 음식이 통제사의 입맛을 사로잡았음을 보여주는 대목이다. 제7장 '전성기 통제영, 의욕 넘친 통제사'에서 93대 통제사 이수민이 '군무(軍務)를 완전히 폐지하고 요리(料理)만 일삼고 있다'는 이유로 사헌부의 탄핵을 받았음을 소개했지만 역대 통제사들은 통영의 음식을 즐겼을 뿐 아니라 요리에도 관심이 적지 않았다. 영조 44년(1768년) 9월 6일자 실록에는 진상한 전복(全鰒)의 맛이 상했다는 이유로 통제사 이한응을 잡아다 국문하라는 왕명이 기술돼 있으니, 통제영이 음식문제와 결코 무관할 수 없었음을 알 수 있다.

실제로 통제영 관내의 해산물은 조선 최고라는 명성을 갖고 있었

대합조개로 만든 유곽

다. 통영 앞바다에는 대구와 장어, 청어, 숭어, 농어, 전어, 준치, 문어, 조기, 전복, 홍어, 낙지, 해삼이 풍부했고 개펄에서는 굴과 홍합등 다양한 조개류가 수확되었다. 이들 해산물로 요리한 대구찜과 전복죽, 장어국, 각종 횟감, 유곽(대합의 살을 잘게 다지고 양념을 한 뒤 껍데기에 채워 뚜껑을 닫은 뒤 석쇠로 구운 통영 특유의 요리음식) 등은 통영에서 발전시켜 온고급 해양음식이다. '초장'에 찍어먹는 한국식 '회'는 '와사비' 맛에기대는 일본 '사시미'에 뒤지지 않는다. 통영과 삼남의 각 수영과 진(鎭), 포구에서 발전시킨 우리의 바다음식은 초밥으로 대표되는 일본의 해양음식문화에 결코 밀리지 않는다. 일제강점기를 거치면서 일본식 음식문화가 깊이 확산됐지만 통영을 비롯한 해변 백성들이 발전시킨 우리 나름의 해양음식 전통이 있었기에 현대 한국인은 서양인과 달리 '사시미'와 '스시'에 주눅 들지 않을 수 있는 것이다.

춤을 예로 들자면 전라도 해남과 진도 일원에서 전수돼 온 강강수월래는 수군 군영이 발전시킨 대표적인 무용이며 통영 검무(劍舞)와승전무(勝戰舞)는 한국 전통무용의 대표적인 존재로 부각돼 있다. 특히 기생이 아닌 여념의 여성들에게도 춤출 기회를 준 강강수월래… 수백 년간 억눌려 왔던 조선 여성들이 강강수월래를 통해서나마 무도욕(舞蹈慾)을 발산했으니 상쾌한 일이 아닐 수 없다.

　관함식(觀艦式)이라는 행사가 있다. 1998년 10월 진해와 부산 앞바다에서 국제 관함식을 거행한 데 이어 2018년 10월에도 제주 해상에서 대규모 국제 관함식을 개최하였다. 이는 해상에서 각국의 함정이 퍼레이드를 벌이며 위용을 뽐내는 서양의 전통행사다. 그 시작은 그리스, 로마시대로까지 거슬러 가지만 근세의 관함식은 영국과 프랑스, 스페인, 네덜란드, 미국 등 서양의 해양강국에서 발전시켜 온 해양문화의 백미이다. 대항해시대 이후 세계사의 주역들만이 누렸던 최고급 해양전통인 것이다. 과거 제국주의 일본도 관함식을 열어 구미의 제국과 어깨를 나란히 하고 있음을 과시한 적이 있다.

승전무

군점재현 군점은 삼도수군통제영 휘하의 수군을 총집결시켜 거행하는 행사로 지금의 해군 사열식, 관함식, 기동훈련과도 같은 것이다.

서양식 해군행사이긴 하지만 우리에게도 결코 낯설지 않았다. 나름의 관함식 전통이 있기 때문이다. 바로 통제영 수조(水操)와 군점(軍點)행사가 그것이다. 수조는 봄·가을 두 차례에 걸쳐 펼쳤는데 봄의 수조를 춘조(春操), 가을의 수조를 추조(秋操)라 했다. 특히 춘조 때는 삼도의 전함들이 모두 통제영 앞 바다로 와서 대규모 훈련을 벌였다.

통제사가 탄 거대한 기함 '통영상선(統營上船)'을 중심으로 각 수영과 고을, 진포의 이름을 적은 깃발을 단 수백 척의 함대가 통제영 앞 바다에 모여 위용을 과시하면서 여러 진형을 형성했다 헤치기를 반복하였다. 각 함선에서 잇따라 대포를 발사하고 총과 화살을 날리는 장면은 자못 장관이었다고 한다. 이런 와중에 각 고을, 진포의 전선

한산대첩길

이 통제사가 탄 기함인 통영상선에 전비태세 이상 없음을 고하는 행사가 군점(軍點)이다. 서양의 관함식과 기본적으로 동일하였다.

이밖에도 화려하고 장대한 선박을 건조할 수 있었던 통제영의 조선술은 세계 1위의 조선대국으로 성장한 한국 조선공업 자부심의 원천이라 할 만하다. 결국 조선의 고급 해양문화 전통은 조선 후기 3백년 간 통제사와 장교·군졸, 12공방의 장인들, 그리고 각종 상업종사자들이 한데 어우러져 이룩한 통제영문화가 그 요람이었음이 분명하다. 조일전쟁 시기 이순신이 이룩한 '한산 통제영'의 전통은 삼도수군통제영으로 이어지며 바다를 홀대한 조선왕조에서 미약하나마 해양문화를 보전하고 발전시키는 기본동력이 되었던 셈이다.

369

에필로그

통제영의 현재적 가치와 장철수의 꿈

    내륙국가를 지향했던 조선왕조가 바다의 문을 걸어 잠근 지 2백년이 흘렀을 즈음 조일전쟁이 터지고 삼도수군통제영이 등장하게 된 것은 소멸지경에 몰렸던 조선의 '해양 DNA'를 다시 일깨워 준 계기가 되었다. 그러나 해변을 기피하고 천시하는 풍조는 고질병처럼 굳건하였기에 조선의 해양화는 뚜렷한 한계를 지닐 수밖에 없었다.

    조선은 19세기 후반부터 서세동점의 물결에 시달려야 했고 20세기 초입에 들어서는 서구발(發) 해양문명을 먼저 습득한 일본의 식민지로 전락하는 고통을 겪었다. 19세기의 개화(開化)는 곧 개항(開港)을 통한 해양화에 다름 아니었지만 바다를 폐쇄했던 조선 체제로서는 이에 능동적으로 대처할 시스템이 없었고 인재풀도 부족했던 것이다. 조선왕조가 섬나라 일본의 식민지로 전락한 것은 해양 포기가 초래한 민족사적 비극으로 규정할 수 있다. 그런 점에서 통제영을 중심으로 대외무역에 나서고 해외문물도 적극 습득했더라면 하는 아쉬움이 든다. 해외교류가 활발하고 해양문화가 번성했더라면 조선의 운명과 역사는 분명 달라졌을 것이다.

삼도수군통제영은 조선왕조라는 시대적 한계를 극복하지 못했지만 그럼에도 불구하고 통제영이 태생적으로 지향했던 해양화의 가치는 소멸되지 않았다. 오히려 통제영이 품어온 작은 불씨는 커다란 불꽃으로 발화(發火)되었다. 일제로부터의 해방은 한반도의 해양문화가 다시 일어서는 전기(轉機)가 되었다. 38선으로 남북이 분단되면서 남한은 사실상 대륙과 단절된 섬나라로 바뀌었다. 북방(대륙)으로의 진출이 막혔기에 대한민국은 남방(해양)을 통해 국력을 키워나가는 전략을 채택하지 않을 수 없었다.

바깥세상과 교류하는 개방화는 대세(大勢)가 되었다. 체제의 생존을 위해서라도 미국, 유럽, 일본 등 해양세력과 손잡고 대외지향형 산업을 발전시켜야 했다. 자유민주주의와 시장경제, 과학과 합리정신이라는 구미 해양문명권의 선물도 바다를 통해 전수받았다. 바다의 가치를 제대로 알고 바다를 중시하는 사고도 들어왔다.

해변의 변화는 '상전벽해(桑田碧海)'란 말을 실감나게 만들었다. 1960년대 이후 울산 현대조선소와 거제도의 대우조선, 삼성중공업 등 조선공업이 본격적인 닻을 올렸다. 포항과 광양의 바닷가에는 대규모 제철소가 들어섰고 해운업과 수산업도 세계적 규모로 확장되었다. 덕분에 21세기의 대한민국은 명실상부한 해양국가로 자리매김하였다(최근 들어 조선업과 해운업이 전성기에 비해 위축된 것은 사실이지만 해양화의 기조에 근본적 변화를 초래할 정도는 아니라고 여겨진다). 인천, 안산, 평택, 당진, 서산, 보령, 군산, 목포, 제주, 서귀포, 여수, 광양, 사천, 통영, 거제, 창원, 부산, 울산, 포항, 동해, 강릉, 속초 등 서해에서부터 남해안을 거쳐 동해에 이르기까지의 전 해안선에 크고 작은 항·포구와 도회, 공단이 촘촘히 형성돼 있다. 6개의 광역시 가운데 절반인 3곳(부산, 인천, 울산)이 항구도시이며, 자동차로 1시간 이내에 해안선까지 도착할 수 있게 된 서울도 범해양권(汎海洋圈)에 포함되었다. 사실 남한 땅 어느 지역도 바다에서 직선으로 150킬로미터 이상 떨어지지 않았다. 해풍(海風)의 영향권에서 벗어난 곳이 없다는 말이다. 특히 교통의 발달로 모든 지역이 한두 시간이면 바닷가와 소통할 수 있게 됐으니 '전국토의 해변화'가 완결된 셈이다. 덕분에 바다음식인 생선회는 국토 어느 곳에서나 즐길 수 있는 국민음식으로 자리 잡았다. 천년의 세월동안 사라졌던 한반도 해상왕국의 전통이 현시대에 부활한 셈이라고 하겠다. 아울러 통제영 체제가 지향했던 근본가치인 '해양화'도 상당 부분 충족되었다고 결론 내릴 수 있다.

마지막으로, 통영시의 뿌리인 삼도수군통제영의 역사적 무게와 현대적 가치를 공감하게 된 독자들에게 한 인물을 소개하고자 한다. 통영 출신으로 1998년 1월, 러시아 연해주에서 출발한 '발해 1300호'란 뗏목을 타고 발해-일본 간 동해횡단항로를 확인하는 항해를 하던 중 차가운 바다에서 산화한 고(故) 장철수(張哲洙) 대장이다. 1986년 첫 대학생 독도 동아리인 '독도문제연구회'를 만들 정도로 독도와 바다

'침묵의 영웅' 조형물

에 미쳤던 사람… 통제영이 지향했던 해양화의 가치를 육신을 바쳐 가며 실천했기에 '제2의 안용복'이라고 불러도 지나친 찬사가 아니 다. 용맹했던 그의 삶을 사람들이 기억해 주는 한, 장철수는 수중고 혼(水中孤魂)이 아니라 '바다를 지키는 용(龍)'으로 존재할 것이다(통영시 산양읍 미남리 통영수산과학관 내에 발해 1300호와 장철수 대장 등 4명의 대원을 기리는 '침 묵의 영웅'이란 조형물이 세워져 있다. 침묵으로 웅변하는 영웅들의 이야기에 귀를 기울여 보 기를 권유한다). 영원한 해양인(海洋人), 장철수의 꿈을 소개하는 것으로 글을 마무리 한다.

"…바다에 대한 수세적인 자세를 버리고 어느 곳이든 사람이 살게 도와야 한다. 섬들을 가득 채워야 한다. 바다만이 이 민족을 살릴 수 있기 때문이다. 지구의 3/4이 바다이며 육지에 대한 관점을 버리고 공간적 개념의 바다로 가야 한다. 우주가 보인다. 배를 타고 바다에 가듯, 먼 훗날 여기에서 익힌 경험은 우주선을 타고 하늘을 날 수 있는 힘이 될 것이다. 섬사람들! 그들은 이 민족의 최전선을 지킨 마지막 보루였다. 뱃사람들! 그들은 우리 민족을 지킬 의병들이나 다름없다. 아무도 관심 두지 않는 바다를 파도와 싸우며 이 나라의 70년대 경제를 일으킨 역군이었다…"

-『바다의 노래, 땅의 노래』
발해 1300호 대장 장철수 유고집, 2001년, 도서출판 YPR p68

굴절됐던 한반도 해양문화의 회복이야말로 바다 사나이 장철수의 필생의 꿈이었다. '바다를 버린 나라' 조선에서 해양문화의 창(窓)이자 요람으로 기능했던 삼도수군통제영의 역사와 문화를 21세기 대한민국에서 새롭게 조명해 보고자 하는 이 책의 주제의식은 '장철수의 꿈'과 직선항로(直線航路)로 이어진다.

부록

한산도선생안
(閑山島先生案)

대수	성명(한자)	생몰 연도	통제사 재임 기간	본관
1대	이순신(李舜臣)	1545~1598	1593.8~1597.2	덕수이씨
2대	원균(元均)	1540~1597	1597.2~1597.7	원주원씨
3대	이순신(李舜臣)	1545~1598	1597.8~1598.11	덕수이씨
4대	이시언(李時言)	?~1624	1599.1~1602.1	전주이씨
(1601.5까지는 전라좌수사 겸 통제사, 1601.5~1602.2는 경상우수사 겸 통제사)				
5대	류 형(柳珩)	1566~1615	1602.1~1603.2	진주류씨
6대	이경준(李慶濬)	1560~1620	1603.2~1605.9	한산이씨
7대	이운룡(李雲龍)	1562~1610	1605.9~1607.6	재령이씨
8대	이기빈(李箕賓)	1563~1625	1607.6~1609.3	전주이씨
9대	이경준(李慶濬)	1560~1620	1609.7~1611.7	한산이씨
10대	우치적(禹致績)	1560~1628	1611.8~1614.4	단양우씨
11대	성우길(成佑吉)	1571~1623	1614.4~1615.7	창녕성씨
12대	이정표(李廷彪)	1561~1615	1615.7~1615.윤8	전의이씨
13대	이영(李英)	1559~1616	1615.10~1616.2	양성이씨
14대	류지신(柳止信)	1559~?	1616.3~1617.4	전주류씨

대수	성명(한자)	생몰 연도	통제사 재임 기간	본관
15대	정기룡(鄭起龍)	1562~1622	1617.4~1619.9	진양정씨
16대	김예직(金禮直)	1565~1623	1619.9~1621.3	김해김씨
17대	정기룡(鄭起龍)	1562~1622	1621.4~1622.2	진양정씨
18대	원수신(元守身)	1573~1625	1622.5~1623.3	원주원씨
19대	구인후(具仁垕)	1578~1658	1623.4~1625.4	능성구씨
20대	이수일(李守一)	1554~1632	1625.5~1627.8	경주이씨
21대	이항(李沆)	1586~1637	1627.8~1629.7	함평이씨
22대	구굉(具宏)	1577~1642	1629.7~1631.8	능성구씨
23대	신경원(申景瑗)	1581~1641	1631.8~1632.1	평산신씨
24대	변흡(邊潝)	1568~1644	1632.2~1633.4	원주변씨
25대	구인후(具仁垕)	1578~1658	1633.5~1633.11	능성구씨
26대	신경인(申景禋)	1590~1643	1634.1~1636.2	평산신씨
27대	윤숙(尹璛)	1581~1638	1636.2~1637.3	해평윤씨
28대	신경인(申景禋)	1581~1641	1637.3~1639.4	평산신씨
29대	류림(柳琳)	1581~1643	1639.4~1640.11	진주류씨
30대	류정익(柳廷益)	1599~1655	1640.11~1641.5	문화류씨
31대	이확(李廓)	1590~1665	1641.6~1641.12	전주이씨
32대	류림(柳琳)	1581~1643	1642.2~1642.10	진주류씨
33대	이현달(李顯達)	1591~1645	1642.10~1644.3	전주이씨
34대	이완(李浣)	1602~1674	1644.4~1646.3	경주이씨
35대	김응해(金應海)	1588~1666	1646.3~1648.3	안동김씨
삭출	변사기(邊士紀)		1648.3~1649.11	장연변씨
36대	류정익(柳廷益)	1599~1655	1650.1~1652.8	문화류씨
37대	황헌(黃㦿)	1596~?	1652.9~1654.5	창원황씨
38대	이원로(李元老)	1597~1678	1654.5~1654.10	전주이씨
39대	남두병(南斗柄)	1603~1663	1654.10~1656.1	의령남씨
40대	류혁연(柳赫然)	1616~1680	1656.1~1656.12	진주류씨
41대	정익(鄭榏)	1592~1661	1657.1~1659.3	해주정씨
42대	조필달(趙必達)	1600~1664	1659.3~1659.7	김제조씨

대수	성명(한자)	생몰 연도	통제사 재임 기간	본관
43대	김적(金逷)	1594~1660	1659.8~1660.1	안동김씨
44대	박경지(朴敬祉)	1610~1669	1660.3~1662.2	밀양박씨
45대	김시성(金是聲)	1602~1676	1662.3~1664.3	청도김씨
46대	정부현(鄭傅賢)	1606~1667	1664.3~1666.11	연일정씨
47대	박경지(朴敬祉)	1610~1669	1666.11~1667.1	밀양박씨
48대	이지형(李枝馨)	1608~1669	1667.1~1669.3	전의이씨
49대	이도빈(李道彬)	1627~1670	1669.3~1669.8	광주이씨
50대	류비연(柳斐然)	1627~1685	1669.8~1670.3	진주류씨
51대	김경(金鏡)	1610~?	1670.3~1670.10	경주김씨
52대	류여량(柳汝樑)	1614~1673	1670.11~1671.7	문화류씨
53대	신여철(申汝哲)	1634~1701	1671.7~1672.3	평산신씨
54대	이지원(李枝遠)	1617~1688	1672.3~1673.3	전의이씨
55대	노정(盧錠)	1615~1691	1673.3~1675.3	풍천노씨
56대	신류(申瀏)	1619~1680	1675.3~1677.1	평산신씨
57대	윤천뢰(尹天賚)	1617~1695	1677.1~1679.3	함안윤씨
58대	이인하(李仁夏)	1623~1695	1679.3~1679 .6	경주이씨
59대	전동흘(全東屹)	1610~1705	1679.7~1680.10	천안전씨
60대	민섬(閔暹)	1628~1699	1680.10~1682.3	여흥민씨
61대	원상(元相)	1624~1693	1682.3~1684.2	원주원씨
62대	변국한(邊國翰)	1633~1686	1684.2~1685.3	원주변씨
63대	김세익(金世翊)	1642~1698	1685.3~1686.6	안동김씨
64대	류중기(柳重起)	1629~1720	1686.7~1687.9	문화류씨
65대	이세선(李世選)	1628~1698	1687.10~1689.6	전의이씨
66대	신여철(申汝哲)	1634~1701	1689.6~1691.5	평산신씨
67대	이성뢰(李聖賚)	1640~1693	1691.5~1691.6	전주이씨
68대	심박(沈撲)	1636~1702	1691.6~1693.4	청송심씨
69대	목림기(睦林奇)	1625~1702	1693.4~1694.7	사천목씨
70대	최숙(崔橚)	1636~1698	1694.8~1695.8	수성최씨
71대	김중기(金重器)	1653~1735	1695.8~1695.11	안동김씨

대수	성명(한자)	생몰 연도	통제사 재임 기간	본관
72대	이기하(李基夏)	1646~1718	1695.11~1696.6	한산이씨
73대	정홍좌(鄭弘佐)	1649~1714	1696.7~1697.9	초계정씨
74대	이홍술(李弘述)	1647~1722	1697.9~1699.7	전주이씨
75대	민함(閔涵)	1641~1710	1699.7~1701.5	여흥민씨
76대	류성추(柳星樞)	1657~1732	1701.5~1703.3	진주류씨
77대	원덕휘(元德徽)	1647~1706	1702.3~1703.2	원주원씨
78대	홍하명(洪夏明)	1645~1705	1703.2~1704.4	남양홍씨
79대	이창조(李昌肇)	1653~1714	1704.4~1705.8	전의이씨
80대	이상전(李尙銓)	1639~1707	1705.8~1706.4	전주이씨
81대	남오성(南五星)	1643~1712	1706.4~1707.10	의령남씨
82대	오중주(吳重周)	1654~1735	1707.10~1708.10	해주오씨
83대	정홍좌(鄭弘佐)	1649~1714	1708.10~1710.9	초계정씨
84대	조이중(趙爾重)	1653~1720	1710.9~1711.11	순창조씨
85대	김중원(金重元)	1653~1716	1711.11~1713.5	안동김씨
86대	이우항(李宇恒)	1648~1722	1713.5~1714.7	광주이씨
87대	이석관(李碩寬)	1664~1714	1714.7~1714.11	연안이씨
88대	이택(李澤)	1651~1719	1714.12~1716.윤3	전주이씨
89대	윤각(尹慤)	1665~1724	1716.윤3~1717.10	함안윤씨
90대	이상집(李尙馦)	1644~1722	1717.10~1718.4	전주이씨
91대	오중주(吳重周)	1654~1735	1718.4~1718.10	해주오씨
92대	김중기(金重器)	1653~1735	1718.10~1720.1	안동김씨
93대	이수민(李壽民)	1651~1724	1720.1~1722.3	청해이씨
94대	이봉상(李鳳祥)	1676~1728	1722.3~1723.3	덕수이씨
95대	신익하(申翊夏)	1677~1723	1723.3~1723.4	평산신씨
96대	남태징(南泰徵)	1668~1728	1723.5~1724.윤4	의령남씨
97대	윤오상(尹五商)	1657~1755	1724.윤4~1725.2	함안윤씨
98대	이재항(李載恒)	1678~1731	1725.6~1726.12	전주이씨
99대	이복연(李復淵)	1688~1732	1726.12~1728.2	전주이씨
100대	김흡(金潝)	1691~1739	1728.2~1729.12	안동김씨

대수	성명(한자)	생몰 연도	통제사 재임 기간	본관
101대	이수량(李遂良)	1673~1735	1729.12~1731.7	전주이씨
102대	정수송(鄭壽松)	1683~1749	1731.7~1733.4	연일정씨
103대	박찬신(朴纘新)	1679~1755	1733.4~1733.6	함양박씨
104대	김집(金潗)	1687~1739	1733.6~1736.4	안동김씨
105대	윤택정(尹宅鼎)	1694~1745	1736.4~1738.3	함안윤씨
106대	구성익(具聖益)	1699~1748	1738.3~1739.7	능성구씨
107대	조경(趙儆)	1677~1743	1739.7~1741.3	평양조씨
108대	송징래(宋徵來)	1692~1743	1741.3~1743.3	여산송씨
109대	이우(李玗)	1710~?	1743.3~1744.3	경주이씨
110대	이의풍(李義豊)	1693~1754	1744.5~1745.12	전의이씨
111대	이언상(李彦祥)	1681~1775	1745.12~1747.10	덕수이씨
112대	장태소(張泰紹)	1693~1753	1747.10~1749.9	인동장씨
113대	정찬술(鄭纘述)	1684~1766	1749.9~1751.6	연일정씨
114대	구선행(具善行)	1709~1775	1751.6~1753.4	능성구씨
115대	조동점(趙東漸)	1700~1754	1753.4~1754.윤4	평양조씨
116대	김윤(金潤)	1698~1755	1754.윤4~1755.3	안동김씨
117대	이장오(李章吾)	1714~1781	1755.4~1755.7	전주이씨
118대	이경철(李景喆)	1702~1758	1755.7~1757.11	전주이씨
119대	오혁(吳㻋)	1709~1769	1757.11~1759.12	해주오씨
120대	이윤성(李潤成)	1719~1781	1759.12~1760.8	전의이씨
121대	이태상(李泰祥)	1701~1776	1760.8~1762.8	덕수이씨
122대	이은춘(李殷春)	1715~1772	1762.8~1763.10	전주이씨
123대	정여직(鄭汝稷)	1706~1769	1763.10~1765.윤2	초계정씨
124대	윤태연(尹泰淵)	1719~1777	1765.윤2~1766.6	함안윤씨
125대	이주국(李柱國)	1720~1798	1766.6~1768.5	전주이씨
126대	이한응(李漢膺)	1711~1779	1768.5~1769.1	덕수이씨
127대	이국현(李國賢)	1714~1780	1769.1~1771.1	전주이씨
128대	장지항(張志恒)	1721~1778	1771.1~1771.2	인동장씨
129대	원중회(元重會)	1713~1772	1771.2~1771.6(1772.9)	원주원씨

대수	성명(한자)	생몰 연도	통제사 재임 기간	본관
130대	조제태(趙濟泰)	1707~1780	1772.9~1774.7	평양조씨
131대	구현겸(具賢謙)	1734~1776	1774.7~1775.6	능성구씨
132대	조 완(趙 峘)	1723~1779	1775.4~1776.6	평양조씨
133대	이방수(李邦綬)	1711~1780	1776.6~1777.5	전의이씨
134대	이창운(李昌運)	1713~1791	1777.5~1778.9	함평이씨
135대	이경무(李敬懋)	1728~1799	1778.9~1779.3	전주이씨
136대	서유대(徐有大)	1732~1802	1779.3~1781.4	달성서씨
137대	구명겸(具明謙)	1737~1786	1781.4~1783.2	능성구씨
138대	이한창(李漢昌)	1728~1787	1783.2~1785.2	덕수이씨
139대	이방일(李邦一)	1724~1805	1785.2~1786.2	전의이씨
140대	김영수(金永綬)	1716~1786	1786.1~1786.7	안동김씨
141대	류진항(柳鎭恒)	1720~1801	1786.7~1787.5	진주류씨
142대	조심태(趙心泰)	1740~1799	1787.5~1788.3	평양조씨
143대	이한풍(李漢豊)	1733~1803	1788.3~1789.3	덕수이씨
144대	신응주(申應周)	1747~1804	1789.3~1791.4	평산신씨
145대	이윤경(李潤慶)	1735~1799	1791.4~1793.6	전의이씨
146대	신대현(申大顯)	1737~1812	1793.6~1794.9	평산신씨
147대	이득제(李得濟)	1743~1819	1794.9~1796.12	전주이씨
148대	윤득규(尹得逵)	1734~1813	1796.12~1798.11	해평윤씨
149대	임 률(任 嵂)	1738~1804	1798.11~1800.5	풍천임씨
150대	이인수(李仁秀)	1737~1813	1800.5~1802.3	덕수이씨
151대	이윤겸(李潤謙)	1748~1810	1802.3~1804.6	전의이씨
152대	류효원(柳孝源)	1751~1813	1804.7~1806.5	진주류씨
153대	이당(李溏)	1758~1819	1806.5~1807.12	전주이씨
154대	신대영(申大侯)	1735~1812	1807.12~1810.11	평산신씨
155대	오재광(吳載光)	1745~1813	1810.11~1812.12	해주오씨
156대	조계(趙啓)	1740~1813	1812.12~1813.1	평양조씨
157대	서영보(徐英輔)	1757~1821	1813.2~1815.7	달성서씨
158대	신홍주(申鴻周)	1752~1829	1815.7~1817.4	평산신씨

대수	성명(한자)	생몰 연도	통제사 재임 기간	본관
159대	서춘보(徐春輔)	1775~1825	1817.4~1819.5	달성서씨
160대	오의상(吳毅常)	1756~1820	1819.5~1820.6	해주오씨
161대	신경(申絅)	1774~1835	1820.7~1821.11	평산신씨
162대	박기풍(朴基豊)	1755~1826	1821.11~1823.8	밀양박씨
163대	조화석(趙華錫)	1758~1829	1823.8~1825.3	평양조씨
164대	이석구(李石求)	1775~1831	1825.3~1827.3	전주이씨
165대	이유수(李惟秀)	1768~1847	1827.3~1829.2	덕수이씨
166대	김영(金煐)	1772~1850	1829.2~1830.4	해풍김씨
167대	이항권(李恒權)	1783~1835	1830.4~1832.3	덕수이씨
168대	류화원(柳和源)	1762~1846	1832.3~1833.3	진주류씨
169대	이완식(李完植)	1784~1844	1833.윤3~1835.3	전의이씨
170대	임성고(任聖皐)	1773~1853	1835.3~1837.2	풍천임씨
171대	이정회(李鼎會)	1771~1843	1837.2~1839.2	전주이씨
172대	이승권(李升權)	1779~1852	1839.2~1841.윤3	덕수이씨
173대	이응식(李應植)	1787~1864	1841.윤3~1843.4	전의이씨
174대	허계(許棨)	1798~1866	1843.4~1845.2	양천허씨
175대	백은진(白殷鎭)	1787~1855	1845.2~1847.1	수원백씨
176대	서상오(徐相五)	1801~1857	1847.1~1848.1	달성서씨
177대	김건(金鍵)	1798~1869	1848.1~1849.8	해풍김씨
178대	류기상(柳基常)	1787~1852	1849.8~1851.8	문화류씨
179대	이응서(李膺緖)	1780~1855	1851.8~1853.8	함평이씨
180대	이규철(李圭徹)	1801~1884	1853.8~1855.4	전주이씨
181대	김한철(金翰喆)	1802~1856	1855.4~1856.8	해풍김씨
182대	이희경(李熙絅)	1804~1866	1856.8~1857.3	전의이씨
183대	류상정(柳相鼎)	1805~1864	1857.3~1858.5	진주류씨
184대	임태영(任泰瑛)	1791~1868	1858.5~1858.12	풍천임씨
185대	심락신(沈樂臣)	1798~1860	1859.2~1860.8	청송심씨
186대	이경순(李景純)	1801~1887	1860.9~1861.2	전주이씨
187대	신관호(申觀浩)	1811~1884	1861.2~1862.12	평산신씨

대수	성명(한자)	생몰 연도	통제사 재임 기간	본관
188대	정규응(鄭圭應)	1800~1871	1863.2~1864.2	동래정씨
189대	이봉주(李鳳周)	1820~1885	1864.3~1866.2	전주이씨
190대	김건(金鍵)	1798~1869	1866.3~1868.4	해풍김씨
191대	이현직(李顯稷)	1795~1876	1868.4~1870.1	경주이씨
192대	정규응(鄭圭應)	1800~1871	1870.3~1871.10	동래정씨
193대	채동건(蔡東健)	1809~1880	1871.12~1874.2	평강채씨
194대	이주철(李周喆)	1806~1875	1874.2~1875.1	전주이씨
195대	권용섭(權容燮)	1820~1877	1875.3~1876.4	안동권씨
196대	이종승(李鍾承)	1828~?	1876.4~1876.12	전주이씨
197대	신환(申桓)	1823~1886	1876.12~1877.4	평산신씨
198대	이규석(李奎奭)	1835~1894	1877.5~1879.2	덕수이씨
199대	정낙용(鄭洛鎔)	1827~1914	1879.2~1882.6	연일정씨
200대	정기원(鄭岐源)	1809~1886	1882.6~1882.10	연일정씨
201대	이원회(李元會)	1827~1895	1882.12~1885.1	광주이씨
202대	정운익(鄭雲翼)	1818~1886	1885.2~1886.1	연일정씨
203대	이규안(李奎顔)	1834~?	1886.3~1887.12	덕수이씨
204대	민경호(閔敬鎬)	1822~1895	1888.3~1890.3	여흥민씨
205대	정기택(鄭驥澤)	1844~1905	1890.3~1891.12	연일정씨
206대	민형식(閔炯植)	1859~1931	1892.4~1894.3	여흥민씨
207대	민영옥(閔泳玉)	1853~?	1894.3~1894.9	여흥민씨
208대	홍남주(洪南周)	1827~1896	1894.10~1896.5	풍산홍씨

참고문헌

- 국조인물고, 제1집
- 김재근. 한국의 배. 서울: 서울대출판부, 1994
- 김현구. 조선후기 통제사에 관한 연구. 부대사학 제9집
- 두산백과. www.doopedia.co.kr
- 옥포파왜병장(玉浦破倭兵狀) 1592년 5월 10일자
- 유치진. 동랑 유치진 전집 9. 서울: 서울예대출판부, 1993
- 일성록(日省錄). 문화원형백과
- 장한식. 이순신 수국 프로젝트. 서울: 산수야, 2018
- 정경주. 국역 내영정적. 부산: 부산광역시사편찬위원회, 1997
- 조선왕조실록 경종 1년(1721년) 11월 23일자
- 조선왕조실록 경종 2년(1722년) 6월 15일자
- 조선왕조실록 고종 2년(1865년) 윤5월 4일자
- 조선왕조실록 고종 2년(1865년) 9월 3일자
- 조선왕조실록 고종 31년(1894년) 12월 27일자
- 조선왕조실록 광해군 11년(1619년) 1월 26일자
- 조선왕조실록 광해군 12년(1620년) 7월 11일자
- 조선왕조실록 선조 26년(1593년) 7월 21일자
- 조선왕조실록 선조 31년(1598년) 12월 2일자
- 조선왕조실록 선조 33년(1600년) 1월 28일자

- 조선왕조실록 숙종 8년(1682년) 6월 13일자
- 조선왕조실록 숙종 46년(1720년) 1월 24일자
- 조선왕조실록 순조 5년(1805년) 11월 12일자
- 조선왕조실록 영조 7년(1731년) 2월 27일자
- 조선왕조실록 영조 28년(1752년) 3월 3일자
- 조선왕조실록 영조 32년(1756년) 1월 14일자
- 조선왕조실록 영조 33년(1757년) 10월 1일자
- 조선왕조실록 영조 47년(1771년) 10월 18일자
- 조선왕조실록 인조 6년(1628년) 9월 17일자
- 조선왕조실록 인조 7년(1629년) 9월 1일자
- 조선왕조실록 정조 3년(1779년) 3월 19일자
- 조선왕조실록 정조 5년(1781년) 4월 5일자
- 조선왕조실록 정조 16년(1792년) 3월 22일자
- 조선왕조실록 정조 16년(1792년) 10월 13일자
- 조선왕조실록 정조 18년(1794년) 5월 6일자
- 조선왕조실록 정조 22년(1798년) 4월 27일자
- 차장섭. 조선후기 벌열연구. 서울: 일조각, 1997
- 추모사업회. 바다의 노래 땅의 노래-장철수 유고집. YPR, 2001
- 통영문화원. 국역 유양팔선시집(柳洋八仙詩集). 1995
- 통영시사편찬위원회. 통영시지. 통영시청, 2018